I

Ni wyddom yn union pa bryd y lluniwyd yr englynion unodl union cyntaf oll, yn ôl yr hyn a olygwn ni wrth y term englyn unodl union, sef y mesur pedair llinell a lunnir ar gynghanedd gyflawn, ond gwyddom ei fod yn fesur cymeradwy gan nifer o feirdd erbyn canol y ddeuddegfed ganrif. Fodd bynnag, y mae un peth y gellir ei ddweud gyda sicrwydd, sef mai i'r nawfed ganrif y perthyn yr englynion cyntaf a gadwyd mewn llawysgrifen, er nad englynion unodl union mo'r rheini. Beth bynnag am hynny, yr hyn sy'n destun syndod yw'r ffaith fod yr englyn, fil o flynyddoedd a mwy yn ddiweddarach, yn parhau yn ei rym a'i ryfeddod. Deil i'n difyrru ac i'n difrifoli, pery inni chwerthin a chrio bob yn ail i'w gilydd, deil i'n syfrdanu a'n sobri. Bu farw'r bryddest arwrol, diflannodd yr hen fesurau dyrïol, ciliodd y cywydd am gyfnod, ond arhosodd yr englyn yn ei holl gadernid. Y mae'r mesur bychan hwn, a gychwynnodd ei yrfa ymhell yn ôl yn y cynoesoedd tywyll a chyntefig, heddiw, yn nhrwst ac yn rhuthr ein gwareiddiad modern, yn parhau i fod y cyfrwng mydryddol mwyaf poblogaidd ymhlith beirdd a phrydyddion.

Er bod yr englyn wedi hen ennill ei blwy yng Nghymru erbyn hyn, nid felly y bu hi yn hanes ei yrfa drwodd a thro. Ni pherthynai urddas a statws y cywydd yng nghyfnod Beirdd yr Uchelwyr iddo, er enghraifft, na'r awdl ychwaith o ran hynny, er bod y beirdd yn cynnwys englynion yn eu hawdlau. Yr oedd yn ddigon da iddynt gellwair arno ymysg ei gilydd, ac i ganu dychan masweddus, ond i'r awdl a'r cywydd y perthynai'r fraint uwch o foli'r pendefigion, ac i alaru ar eu holau. Anaml iawn y cenid englynion ar eu pennau eu hunain, englynion a allai sefyll ar eu traed eu hunain, yn y cyfnod hwn, er bod rhai eithriadau i'w cael, fel yr englyn a ganodd Guto'r

Glyn yn ei henaint. Ond rhaid cofio ar yₙ un pryd fod Guto'r Glyn wedi rhoi mynegiant llawnach i'w ing a'i ofid yn ei henaint yn y cywydd mawr hwnnw sydd yn cychwyn gyda'r llinell 'Mae'r henwyr? Ai meirw'r rheini?'. Yn wir, yn yr unfed ganrif ar bymtheg, pan oedd yr hen gyfundrefn nawdd yn dechrau edwino, a'r cywydd a'r awdl yn gwanychu yn sgil hynny, y daethpwyd i ganu englynion unigol o ddifrif, er bod y broses wedi cychwyn cyn hynny gyda Beirdd yr Uchelwyr. Ond hyd yn oed pan gyhoeddodd Eifionydd *Pigion Englynion fy Ngwlad* ym 1881, ni allai Elfed ond synnu a rhyfeddu at y ffaith fod mesur mor ddibwys ac mor ddistadl â'r englyn unodl union yn teilyngu'r fath sylw a'r fath barch. Ond erbyn hyn, rhoed y bychan distadl ar bedestl. Daethpwyd i sylweddoli nad ar chwarae bach y mae llunio englyn cryf a chofiadwy, a bod llunio englyn sydd nid yn unig yn gywir ond yn gywrain, ac nid yn unig yn gywrain ond yn gampwaith artistig a phensaernïol, yn hawlio cryn dipyn o ymdrech ac o ymroddiad. Daethpwyd i sylweddoli fod gan yr englyn ei briod le yn ein llenyddiaeth, a'i fod yn cyflawni swyddogaeth bendant, ac yn llenwi bwlch, os mynner. Sylweddolwyd, mewn gwirionedd, ei fod yn cyflawni swyddogaeth nid annhebyg i swyddogaeth yr epigram yn llenyddiaeth fawr y Groegiaid. Meddai D. Emrys Evans yn ei ysgrif ar 'Yr Epigram a'r Englyn' (*Y Llenor.* Cyf. 1, Rhif 3, Hydref, 1922):

> Gogoniant barddoniaeth y Groegiaid yw eu drama a'u cerddi arwrol, ond heblaw'r rhain, fel nant fechan loyw, a lif wrth ymyl afon lydan ddofn, cyfansoddwyd ganddynt lu o epigramau byrion, a ddwg yr un eglurder meddwl a choethder ffurf ag a nodwedda holl gynhyrchion gorau'r lenyddiaeth (*sic*) honno. Ni ddichon Cymro eu darllen heb

deimlo y gall eu bod yn cyflawni swydd ac yn llanw cylch nid annhebig i'r englyn yn ein llenyddiaeth ni …

Ei nodweddion epigramatig, ei gynildeb a'i fynegiant diarhebol, hawdd i'w gofio, y rhain, yn ddiamau, yw'r prif resymau dros boblogrwydd yr englyn. A'r tu ôl i'r cyfan, ceir y syniad o berthyn ac o barhad, ac o wydnwch traddodiad. Wrth drafod englynion R. Williams Parry, gan gyfeirio'n arbennig at englyn Rhif 15 yn y casgliad hwn, dywedodd Saunders Lewis hyn ('Barddoniaeth Mr R. Williams Parry', *Y Llenor*, Cyf. I, Rhif 2, Haf, 1922, t. 148):

Fe roes pob bardd da a ganodd erioed yn Gymraeg rywbeth o'i gyfoeth i harddu'r englyn hwn. Canys dyna yw bod yn glasurol, – bod yn etifedd, yn aristocrat, a pherchi'r etifeddiaeth ac ychwanegu ati.

Grym traddodiad sydd y tu ôl i hirhoedledd a chadernid yr englyn. Ystyriwn, er enghraifft, yr englyn penfyr canlynol, a luniwyd yn y nawfed ganrif, englyn a berthyn i Ganu Llywarch Hen:

Y ddeilen hon, neus cynired gwynt,
    Gwae hi o'i thynged!
Hi hen; eleni ganed.

Ystyriwn yn awr yr englyn unodl union canlynol, a luniwyd fil o flynyddoedd yn ddiweddarach, englyn T. Llew Jones i ddeilen yr hydref:

Mewn cwter ar ddisberod, – tegan trist
    Gwynt y rhew a'r gawod;
Ddoe yn hardd, heddiw'n ddi-nod,
Ddoe yn dirf, heddiw'n darfod.

Yr un yw'r cyfrwng, sef mesur yr englyn; yr un yw'r deunydd a'r un yw'r dull, sef y cyferbynnu cynnil a'r ymatal awgrymog: y mynegiant yn unig sydd yn wahanol. Mae mil o flynyddoedd o gadernid ac o ddisgyblaeth y tu ôl i'r englyn uchod. Ac er nad yw pob englynwr yn ymwybodol o'i draddodiad, eto, yn ddiarwybod i'r bardd ei hun hyd yn oed, y mae'r traddodiad hwnnw

yn cynnal ac yn caboli ei linellau, yn ddistaw hollbresennol yn y cefndir.

II

Mewn llawysgrif Ladin a ysgrifennwyd, fe dybir, yn y nawfed ganrif, ceir deuddeg o englynion – nid englynion unodl union – ond penfyr a milwr. Yr englynion hyn yw'r pethau ysgrifenedig cynharaf yn y Gymraeg, ac er mai'r rhain yw'r englynion cyntaf i gael eu cofnodi, mae'n fwy na phosibl nad y rhain yw'r englynion cyntaf i gael eu llunio. O'r deuddeg englyn, a ysgrifennwyd ar ymyl y ddalen, mae tri ohonyn nhw, mae'n amlwg, yn englynion disberod, englynion a oedd yn rhan o gerdd hwy ar un adeg. Ymson hen bennaeth neu dywysog a geir ynddynt, yn ôl yr hyn y gellir ei gasglu o'u darllen, hwnnw wedi ei adael ar ei ben ei hun, yn unig ar wahân i'w 'ffranc', sef ei filwr neu ei was cyflogedig. Dyma un o'r englynion hyn, mewn orgraff ddiweddar:

Ni chanaf, ni chwarddaf, ni chusaf – henoeth,
    Cyd yfen medd nawell;
    Mi a'm ffranc dam ein padell.

A dyma gyfieithiad Syr Ifor Williams ohono:

Ni chanaf, ni chwarddaf, ni siaradaf – heno,
    Er inni yfed medd gloyw;
    Mi a'm ffranc o gylch ein padell.

Englynion crefyddol yw'r naw arall.
    I'r un ganrif y perthyn Canu Llywarch Hen a Chanu Heledd, er na chofnodwyd mo'r farddoniaeth tan y drydedd ganrif ar ddeg. Lluniwyd y corff hwn o ganu ar ffurf englynion gan mwyaf, ond, unwaith yn rhagor, englynion tair llinell ydynt, ac nid englynion unodl union. Ceir englynion milwr, er enghraifft:

Pen a borthaf ar fy nhu,
Pen Urien llary, llywiai llu,
Ac ar ei fron wen frân ddu.

Ceir hefyd englynion penfyr:

Y Flodeugerdd Englynion Newydd

Golygydd: Alan Llwyd

Darllenwch, cedwch i'ch co', – a dysgwch
    Ryw dwysged ohono;
    Chwi welwch wrth ei chwilio
    Felysed, fwyned efô.

Hen Englyn

Cyhoeddwyd gyntaf ym 1978 gan
Christopher Davies (Cyhoeddwyr) Cyf.

Cyhoeddwyd y fersiwn newydd yn 2009

ISBN 978-1-906396-24-4

Cyhoeddwyd gyda chymorth ariannol
Cyngor Llyfrau Cymru

Cyhoeddwyd gan Gyhoeddiadau Barddas
Argraffwyd gan Wasg Dinefwr, Llandybïe

CYFLWYNEDIG

i Elwyn Edwards; am iddo barhau traddodiad ei dadau:

> Â'i ddur, agorodd weryd – ei linach,
>   A'i ffrwythloni hefyd;
>   Brasáu'r rhigolau i gyd
>   Â haidd yr hen gelfyddyd.

> Lle torrodd ei chylltyrau – y tir gwyllt,
>   Dur ei gwlltwr yntau
>   A ry'i awch ar y rhychau –
>   Arddu ei ffridd – a'i pharhau.

ac i'r Parch. J. Edward Williams, Cristion a Chenedlaetholwr:

> Dros ei iaith, ei bryder sydd – yn ei waedd
>   A'i weddi'n dragywydd;
>   Curad, offeiriad y Ffydd,
>   Gŵr â'i ofid yn grefydd.

DIOLCHIADAU (1978)

Hoffwn ddiolch yn gyntaf oll i'r gweisg a ganlyn ac i'w hawduron am roddi eu caniatâd parod i ddefnyddio'r englynion hynny y mae eu hawlfraint yn eiddo iddynt hwy, sef Gwasg Gomer, Llandysul, Gwasg y Sir, Y Bala, Gwasg Gee, Dinbych, a Gwasg Gwynedd, Nant Peris.

Yn ail, diolch i'r beirdd, y llên-garwyr, y casglwyr a'r ysgolheigion a ganlyn, am anfon eu henglynion ataf, yn ogystal â'u casgliadau hwy o englynion: Tom Jones, Glyn Ceiriog; Alwyn Pritchard, Llŷn; Robin Gwyndaf, Caerdydd; y Prifardd T. Llew Jones, Llangrannog; y Prifardd Brinley Richards, Maesteg; D. H. Culpitt, Cefneithin; Griff Williams, Pontarddulais; Iolo Wyn Williams, Pontarddulais; Glyn Hopkins, Yr Hendy; Mrs Beti M. Davies, Machynlleth; Vernon Jones, Bow Street; Huw Ceiriog, Bow Street; Dafydd Islwyn, Bargoed; Ieuan Wyn, Bethesda; M. J. Jones, Yr Wyddgrug; Harri E. Jones, Rhoshirwaun; T. Arfon Williams, Caerdydd; O. M. Lloyd, Dolgellau; Huw Llew Williams, Caergybi; D. Ellis Jones, Borth-y-gest; Gwilym Herber Williams, Craig-cefn-parc, Abertawe; Edward Henry Evans, Machynlleth; y Prifardd Gerallt Lloyd Owen, Caernarfon; R. E. Jones, Llanrwst; John Glyn Jones, Dinbych; Gareth Rowlands, Machynlleth; Elwyn Edwards, Y Bala; Emyr Puw, Y Bala; Mrs Mallt Huws, Trawsfynydd; Mrs Ceinwen Ellis, Cerrigydrudion; O. Trefor Roberts (Llanowain), Lerpwl; R. Tegid Jones, Trelogan; W. Meirion Evans, Bae Colwyn; a Gwilym Parri Huws, Hen Golwyn. Diolch i'r cyfeillion uchod am eu cymorth a'u hynawsedd.

Wrth ddiolch i unigolion fel hyn, rhaid i mi grybwyll un gŵr yn arbennig, sef Mr Derwyn Jones, Llyfrgell y Brifysgol, Bangor. Yn ogystal ag anfon pecyn o 300 o englynion ataf, cefais fanteisio hefyd ar ei ysgolheictod dihafal, a rhoddodd imi lawer o wybodaeth parthed rhai o'r englynion yn y casgliad hwn. Mawr yw fy niolch a'm dyled iddo. Elwais o dro i dro ar ysgolheictod gwŷr fel y Dr Thomas Parry, Bangor, yn ogystal, a mawr yw fy niolch iddo yntau. Gobeithiaf yn fawr nad oes yr un enw ar goll yn y rhestr uchod o gymwynaswyr.

Hoffwn ddiolch, yn drydydd, i'm priod Janice, am ei chymorth gyda'r mynegai, ac am ei hamynedd di-ben-draw gyda'i gŵr, a dreuliodd ormod o lawer o amser rhwng y llyfrgell a'r stydi!

Yn olaf, diolch i'm cydweithwyr yn Llandybïe am eu gwaith graenus arferol.

Rhagair i Fersiwn 2009

Unwaith yn rhagor, diolch i'r gweisg am ganiatâd i gynnwys englynion gan eu hawduron nhw yn y casgliad, sef, yn bennaf, Gwasg Gomer (gwaith Gwenallt, Dic Jones, T. Llew Jones, Ceri Wyn Jones, Idris Reynolds, Alun Jones, Isfoel), Gwasg Carreg Gwalch (gwaith Myrddin ap Dafydd ac 'Weithiau' Emyr Lewis), a Gwasg Gwynedd a Gerallt Lloyd Owen am waith Gerallt Lloyd Owen. Ni ofynnwyd am ganiatâd i gynnwys englynion a gyhoeddwyd yn y cylchgrawn *Barddas* nac mewn llyfrau a gyhoeddwyd gan Barddas.

Manteisiais ar y cyfle hwn i ddiwygio a chywiro rhai mân bethau a lithrodd i mewn i flodeugerdd 1978. Ailwampiwyd y nodiadau yn helaeth, ac ychwanegwyd atyn nhw. Gan fy mod yn ymdrin â mesurau Cerdd Dafod yn bur fanwl yn fy llyfr *Anghenion y Gynghanedd*, penderfynais ddileu'r atodiad 'Amrywiadau'r Englyn' a gynhwyswyd yn fersiwn 1978. Newidiais fy meddwl ynghylch ambell englyn, a rhoddais, mewn mannau, waith aeddfetach o'm heiddo fy hun yn lle'r englynion a gynhwyswyd yn y flodeugerdd wreiddiol.

Llawer o ddiolch i'r Prifardd Elwyn Edwards am ei gymorth amhrisiadwy wrth baratoi'r fersiwn newydd hwn, i Dafydd Llwyd am baratoi'r llyfr ar gyfer y wasg, ac i Wasg Dinefwr, Llandybïe, am bob gofal ac amynedd wrth argraffu'r gwaith.

CYNNWYS

Wyf hen; wyf unig, wyf annelwig oer,
    Gwedi gwely ceinmyg,
  Wyf truan, wyf tri dyblyg.

Yn ogystal â'r corff mawr o ganu a elwir yn
Ganu Llywarch Hen ac yn Ganu Heledd, ceir
llawer o englynion eraill a luniwyd, fe dybir,
rhwng y nawfed a'r ddeuddegfed ganrif, englynion
crefyddol, englynion gwirebol ac englynion
natur, ac unwaith yn rhagor, englynion tair llinell
ydynt. Cadwyd llawer o englynion o'r math
uchod yn Llyfr Du Caerfyrddin, er enghraifft, a
ysgrifennwyd tua diwedd y ddeuddegfed ganrif
a dechrau'r drydedd ganrif ar ddeg. Ac yn y
Llyfr Du y ceir 'Englynion y Beddau', cyfres o
englynion sy'n cyfeirio at feddau amryw byd
o arwyr chwedlonol a hanesyddol, ac yn nodi
lleoliad y beddau yn aml. Dyma rai o'r englynion:

Y beddau a'u gwlych y glaw,
Gwŷr ni orddyfnasant ddignaw –
Cerwyd a Chywryd a Chaw.

Y beddau a'u cudd gwyddwal,
Ni leseint heb ymddial –
Gwrien, Morien a Morial.

Gwedi gwrm a choch a chain,
A gorwyddawr mawr mynrhain,
Yn Llan Heledd bedd Owain.

Er na cheir cynghanedd yn yr englynion hyn a
luniwyd rhwng y nawfed ganrif a'r ddeuddegfed
ganrif, fel y cyfryw, eto ceir cyffyrddiadau
pendant o gynghanedd yma a thraw, a rhai
llinellau cyflawn o gynghanedd hyd yn oed, fel y
dengys rhai o'r englynion a ddyfynnwyd uchod.
Nid oedd y gynghanedd wedi llawn ymffurfio yn y
cyfnod hwn, nac wedi mabwysiadu'r egwyddorion
hynny sydd erbyn hyn yn rhan annatod a
hanfodol o'i gwneuthuriad: ar ei thwf yr oedd y
gynghanedd yn ystod y canrifoedd hyn.

Pa bryd, felly, y lluniwyd yr englynion unodl
union cyntaf, sef yr englyn fel y diffiniwn ni'r
mesur heddiw, wedi ei gywreinio â chynghanedd
gyflawn? Ni ellir dweud yn union pa bryd y
lluniwyd yr englynion cynharaf oll, ond fe

wyddys ei fod yn fesur poblogaidd a derbyniol
ymhlith y beirdd swyddogol a ganai yn y
ddeuddegfed ganrif. Un o'r beirdd hyn, sef y
Gogynfeirdd fel y'u gelwir, y beirdd a ganai ganrif
neu ddwy o flaen Beirdd yr Uchelwyr ac a folai'r
tywysogion Cymreig, oedd Cynddelw Brydydd
Mawr (bl. 1155-1195). Canodd Cynddelw lawer
iawn o englynion unodl union, a'r englynion
hynny yn ddieithriad yn rhan o gyfres. Dyma'i
englynion coffa i'w fab, Dygynnelw, er enghraifft:

Yng nghynosod, clod claer ddylaith, – byddin
    Ni byddud wrth gyfraith;
  Oedd anawdd, llafn adrawdd llaith,
  Dygynnelw dy ganhymdaith.

Trig yn harddfraint saint, senedd gyd – eurglawr,
    Arglwydd nef a'th weryd,
  Dygen yw hebod bod byd,
  Dygynnelw, a Duw gennyd.

Gŵr a'i gwnaeth yn ddyn, yn ddelw – boenedig,
    Ban adug Ddygynnelw,
  Can Dduw ni bo cwyn ddielw,
  Cuddfedd ceinddiwedd Cynddelw.

Dyma englynion unodl union gyda'r gynghanedd
yn cywreinio pob llinell, er nad yw'r gynghanedd
yn cydymffurfio, drwodd a thro, â'n rheolau ni
heddiw. Ond, yn sicr, mae'r englyn unodl union,
erbyn canol y ddeuddegfed ganrif, wedi hen
ddechrau ymsefydlu yn ein llên. Ac nid Cynddelw
oedd yr unig fardd i ganu englynion yn y cyfnod
hwn. Ceir englynion hefyd gan feirdd eraill o'r
cyfnod.

Mae gennym ddigon o brawf, felly, fod
yr englyn yn ffurf gymeradwy gan y beirdd
swyddogol, sef y beirdd wrth broffes, a ganai yn y
ddeuddegfed ganrif. Ond pwy a 'ddyfeisiodd' yr
englyn? A aeth un o'r beirdd hyn ati i greu ffurf
yr englyn yn ymwybodol? Mae'n fwy na phosibl,
yn wir y mae'n bur debygol, mai darganfod yr
englyn a wnaethpwyd yn hytrach na'i ddyfeisio.
Oherwydd y mae'r englyn yn bod yn y canu
cynharaf un yn y Gymraeg, ac mae'n llawer iawn
hŷn na'r nawfed ganrif hyd yn oed. Trown yn
awr at *Y Gododdin*, cerdd Aneirin, a luniwyd yn

y chweched ganrif, sef y canu Cymraeg cynharaf a feddwn, ynghyd â chanu Taliesin. Cerdd a ysgrifennwyd ar amrywiaeth mawr o fesurau yw *Y Gododdin*, a thrafodir y mesurau yn fanwl yn *Cerdd Dafod*, Syr John Morris-Jones (tt. 310-18). Ni cheir englynion unodl union yng nghanu Aneirin, fel y cyfryw, ond eto, mae ffurf yr englyn i'w chael yn y canu hwn, er nad yw'n gwbl amlwg. Ystyrier y llinellau canlynol, er enghraifft, pedair llinell agoriadol un o'r 'awdlau' yn y gerdd:

Am drynni drylaw drylen.
am lwys amdiffwys dywarchen.
am gwydaw gwallt e ar benn.
y am wyr eryr gwydyen.

Ceisiwn yn awr ddiwygio'r orgraff, a threfnu'r llinellau fel a ganlyn:

Am drynni drylaw, drylen, – am lwys,
　　Am ddiffwys dywarchen,
　　Am gwyddaw gwallt i ar ben,
　　I am wyr eryr Gwyddien.

A dyna englyn unodl union, gyda'r prifodlau yn y mannau cywir, y nifer sillafau yn cyfateb i ofynion yr englyn, ac mae hyd yn oed yr esgyll yn diweddu'n acennog a diacen: yr unig beth sydd o'i le arno yw'r ffaith fod y llinell gyntaf sillaf yn fyr – nawsill yn lle decsill – ond nid oedd awdur neu awduron Canu Llywarch Hen a Chanu Heledd yn gwbl gyson yn hyn o beth, ac mae hynny'n gyffredinol wir am y canu cynharaf un yn y Gymraeg. Ond ai dyma'r unig enghraifft yng nghanu Aneirin? Ystyrier y darn hwn:

a dalwy mwng bleid heb prenn. ene law;
　　gnawt gwychnawt eny lenn.
　　o gyurang gwyth ac asgen.
　　trengis ny dienghis bratwen.

Mae'r darn wedi ei osod yn null yr englyn hyd yn oed, a'r tro hwn, y mae nifer y sillafau'n gywir: 10, 6, 7, 7. Mae'n wir nad yw diweddebau'r esgyll yn acennog-ddiacen neu'n ddiacen-acennog, ond eto, sylwer ar yr englyn hwn gan Gynddelw Brydydd Mawr:

Cleddyf clod wasgar a wisgaf – ar glun
　　Rhwng fy llun a'm llasar;
　　Cleddyf cloynnau hygar,
　　Cleddyf Rhirid Flaidd flaengar.

Gwelir nad yw'r englyn uchod ychwaith yn dilyn yr egwyddor, ac nid dyna'r unig enghraifft yng ngwaith Cynddelw nac yng ngwaith ei gyd-Ogynfeirdd.

Gellir dadlau, felly, fod yr englyn unodl union yn hŷn o lawer na'r ddeuddegfed ganrif, a'i fod yn perthyn i'r chweched ganrif o leiaf. Ond a ydyw'r englyn yn hŷn na'r chweched ganrif hyd yn oed? Ac o ba le y daeth? Mae'n bwysig iawn inni gofio nad Aneirin a Thaliesin oedd y beirdd cyntaf i ganu yn y Gymraeg, ond yn hytrach mai eu barddoniaeth hwy oedd y farddoniaeth gynharaf i gael ei chofnodi. Y mae'n lled-sicr fod beirdd eraill yn canu oddeutu'r un adeg, rhai efallai yn cyfoesi â hwy, eraill o bosibl yn canu o'u blaen. Ond aeth eu barddoniaeth hwy ar goll, ac ni chadwyd moni. Mae'n bosibl, felly, fod yr englyn yn llawer iawn hŷn na'r chweched ganrif.

Ond ym 1905, cyflwynwyd damcaniaeth newydd sbon ar darddiad yr englyn gan Syr John Rhŷs. Yn ôl yr ysgolhaig hwnnw, o'r Lladin y daeth mesur yr englyn. Ceisiodd brofi ei ddamcaniaeth trwy ddadansoddi, o safbwynt mydr a churiad, yr hen arysgrifau Lladin cerfiedig, a chymharu'r rhain wedyn â mydr a churiad paladr yr englyn. Sylwodd wedyn fod y mesurau chwe ban clasurol yn Lladin yn debyg o ran rhediad, mydr a hyd y sillafau i'r paladr mewn englyn; er enghraifft, pe cymerid llinell fel yr un a ganlyn, o waith Fyrsil:

Tityre, tu patulae recubans sub tegmine fagi

gellid ei gosod allan fel hyn:

Tityre, tu patulae – recubans
　　Sub tegmine fagi …

a dyna baladr englyn, gyda'r llinell gyntaf yn ddecsill a'r ail yn chwesill, a cheisiodd ddangos hefyd y tebygrwydd rhwng aceniad a churiad llinellau paladr englyn a'r mesurau Lladin clasurol.

Yr oedd llawer iawn mwy na hyn i'w ddadl, wrth gwrs, ond nid oes raid inni oedi ymhellach gyda damcaniaeth gymhleth John Rhŷs, na'i derbyn yn gyfan gwbl ychwaith.

Ni ellir dweud mai o'r Lladin, ac o'r Lladin yn unig, y tarddodd yr englyn, y tu hwnt i bob amheuaeth: y mae'n fwy na phosibl fod y Lladin, y Frythoneg a'r Gymraeg, y cyfan, wedi bod â rhyw ran neu'i gilydd yn y broses o ffurfio'r englyn, ar ryw adeg neu'i gilydd yn ei dwf; a thwf organig o fewn yr iaith oedd twf yr englyn, yn hytrach nag unrhyw ddyfeisio ymwybodol. Digwydd a wnaeth yr englyn, ac nid aeth yr un bardd ati i'w ddyfeisio na'i greu. Aethpwyd ati i'w gywreinio ac i'w ddiwygio, efallai, ond yr oedd y ffurf yn bod yn y Gymraeg ymhell cyn i neb feddwl am ei addurno a'i gymhlethu â chynghanedd.

III

Ni ellir dilyn hynt a helynt yr englyn unodl union drwy'r canrifoedd heb fwrw golwg frysiog ar yr un pryd ar rawd ein traddodiad barddol ni, a sylwi ar y cyfnewidiadau mawr a welodd y gyfundrefn farddol o dro i dro, drwy gydol ei hanes. Wedi cwymp Llywelyn ap Gruffudd ym 1282, daeth cyfnod y Gogynfeirdd i ben. Gan fod Cymru wedi ei gorchfygu gan estron, yr oedd y diwylliant brodorol mewn perygl mawr, a'r beirdd wedi colli eu noddwyr. Oherwydd hyn yr oedd yn rhaid i'r beirdd un ai chwilio am noddwyr newydd a fyddai'n fodd cynhaliaeth iddyn nhw neu adael i'r cyfan lithro i ddifancoll. Er bod y Saeson â'u gafael ar hen diriogaethau'r tywysogion gynt, ac er bod y cestyll a'r trefi mwyaf i gyd yn nwylo ac ym meddiant arglwyddi o Saeson, ar hyd ac ar led y wlad, y tu allan i'r canolfannau mawrion trigai llawer iawn o uchelwyr Cymreig o hyd, teuluoedd gwâr, bonheddig, tirfeddianwyr gweddol gefnog, a phendefigion o ran gwaed a statws. Y rhain, mewn gwirionedd, a fyddai cynheiliaid y beirdd am y tair canrif nesaf, a'r canlyniad oedd esgor ar oes aur fawr y canu caeth. Dywed Thomas Parry, er enghraifft, yn *Hanes Llenyddiaeth Gymraeg hyd 1900* (1964) fod cyfnod canol barddoniaeth yr uchelwyr, sef y blynyddoedd rhwng 1450 a 1550, yn gyfnod o 'ganu addurnol a choeth ei fynegiant, a'r

awduron y meistri mwyaf a fu odid erioed ar yr iaith'.

Dyma oes aur y cywydd a'r awdl. Ystyrid yr englyn yn y cyfnod hwn yn un o brif fesurau'r awdl, ond nid oedd y beirdd yn synio amdano fel mesur annibynnol, ar wahân, ond yn hytrach fel pennill mewn cyfres, dolen mewn cadwyn. Cysylltent y naill englyn gyda'r llall yn eu hawdlau trwy un ai eu canu ar yr un odl neu drwy eu cadwyno, a dull cyffredin iawn ganddyn nhw o ddechrau eu hawdlau oedd canu cadwyn o englynion; er enghraifft, dyma ddechreuad awdl Dafydd Nanmor i Syr Dafydd ap Tomas, Offeiriad y Faenor:

Mab Non o'r gaer gron yw'r gras – i'r dwyfol
   Syr Dafydd ap Tomas;
   Mewn ei blwyf mae yn ei blas
   Mwy na dynion mewn dinas.

O'r plas a'r dinas ni'm dawr, – er caffael
   Aur y coffr a'r allawr;
   Danfoned Duw'n ei Faenawr
   Can punt rent cyn pen tair awr.

Un awr o'r Faenawr i fyny – nid af
   I dai yn holl Gymru,
   Ond o'r barth mewn diwarth dŷ
   Wedi gŵyl hyd y gwely.

Fy ngwely a'm tŷ a'm tân – a'm da oll
   A'm dillad a'm harian,
   Fy ffŷs yn ei loywlys lân,
   Fy moethau'n fy myw weithian.

Weithian gorau man imi yw – y cwrt,
   Fel cwarter o Gernyw,
   Cwrt Maenor, côr tai Mynyw,
   Cwrt i'r ieirll a'r cyrtwyr yw.

I'm byw iechyd yw uwch y dŵr – o'i dai
   Hyd gôr Dewi Ddyfrwr;
   Gorau tai yn gwrt i ŵr
   Oll yw tai fy lletywr.

Mae'r gair olaf yn yr englyn olaf yn y gyfres wedyn yn cydio wrth y gair cyntaf yn y pennill dilynol o'r awdl, sef, yn yr achos hwn, y pennill cyhydedd degban canlynol:

Llety a gefais gerllaw teg afon,
Llawn o ddaioni a llawen ddynion;
Llyma un adail lle mae newidion,
Llys rydd, a'm lle sydd yn y wenllys hon.

Ac felly yn y blaen. Dro arall dechreuid awdl trwy ganu englynion unodl union ar yn ail ag englynion proest, cadwynog neu gyfnewidiog, a'r cyfan wedi eu cyd-gadwyno, er enghraifft, awdl Guto'r Glyn i Ddafydd ap Tomas ap Dafydd:

Llawen wyf i'm plwyf a'm plas – diofal
  Llys Dafydd ap Tomas.
  Llin Dafydd, y trydydd tras,
  A Llywelyn wayw lliwlas.

Glasfedd i'w gyfedd a gaf,
Gwin hwn llawer gwan a'i hyf.
Gorau gŵr a gwraig araf,
Gorau dau hyd ar Gaerdyf.

O Gaerdyf y tyf hyd Teifi – ei glod,
  Ac i wlad Bryderi,
  Ac i Fôn a Gefenni
  Egin fydd a ganwyf fi.

Digri fu i mi fy myw – pan dyfodd
  Pendefig Mab Elfyw.
  Da am win hyd ym Mynyw,
  Da am aur a phob dim yw.

Yfory i'w dŷ a'i dud,
A heddiw y'm gwahoddid,
A thrennydd gwneuthur ynyd,
A thrannoeth saethu'r unnod.

Nodaf nod gaeaf, naid gwiw – Nadolig,
  Nodedig naid ydiw,
  Naid hydd yw y nod heddiw,
  Natur hydd neitio i'r rhiw.

Brenhinbren Rhiw Tren, rhoed Duw rad – i hon
  A henaint i'w cheidwad.
  Brenhindwr bryn ei hendad,
  Bron deg y barwn a'i dad.

Ac ymlaen yn yr un modd at y mesur nesaf, gyda'r gair neu'r ymadrodd olaf yn yr englyn olaf o'r gyfres yn cydio wrth air neu ymadrodd ar ddechrau'r pennill nesaf yn yr awdl, a chwblhau gweddill yr awdl, fel arfer, trwy ganu'r cyfan ar yr un odl.

Dyma'r hyn y gellir ei alw y defnydd swyddogol o'r englyn, yr hyn a wnâi'r beirdd gyda'r mesur yn rhinwedd eu proffes fel beirdd. Ond roedden nhw hefyd yn canu y tu allan i gylch eu galwedigaeth a'u bywoliaeth, fel petai, ac yn llunio, yn achlysurol, englynion dychan i'w gilydd, sef y defnydd answyddogol o'r englyn. Mae'n bur sicr mai ychydig o gellwair ysgafn, direidus rhyngddynt a'i gilydd oedd hyn, rhywbeth i ymarfer y grefft, fel petai, i'w cadw'n loyw rhag rhydu rhwng yr adegau hynny pan fyddai'r noddwyr yn hawlio cywydd neu awdl gan y beirdd. Efallai mai dyma'r cam cyntaf tuag at ryddhau'r englyn o afael yr awdl, a'i ddefnyddio fel uned annibynnol, hunan-gynhaliol, oherwydd, at ei gilydd, nid oedd yr englyn yn bennill hunan-gynhaliol, ar wahân, yn ystod y cyfnod hwn. Rhan o'r cyfangorff ydoedd, cyfangorff yr awdl. Peth cyffredin ymysg y beirdd oedd ymryson â'i gilydd fesul englyn, y naill fardd yn ymosod yn ddychanol chwyrn ar y llall, a'r llall yn ateb ei englyn gydag englyn arall, weithiau ddau. Dyna Ieuan ap Gruffudd Leiaf, er enghraifft, yn gwrthod rhannu ei wely â Guto'r Glyn, gan honni mai un o'r glêr, y beirdd iselradd, oedd Guto, ac nad oedd yn deilwng o'r fath fraint, a Guto yn ei ateb yn ôl â dau englyn:

IEUAN AP GRUFFUDD LEIAF

Ni fynnaf ataf lle'i notier – gywely,
  Gwyliaf ddynion ofer,
  Na Guto (hyd pan goter)
  O'r Glyn, nac un o'r glêr.

GUTO'R GLYN

Gwybydd, lo trefydd, aeliau tryfer – maib,
  Cyd bych mab ysgwïer,
  Nad wyt, Ifan ddau hanner,
  Din iâr gloff, ond un o'r glêr.

Darn fu ohonot o 'Deyrnion – genedl,
  O ganol twysogion.
Darn yn grydd, gwnâi durnen gron,
Darn arall yn durnorion.

Pan oedd nifer o feirdd wedi ymgynnull â'i
gilydd yn yr un lle, ar ryw achlysur arbennig,
nid peth anghyffredin oedd iddynt i gyd ddewis
gwrthrych a oedd yn haeddu ychydig o sen a
gwawd, a mynd ati wedyn i ddychanu a difrïo'r
gwrthrych hwnnw trwy ganu englyn neu ddau yr
un iddo. Ac onid etifedd yr englyn dychan yw'r
englyn digri, a oedd mor boblogaidd ar un adeg?

Daeth oes aur Beirdd yr Uchelwyr yn raddol i
ben, rhwng methiant gwrthryfel Owain Glyndŵr
ac esgyniad y Tuduriaid i Orsedd Lloegr, a hynny
yn arwain yn y pen draw at y Ddeddf Uno ym
1536. Daeth y gyfundrefn nawdd i ben. Yn ystod yr
unfed ganrif ar bymtheg, yr ail ganrif ar bymtheg
a'r ddeunawfed ganrif, wedyn, y digwyddodd
yr argyfwng a'r trawsnewidiad mwyaf yn hanes
Cerdd Dafod, sef newid o fod yn draddodiad ac
yn ddiwylliant uchelwrol i fod yn draddodiad
ac yn ddiwylliant gwerinol, yn yr ystyr ei fod yn
perthyn i'r bobl gyffredin, i drwch y boblogaeth,
os mynner, yn hytrach nag i un cylch cyfyngedig,
breintiedig yn unig. Ni pheidiodd y gynghanedd
â bod wedi cyfnod Beirdd yr Uchelwyr. Ond gan
nad oedd beirdd wrth grefft a phroffes i ddal eu
gafael arni mwyach, na'i chadw'n eiddigeddus
iddyn nhw eu hunain, fe'i trosglwyddwyd i
ddwylo'r werin, a daeth yn fodd difyrrwch gwerin,
ond yn raddol iawn ac yn araf y digwyddodd hyn.

Dyma, felly, yr argyfwng mwyaf y bu raid i
Gerdd Dafod ei wynebu hyd at hynny. Roedd
yn rhaid cychwyn traddodiad newydd wedi
ei seilio ar hen draddodiad, fel petai, ond yr
oedd cynheiliaid y traddodiad newydd hwn
dan anfantais aruthrol, oherwydd bod yr holl
ddysg a gasglwyd ynghyd dros y canrifoedd
wedi ei cholli. Roedd y cywydd erbyn yr unfed
ganrif ar bymtheg wedi ei orweithio. Mesur a
chyfrwng canu mawl i uchelwyr ydoedd, a chan
fod y gyfundrefn nawdd uchelwrol wedi darfod
â bod, yr oedd yn rhaid chwilio am fynegiant
newydd, am themâu newydd, a hefyd, am rai
mesurau newydd. A hynny a wnaed. Cafwyd

baledi a dyrïau a charolau cynganeddol, a llawer
o'r mesurau hyn yn fesurau Seisnig poblogaidd
y cyfnod wedi eu hasio â'r gynghanedd. Ond
parhaodd yr englyn yn ei rym, er nad oedd
camp arno bob tro. Ond ni ellid disgwyl hynny
ychwaith: yr oedd yn rhaid i'r traddodiad newydd
hwn gael ei draed dano cyn y gellid disgwyl
iddo gynhyrchu corff mawr o gampweithiau fel
campweithiau Beirdd yr Uchelwyr. Yn anffodus,
ni chafodd y traddodiad newydd hwn gyfle i
ymsefydlu'n iawn, oherwydd fe ddaeth tro arall
ar fyd, a bu raid i Gerdd Dafod wynebu newid
arall yn ei hanes. Fe sefydlwyd yr Eisteddfod ar ei
newydd wedd, ac fe ddifethwyd y cyfan.

Cyn ymhél â drwg-effeithiau'r Eisteddfod ar yr
englyn, byddai'n beth buddiol inni gael cip brysiog
ar gyflwr y mesur ar gychwyn y cyfnod newydd
hwn yn ei hanes. Cymerwn fardd fel Siôn Dafydd
Las, er enghraifft. Bu farw ym 1694, ac fe'i cyfrifid
yn un o feirdd teuluol Nannau, ac fel bardd teulu,
yr oedd Siôn Dafydd Las yn dal i rygnu ar yr un
hen dant, ac yn parhau'r confensiwn mawl gan
draethu'r un hen ystrydebau, heb fawr o raen ar y
mynegiant ychwaith.

Dyma englyn confensiynol a luniodd i ryw
Gapten Jones o Lanfrothen, pan
oedd hwnnw ar fin ymadael â Chymru i ryfela yn
Iwerddon ym 1691, er enghraifft:

Gweddïwn, rhoddwn ar nyd – wych radau,
  I chwi rwydeb hyfryd,
  Ac o'r Werddon, fodlon fyd,
  Yn iach eilwaith ddychwelyd.

Englyn cyffredin iawn. Ond beth am y ddau
englyn canlynol, dau englyn mwy personol, a
ganodd y tu allan i'r traddodiad:

Ofer pan hanner hunwyf, – a hefyd
  Ofer pan ddeffrowyf;
  Afradus, ofer ydwyf,
  Fe ŵyr Duw ofered wyf.

At fy Nhad, fwriad edifeirwch, – af
  I ofyn Ei heddwch,
  Dan grynu, lledu'n y lwch,
  A darostwng i dristwch.

Dyma nodyn mwy diffuant, mwy personol. Mae yma grefft ac angerdd teimlad, o'u cyferbynnu â diffyg awen a chyffredinedd ei ganu mawl. Mae'r englyn cyntaf yn em, yn gadarn ei adeiladwaith ac yn gyfanwaith byw, gyda'r ailadrodd ar y gair 'ofer' yn hoelio'r neges adref. Er nad yw'r ail englyn cystal, unwaith eto, y mae hwn hefyd yn llawn dwyster a diffuantrwydd. Yr oedd traddodiad newydd yn cychwyn yn bendant, a phe bai'r traddodiad hwnnw wedi cael llonydd i ddatblygu, gydag ambell athrylith yn codi i'w lywio i'r cyfeiriad iawn, buasai llenyddiaeth Gymraeg wedi gweld traddodiad newydd, ysblennydd o werinol. Nid oes raid inni ond edrych ar yr englynion o'r unfed ganrif ar bymtheg a geir yn y casgliad hwn i weld i ba gyfeiriad yr âi'r traddodiad hwn. Er enghraifft, englynion fel y rhain, gan awduron anhysbys:

AR DDYDD GŴYL

Gwyliwch na soniwch am Siân, – na dwedyd
   Nad ydyw'n ferch groenlan:
   Oedd gloywach, ddygwyl Ieuan,
   Ei thrwsiad hi na thyrs tân!

ANOBAITH

Er na fyn Duw gwyn, deg weniaith, – bechod,
   Am bob achos diffaith,
   Ni fyn Duw gwyn, gwedi'r gwaith,
   Mynnu neb mewn anobaith.

A hwn gan Rosier Cyffin:

GWYCHDER GWEN

Mi wn uchder sêr nos hirwen – i'm gwers,
   Mi wn gwrs yr wybren,
   Gwn rif gwellt a phob mellten,
   Ni wn hanner gwychder Gwen.

Englynion cynnil, diwastraff, epigramatig ac ystwyth yw'r rhain, englynion agos-atom, englynion cynnes a hoffus, nid annhebyg o ran eu themâu a'u mynegiant i'r hen benillion telyn. Yn sicr, tinc y penillion telyn oedd i'r 'englyn newydd', ac fe ellir dweud yn ddibetrus fod y traddodiad englynol newydd yn cyfoesi ac yn cydredeg â'r

hyn a oedd yn digwydd yn y canu rhydd yn y cyfnod, fel yr oedd y canu rhydd yn ei fynegi ei hun trwy gyfrwng y pennill telyn. Cymerwn ddau o'r englynion yn y casgliad hwn, er enghraifft, a'u cymharu â dau o'r penillion telyn a geir yng nghasgliad T. H. Parry-Williams. Dyma'r naill englyn:

Telyn rawn, o chawn, a chanu – diboen,
   Deubeth gyda hynny:
   Angyles ar fy ngwely,
   A chwart o win, a chau'r tŷ.

Sylwer ar y tebygrwydd rhyngddo a'r pennill hwn:

Pedwar peth sydd dda gen innau,
Canu telyn lawn o dannau;
Hefyd crowsio, yfed cwrw,
A chwmpeini geneth hoyw.

Dyma'r englyn arall:

Dyn gampus, gofus, gyfoed, – dyn weddus,
   Dyn addwyn, ysgafndroed,
   Dyn ddidrwst, union ddeudroed,
   Dyn ni thyr ŵy dan ei throed.

Yr un ffansi, wedi ei fynegi mewn ffordd arall, a geir yn y pennill hwn:

Dacw f'annwyl siriol seren,
Hon yw blodau plwyf Llangeinwen;
Dan ei throed ni phlyg y blewyn
Mwy na'r graig dan droed aderyn.

Dyma wythïen newydd, delynegol hyfryd, canu syml a'r iaith gryn dipyn yn ystwythach. Yr oedd yr englyn yn awr yn dechrau ennill ei blwy fel mesur byr, bachog, hunan-gynhaliol. Mae'n lled-sicr mai canu ar ei dwf oedd y canu hwn hefyd, traddodiad nad oedd eto wedi cael ei draed dano'n iawn. Gellir profi hynny i raddau helaeth. Ystyriwn yr englyn canlynol, er enghraifft, englyn a gymerwyd o gasgliad enwog y copïwr diwyd hwnnw, John Jones Gellilyfdy, o englynion, sef Peniarth 313:

Amdanad, lleuad pob lle, – o alaeth
    Yr wylais i'r dafne;
    Mae arnaf fwrn am dy siwrne,
    Dywaid, loer, ai da dy le?

Roedd John Jones yn copïo englynion, yn ogystal â llawer o bethau eraill, rhwng 1610 a 1654, ac mae'n amlwg fod yr englyn hwn yn perthyn i'r un cyfnod. Y mae yma ffurfiau mwy tafodieithol i ddechrau, 'dafne' a 'siwrne', yn hytrach na 'dafnau' a 'siwrnai'. Cymraeg ffurfiol a geid ym marddoniaeth y cywyddwyr, ac nid Cymraeg tafodieithol, llafar. Nid yw'r grefft yn hollol gadarn ychwaith, ond prin y gellid disgwyl hynny gan mai canu ar ei dwf ydoedd, traddodiad newydd yn ceisio dod o hyd iddo'i hun: ceir yr un gair yn gweithredu fel prifodl ddwywaith, yn y llinell gyntaf a'r olaf, ac y mae'r drydedd linell yn wythsill o hyd. Dyma'r math o delynegrwydd cynnil a geid yn y canu newydd hwn, ond ni chafodd y traddodiad hwn y rhyddid i ddatblygu'n llawn a chyrraedd ei lawn dwf. Llesteiriwyd pob datblygiad posibl gan un gŵr yn y pen draw, a'r gŵr hwnnw oedd Goronwy Owen (1723-1769), er mai trwy gael ei gamddefnyddio gan eraill y digwyddodd hyn.

Oherwydd ei amgylchiadau personol a'i fywyd helbulus, ni lwyddodd Goronwy Owen i wireddu'i uchelgais i ganu arwrgerdd fawr yn y Gymraeg. Cymysg, o ran safon, yw ei waith. Serch hynny, cafodd fwy o ddylanwad ar farddoniaeth Gymraeg y bedwaredd ganrif ar bymtheg nag odid yr un gŵr arall. Er ei fod yn darllen gwaith beirdd ei draddodiad, yn enwedig y Gogynfeirdd, i gyfeiriad Loegr yr edrychai am ysbrydoliaeth ac arweiniad. Gwaith John Milton oedd ei batrwm, a'i uchelgais oedd cyfansoddi'r epig fawr Gymraeg, ar ddull *Paradise Lost*, Milton. Mynnai Goronwy Owen nad oedd y mesurau traddodiadol yn addas o gwbl ar gyfer y cynllun a oedd ganddo, sef llunio'r arwrgerdd fawr Gymraeg, ac mai rhaid oedd chwilio am fesur arall, y tu allan i gyfyngiadau a hualau Cerdd Dafod. Er na lwyddodd Goronwy Owen ei hun i lunio'r arwrgerdd fawr, damcaniaethodd yn helaeth yn ei chylch, a gosododd reolau arbennig ar ei chyfer. Yr oedd gan y beirdd un nod arbennig i ymgyrraedd

ato, felly, ac yr oedd un arddull gyffredinol yn bosibl. Oherwydd hyn, roedd cystadlu'n bosibl. Pwrpas cystadleuaeth y bryddest oedd esgor ar yr arwrgerdd fawr Gymraeg, yn ôl diffiniad Goronwy Owen ohoni, a phwrpas cystadleuaeth yr awdl oedd dilyn ac efelychu gwaith Goronwy Owen fel patrwm. Mewn gwirionedd, trodd Goronwy Owen oddi wrth y traddodiad Cymraeg, a dilyn ffasiynau Lloegr. Gwnaeth ei edmygwyr yr un modd, ac anwybyddwyd y traddodiad brodorol yn gyfan gwbl bron. Meddai Thomas Parry yn *Hanes Llenyddiaeth Gymraeg hyd 1900*:

> Gan fod cyflwr gwybodaeth yng Nghymru y peth ydoedd – Iolo Morganwg yn llygru ffynhonnell hanes, a Pughe yn trafod yr iaith yn hollol anwyddonol – prin y gellir disgwyl dim cyswllt rhwng beirdd yr oes a thraddodiad y gorffennol, ac nid oes dim yn fwy amlwg nag anwybodaeth pawb o'r dynion amlwg am waith hen feirdd y canrifoedd o'r blaen.

Y canlyniad oedd cefnu ar y traddodiad barddol yng Nghymru, a dyna un o'r prif resymau pam na chafwyd llawer o farddoniaeth wych yn y bedwaredd ganrif ar bymtheg. Ceisiwyd sefydlu traddodiad newydd, ac anwybyddu holl fawredd a pherffeithrwydd y gorffennol, a'r canlyniad oedd cyfnod o ddirywiad mawr. Serch hynny, y mae gan y bedwaredd ganrif ar bymtheg un bardd mawr, ac un bardd mawr yn unig. Y bardd hwnnw, wrth gwrs, yw Robert ap Gwilym Ddu. Meddai Thomas Parry eto yn *Hanes Llenyddiaeth Gymraeg hyd 1900*:

> Un bardd yn unig yn nechrau'r ganrif a ddengys pa fodd y gallai clasuraeth Goronwy Owen fod wedi datblygu petai'r Eisteddfod yn llai o drais ar feddyliau dynion, a hwnnw yw Robert ap Gwilym Ddu.

Cadwodd Robert ap Gwilym Ddu yn gyfan gwbl oddi wrth yr Eisteddfod, ac aeth yn ôl at ei draddodiad. Ef yw awdur rhai o englynion ac emynau gorau'r iaith. Ond ai un o ddisgynyddion llinach glasurol Goronwy Owen oedd Robert ap Gwilym Ddu? Credaf mai prif etifedd y traddodiad a gychwynnwyd yn yr unfed ganrif ar bymtheg ydoedd; ac mae Robert ap Gwilym Ddu yn enghraifft deg o'r hyn a geid yng Nghymru pe na bai'r bedwaredd ganrif ar bymtheg wedi dilyn Goronwy Owen, a phe na bai'r Eisteddfod wedi meithrin a mabwysiadu'r safonau echrydus a wnaeth. Yn wir, y mae'r traddodiad hwn, a ddechreuwyd yn yr unfed ganrif ar bymtheg, yn cyrraedd ei anterth rywsut yng ngwaith Robert ap Gwilym Ddu. Ef yw prif gynrychiolydd yr ysgol honno, ac ef hefyd yw ei chynrychiolydd olaf. Meddai Saunders Lewis yn *Meistri'r Canrifoedd* (1973): 'Yr oedd bywyd Robert ap Gwilym Ddu yn nes i fywyd yr unfed ganrif ar bymtheg nag i fywyd yr ugeinfed ganrif'.

Dyfynnwyd uchod yr englyn a ganlyn, gan fardd anhysbys o'r unfed ganrif ar bymtheg:

Er na fyn Duw gwyn, deg weniaith, – bechod,
    Am bob achos diffaith,
  Ni fyn Duw gwyn, gwedi'r gwaith,
  Mynnu neb mewn anobaith.

Dyma'r un englyn, wedi i ryw ddwy ganrif o'r traddodiad newydd ei gaboli a'i berffeithio:

Er cwyno lawer canwaith – a gweled
    Twyll y galon ddiffaith,
  Ni fyn Duw o fewn y daith
  Droi neb i dir anobaith.

Mae'r ddau yn hynod o debyg, fel pe bai'r un bardd wedi bod wrthi'n gweithio ar yr un englyn, a'r fersiwn cyntaf yn llai gorffenedig ac yn llai cymen ei wead na'r ail. Traddodiadydd oedd Robert ap Gwilym Ddu, ac o'r gorffennol y câi ei safonau. Yn ôl Saunders Lewis eto:

Yr eisteddfod a laddodd y traddodiad hwn [sef y traddodiad llenyddol] a gosod uchelgais newydd i'r bardd, sef bod yn fardd "cenedlaethol", nid yn fardd cymdeithas leol. Testunau epig neu destunau haniaethol, testunau nad oeddynt yn codi o fywyd cymdeithas ardal, oedd testunau'r eisteddfodau gan amlaf. Cymdeithasau o

Lundain a benodai'r testunau weithiau. Cyn hir, barddoniaeth ar destunau o'r math hwnnw, testunau cyffredinol, yn unig a gyfrifid yn farddoniaeth y "prifeirdd". Felly y daeth y Dadeni Dysg yn hwyr, rhwng Goronwy Owen ac Eben Fardd, i ddisodli barddoniaeth gymdeithasol yr Oesoedd Canol yng Nghymru.

Prif anghymwynas yr Eisteddfod â'r genedl oedd ei bod yn dadfarddoneiddio Awen y Cymry, ac yn lladd yr elfen gymdeithasol ynddi. Gan mai barddoniaeth wedi ei sylfaenu ar haniaeth damcaniaeth, damcaniaethau Goronwy Owen felly, yn hytrach nag ar brofiad a phatrwm ac enghraifft ydoedd, collodd barddoniaeth gysylltiad â'r peth hwnnw na ellir creu unrhyw fath ar lenyddiaeth hebddo, sef profiad o fywyd. Gosodid testunau gan grach-noddwyr llên a oedd yn byw yn Llundain, gan amlaf, a'r testunau hynny yn destunau haniaethol a diawen. Nid mwyach y farddoniaeth honno a dynnai oddi ar brofiadau bywyd – serch, torcalon, cenfigen, angau, edifeirwch, meddwdod, llawenydd, galar, amaeth, natur, y tir – aeth y cyfan yn angof. A chafodd yr Eisteddfod effaith andwyol ar yr englyn, yn ogystal ag ar farddoniaeth yn gyffredinol. Y wyrth yw fod yr englyn a'r gynghanedd wedi byw ar ôl y fath ormes a chamdriniaeth.

Er i R. Williams Parry ddweud, a hynny yn ddigon cywir, mai i'r bedwaredd ganrif ar bymtheg y perthyn rhai o englynion gorau'r iaith, eto am bob englyn graenus a luniwyd yn y ganrif honno, mae'n debyg y ceir miloedd o rai truenus, salw; ac o'r englynion graenus hyn, mae'n sicr mai englynion a luniwyd y tu allan i gylch cystadleuaeth ac eisteddfod oeddent, englynion Robert ap Gwilym Ddu, er enghraifft, er bod yr Eisteddfod hefyd wedi cynhyrchu ambell englyn da: ond ar y cyfan, prin oeddent. Mae sawl rheswm dros ddirywiad yr englyn yn y bedwaredd ganrif ar bymtheg, hynny yw, yr englyn eisteddfodol. I ddechrau, aethpwyd ati i wyddoneiddio ac i haniaethu'r Awen Gymraeg. Yr oedd hi'n oes wyddonol, canrif y darganfyddiadau mawr: rhaid wedyn oedd canu i'r dyfeisiau a'r darganfyddiadau newydd hyn, a hefyd fathu termau a geiriau newydd ar eu cyfer, a'r rheini yn dermau erchyll. Y canlyniad oedd mai o'r gwyddoniadur a'r geiriadur, ac nid o'r galon, y deuai prydyddiaeth Gymraeg bellach. Nid canu i brofiad ac o brofiad a wneid mwyach, ond llunio cannoedd ar filoedd o englynion newydd i'r diweddar bethau hyn, a'u gosod yn destunau englynion mewn eisteddfodau mawr a mân ledled y wlad drwy gydol y ganrif. Yr oedd Oes Technoleg wedi cyrraedd. Cafwyd cannoedd ar gannoedd o englynion carbwl, ffug-eiriol, peiriannol ymhob ystyr. Er enghraifft, dyma rai o englynion Emrys i'r 'Gwefrhysbysai', un o gampweithiau technolegol y bedwaredd ganrif ar bymtheg:

Am fawrwaith dyn myfyriaf, – ei faidd hyf,
   A'i ddyfais ryfeddaf;
    Pwy noda'i nerth? Pwy ond Naf
    A wêl ei derfyn olaf?

E fyn yr holl elfennau – i weini
    I'w wahanol reidiau;
    Deil y mellt, gwibfellt sy'n gwau,
    I'w gosod ar negesau.

Rhed y gwefr hyd y gwifrau, – chwai noda
    Farchnadoedd a'n ffeiriau;
    Drwy'r wlad mewn eiliad mae'n hau
    Newyddion o'n seneddau.

Ac yn y blaen. Ceir digon o enghreifftiau cyffelyb, a rhai llawer is eu safon na'r uchod hyd yn oed.

   Rhoddodd yr Eisteddfod yn y bedwaredd ganrif ar bymtheg fath newydd o englyn inni, sef yr englyn diffiniadol. Bod yn destunol oedd y peth pwysig, a hynny a ddisgwyliai'r beirniaid. Er enghraifft, dyma feirniadaeth Isaled ar englyn *Ivor Wyn*, sef Eifionydd, yn Eisteddfod Genedlaethol Aberhonddu, 1889: 'Gan *Ivor Wyn* mae yr englyn mwyaf testyngar a cheir ynddo gryn lawer o'r pertrwydd diarhebol hwnnw sydd mor hanffodol (*sic*) mewn englyn unigol ar unrhyw destyn'. A dyma i ni englyn 'testyngar' y buddugwr:

Y LLENOR

Â'i iaith, a'i farn, a'i chwaeth fyw – Awdwr llawn
    Ydyw'r Llenor clodfyw:
    Llaw dde y wasg, a'i llwydd yw –
    Penadur y pin ydyw.

Ceir holl nodweddion yr englyn diffiniadol yn yr englyn uchod : rhaid enwi'r gwrthrych yn un peth ('Ydyw'r Llenor …'), er mwyn osgoi unrhyw amwysedd, a rhag i'r beirniad fedru cyhuddo'r bardd o fod yn annhestunol; yna, eid ati i ddweud cymaint ag y gellid am y gwrthrych, rhestru ei brif nodweddion a'i briodoleddau, hynny yw, diffinio'r gwrthrych, ei ddisgrifio'n llythrennol. Aethpwyd ati i ffeithioli'r englyn; 'Ymaith Ddychymyg' oedd hi gyda'r beirdd hyn, a chafwyd cannoedd ar gannoedd o englynion diflas, dienaid, carbwl drwy gydol y ganrif, arfer a dull o englyna a barhaodd hyd ddechrau'r ugeinfed ganrif, a cheir ambell englyn felly heddiw hyd yn oed. Dyma enghraifft arall, 'Mwsogl', gan Glyn Hefin:

Amwisg werdd dros y maes gwyw – yw Mwsog –
    Gormesydd gwellt irfyw –
    Hug y main mewn lleithgwm yw –
    I dai adar clyd ydyw.

Ac yn y cyrch, fel yn yr enghraifft uchod, yr enwid y gwrthrych gan amlaf. Dyma englyn ar y testun 'Y Lamp' gan englynwr anhysbys:

Un luniwyd at ddal goleuni – yw'r Lamp –
    Ac ar lu mae'n gweini:
    Trwy ei llewych harddwych hi
    Llama'r gwyll mawr i golli.

   Dirywiad yn sicr a welwyd ym myd yr englyn unodl union yn y bedwaredd ganrif ar bymtheg, dirywiad o safbwynt crefft, techneg a mynegiant. Digwyddodd arferiad anffodus arall iddo, a gellir beio dau fardd yn y pen draw am y drwg-arferiad hwn, sef Trebor Mai a Dewi Havhesp. Meddai Gwenallt wrth feirniadu cystadleuaeth yr englyn yn Eisteddfod Genedlaethol Bae Colwyn ym 1947 (*Cyfansoddiadau a Beirniadaethau Eisteddfod Genedlaethol Bae Colwyn*):
   Gadawodd Trebor Mai a Dewi Havhesp un

dylanwad anffodus ar yr englynwyr ar eu hôl, sef llunio llinell olaf englyn yn gyntaf, a honno yn llinell darawiadol, ysgubol; a llunio'r tair llinell arall wedyn, llinellau llanw. Dull anghelfydd o lunio englyn yw hwn. Dylai fod yn yr Englyn unigol, fel ymhob math arall o farddoniaeth, undod; dylai'r englyn fod yn gyfanwaith bychan.

Parhaodd y drwg-arfer hwn hefyd ymhell i'r ugeinfed ganrif. Arwyddair yr ysgol hon oedd 'Nerth tarw yn ei gyrn, nerth ci yn ei ddannedd, nerth englyn yn ei gynffon'. Ni bu'r un dim erioed mor gyfeiliornus. Dyma un peth a ddifethai waith Dewi Emrys yn aml, er enghraifft, y ddau englyn canlynol:

YR EIRA

Wŷr o nerth! Mae'n daear ni – yn huno
    Â llen gannaid drosti.
    Yng ngwynder ei haceri
    Dewch i weld eich amdo chwi!

Yna tewch, feilchion eich tud, – a thithau
    Weithiwr crwm, bydd astud.
    Yn nhŷ pob un, bob munud,
    Mae rhybudd mawr y bedd mud.

Dylid cofio yn ogystal am ddylanwad dau ŵr arall ar farddoniaeth y bedwaredd ganrif ar bymtheg, a'u dylanwad, unwaith yn rhagor, yn ddylanwad andwyol. Y ddau yma yw William Owen Pughe (1759-1835), y geiriadurwr a'r gramadegydd, a Goronwy Owen. Roedd Pughe yn andwyo'r Gymraeg ac yn ei llygru gyda'i eiriau ffug, hyll, ond dyma'r beirdd wedyn yn cydio yn y geiriau hyn, ac yn eu hau yma a thraw yn eu barddoniaeth. Y canlyniad oedd bod geirfa'r beirdd yn ferfaidd hollol, a'r farddoniaeth hithau yn garbwl, yn eiriog ac yn rhodresgar-chwyddedig. Efelychid gwaith Goronwy Owen gan y beirdd, ar y llaw arall, a gallai Goronwy, ar ei waethaf, lunio llinellau cleciog, trystfawr, fel y rhain:

Hyll ffyrnbyrth holl Uffernbwll ...

Canmilddwbl acen amlddull,
Llawn hoen heb na phoen na ffull.

Dwrf rhaeadr, darfu'r rhuaw,
Gosteg a roir, ac ust draw.

Sylwer, er enghraifft, ar y modd y mae'r cwpled olaf yn ceisio cyfleu tawelwch, a hynny gyda sŵn a thrwst! Defnyddiai Goronwy Owen eiriau hynafol yn ei farddoniaeth hefyd, a gwnâi ei ddilynwyr yr un modd. Ond, trwy ryw ryfedd wyrth, goroesodd y gynghanedd, wedi i Gerdd Dafod, a'r englyn yntau, orfod wynebu'r cyfnod mwyaf diffrwyth yn eu holl hanes. Ond wedyn fe ddaeth John Morris-Jones a T. Gwynn Jones, a dyma droi dalen newydd, ac adfer y ceinder a'r urddas a fu drwy ddychwelyd at ganu cyfnod yr uchelwyr. Daeth beirdd fel R. Williams Parry, gyda'i englynion coffa dihafal, ac fe ddaeth, yn sgil y cyfan, Ddadeni. Y mae'r Dadeni hwnnw gyda ni o hyd. Adferwyd y gynghanedd yn ei holl urddas ac yn ei holl nerth, ac y mae Cerdd Dafod ar dir diogel unwaith yn rhagor. Mae'r englyn unodl union yntau ar binacl ei yrfa faith, a'r calondid mwyaf yw fod cymaint o englynion gan feirdd cyfoes yn y flodeugerdd hon. Dyfynnwyd D. Emrys Evans ar ddechrau'r rhagymadrodd hwn. Priodol iawn yw cloi'r rhagymadrodd gyda dyfyniad arall o'i eiddo ('Yr Epigram a'r Englyn'):

Tybiwn y gellir proffwydo dyfodol disglair i'r englyn, oblegid er cystal llawer o benillion y ganrif ddiweddaf nid oes amheuaeth y telir mwy o sylw gan ein llenorion diweddaraf i lendid a choethder iaith a chystrawen, a bod ganddynt oleuni cliriach ar reolau barddoniaeth dda a chwaeth diogelach (sic) i'w tywys. Tebygwn hefyd nad o gystadleuaeth eisteddfodol y daw'r englynion gorau, ag eithrio, efallai, ambell englyn disgrifiadol. Nid o briodas barchus rhwng penderfyniad pwyllgor a sêl cystadleuydd y tardda'r englyn dilys; yn hytrach, plentyn nwyfus yw, a enir o gyfarfod damweiniol rhwng dychymyg craff yr awen englynol a rhyw hap neu ddigwydd a allo ennyn ei nwyd.

Angau ac Anfarwoldeb

1.

OFEREDD

Pa les yw cael byw'n y byd, – a meddu
    Pob moddion am ennyd?
   Gorwedd yn llwch y gweryd
   Yn fuan iawn gawn i gyd.

Dewi Hefin

2.

MARWOLAETH

Ystyriwn, gwelwn ein gwaeledd; – ein gwisg
    A esgor ar lesgedd,
   A deuwn yn y diwedd
   O rwysg byd i oerwisg bedd.

Anhysbys

3.

BEDD Y MORWR

Dyma weryd y morwr, – o gyrraedd
    Gerwin fôr a'i ddwndwr;
   Ei dderbyn gadd i harbwr
   Heb don ar wyneb y dŵr.

Tudno

4.

MARWOLAETH PUMP O FRODYR

Tra ebrwydd gorffennodd tribrawd – eu hoes,
    Ac wedi hwy ddeufrawd;
   O'n golwg mae'n y gwaelawd
   Yma bridd ar y pum brawd.

Evan Thomas

❧

ER COF AM GERAINT EDWARDS

5.

A welwch chi'r griafolen – eiddil
    Wrth Dyddynyronnen?
   Gwaed a fu ar y goeden;
   I'w phridd yr aeth dail ei phren.

6.

Gwelwch ei gwyw wialen – a mwswg
    Y meysydd a'r fignen;
   Brwyn a hesg y bryniau hen
   Yn dorch ar y dywarchen.

Geraint Bowen

7.

MUDANDOD

Od aethost mae'n dost i dud, – y Gwyliau,
    Gwelais y'm hatebud,
   A heddiw ni'm gwahoddud,
   Un wyt ai'n falch ynteu'n fud.

Wiliam Cynwal

8.

DAU ELYN

Dau elyn llawn dialedd – a waedwyd,
    Ond wedi'r gelanedd,
   Dau arwr yn cydorwedd
   A rhannu bai'n yr un bedd.

R. J. Roberts

9.

TRI PHYSGOTWR O ROSHIRWAUN

Y tri llanc ieuanc eon – sydd isod,
    Soddasant i'r eigion.
   Aethant ddifater weithion
   O bysg a therfysg a thon.

R. Williams Parry

10.

TRANC EFRYDYDD

Ei feddwl ddug glwyf iddo, – o'i dalent
    Daeth dolur i'w flino;
   Roedd i'w danbaid enaid o
   Dŷ rhy egwan i drigo.

Berw

11.

MARWOLAETH DAU FRAWD A CHWAER

Marwolaeth Mair a Wili – a Rhisiart
 Wna i reswm dewi,
 Ond ffydd ddichon fodloni
 A gweld trefn mewn galw tri.

J. Roger Owen

12.

MARWOLAETH TAD Y BARDD

O! fwynion ddynion bob ddau – cyfarwydd,
 Cyfeiriwch y rhwyfau;
 Tynnwch ar draws y tonnau
 Â'r bardd trist yn ei gist gau.

Gruffudd Phylip

13.

Y MORWR COLLEDIG

Iach hwyliodd i ddychwelyd, – ond ofer
 Fu dyfais celfyddyd;
 Y môr wnaeth ei gymeryd,
 Ei enw a gawn, dyna i gyd.

Cerngoch

MORWR

14.

Y Tom gwylaidd, twymgalon, – sy'n aros
 Yn hir yn yr eigion:
 Mor oer yw'r marw yr awron
 Dan li'r dŵr, dan heli'r don.

15.

O ryfedd dorf ddiderfysg – y meirwon
 Â gwymon yn gymysg!
 Parlyrau'r perl, erwau'r pysg
 Yw bedd disgleirdeb addysg.

R. Williams Parry

16.

BEDDAU'R MORWYR

'Doedd ŵr a ddwedodd eu hynt, – yn nydd Barn
 Caeodd y bedd arnynt,
 A'r don drist ar daen drostynt,
 Heb alar ond galar gwynt.

Mafonwy

17.

DAU LONGWR

Gwŷr yrrwyd i'n gororau – yn waelion
 Ar elor y tonnau;
 Iôr ei hun ŵyr eu henwau,
 Daw rhyw ddydd i godi'r ddau.

Gwilym Berw

18.

ALLTUD

 (*Gŵr o Wynedd o'r enw Gabriel, a
 gladdwyd yn Cincinnati, Ohio*)

I'w gorff gwan wele'r annedd, – ac obry
 Mae Gabriel yn gorwedd:
 Trueni troi o Wynedd
 I chwilio byd, a chael bedd!

Anhysbys

19.

BEDDARGRAFF PLENTYN

 (*A oedd yn berchen llais swynol,
 ond a fu farw o'r diphtheria*)

Roedd eisiau'ch mab yn faban – i'w urddo
 Yn gerddor yng Nghanaan,
 Lle ni eill, o hyn allan,
 Ddolur gwddf ddal ar ei gân.

R. J. Roberts

20.

GWRAIG RINWEDDOL

Er dyfod briw y diwedd, – ni roddwyd
   Dan briddell ei bonedd;
  Na, rhy annwyl ei rhinwedd
  I'w gelu byth dan glo bedd.

Mathonwy Hughes

21.

BEDD Y WEDDW

Cuddia'r rhos fedd y weddw, – er na fu
   Arno faen nac enw;
  Nid gwaith llaw dyn ydyn nhw –
  Duw ddilladodd ei lludw.

Iestyn

22.

ER COF AM ENID WYN JONES

Gaeafu er ein gofid – wnaeth yr haf,
   Aeth y rhin o'r gwyddfid;
  Mae geiriau gras? Mae gwawr gwrid?
  Mae rhinwedd? Marw yw Enid.

W. D. Williams

23.

GWELY ANGAU FY CHWAER

Yn ei galar y'i gwelais – yn cwyno
   Mewn acenion llednais,
  Yn wen ei lliw, 'n wan ei llais,
  A'r oerwlith ar ei harlais.

Elis Wyn o Wyrfai

24.

CLADDU GWRAIG

Yma rhoddwyd Mair heddyw: – tŷ angof
   Yw tynged dynolryw:
  Nos adeg einioes ydyw,
  A noswyl faith nes ail-fyw.

Owain Lleyn

25.

GŴR A GWRAIG

*(Gŵr a gwraig dros eu pedwar ugain a fu
farw o fewn ychydig ddyddiau i'w gilydd)*

Efo'i gilydd fe'u gwelwyd – hyd eu hoes,
   Ill dau ar eu haelwyd;
  Yna law-yn-llaw yn llwyd
  Efo'i gilydd fe'u galwyd.

O. M. Lloyd

26.

RHIENI

Rhoi deulwch dan oer dalar, – a rhoi hoen
   Rhieni i'r ddaear;
  Daw wylofain dilafar
  I friwio cof rhai a'u câr.

J. M. Edwards

27.

RHIENI

Er ing dwfn yr angau du – O! y balm
   I boen fawr eu claddu
  A rydd cof o'r frawddeg gu:
  'Hwy hunasant yn Iesu'.

Meigant

28.

ER COF

*(Am Moses Lewis, aelod o ddosbarth
Gwenallt ar Gerdd Dafod)*

Nid amhrydlon mohono, – nid yr awr,
   Nid yr hin sy'n rhwystro,
  Eithr o'i fedd ni thry efô
  I drin y mydrau heno.

Evan Jenkins

29.

ER COF AM WERINWR

(John Jones, Blaen-cwm, Cynllwyd)

O groth y ddaear greithiog – y'i bwriwyd
    Ar y Berwyn 'sgithrog;
    Caled oedd fel clwydi og,
    A mwyn fel gofer mawnog.

Geraint Bowen

30.

ER COF AM WILLIAM THOMAS

Y gŵr mwyn a grymanwyd – a'r landeg
    Ddyfedeg ddifodwyd;
    Diau o Gleddau i Glwyd
    Ein diwylliant a dollwyd.

Geraint Bowen

31.

ER COF AM DAFYDD ROBERTS

*(Cadeirydd Pwyllgor Amddiffyn Capel
Celyn, a gladdwyd ym mynwent Llanycil)*

O'i mewn, ac ar ei meini, – enwau dewr
    A dorrwyd lle cysgi;
    O enwau dewr, dy enw di,
    Y dewraf, gaiff ei dorri.

Geraint Bowen

32.

BEDDARGRAFF DAU FABAN

Rhoed, o'u crud, y cariadau – tyner hyn
    Tan yr oer briddellau,
    Cyn i bechod, â'i nodau,
    Roddi ei ôl ar y ddau.

Trebor Mai

33.

BEDDARGRAFF TRI

Wele ni, gwedi pob gwaith, – yn dri llesg,
    A wnaed o'r llwch unwaith,
    Mewn bedd (on'd dyrnfedd fu'n taith?)
    Lle chwelir ein llwch eilwaith.

Pyll Glan Conwy

34.

AR FEDD FY MAM

Yma y mae fy mam i; – bu annwyl,
    Bu unwaith yn heini;
    A hi erys er oeri
    Yn fyw o hyd ynof i.

W. Roger Hughes

35.

TWM BACH Y TELYNOR

Yn iach i Dwm Bach! Aeth i'r bedd; – bellach
    E ballodd cynghanedd:
    Ni wn o'i ôl, yr un wedd,
    A ŵyr fiwsig ar fysedd.

Huw Gruffydd a Rhys Cain

36.

BEDDARGRAFF HELIWR

YM MYNWENT LLANYCIL

Rhowch garreg deg a deugi, – a llwynog,
    A lluniwch lun dyfrgi,
    A gafaelgar deg filgi,
    A charw hardd ar ei chwr hi.

Siôn Dafydd Las

❧

BEDDARGRAFF PLENTYN

37.

Trallodau, beiau bywyd – ni welais,
    Nac wylwch o'm plegyd;
    Wyf iach o bob afiechyd,
    Ac yn fy medd, gwyn fy myd.

38.

Glân yr â baban i'r bedd, – a difrad
    Yw dwyfron trugaredd;
    Mewn henaint mae anhunedd,
    Brad a gwae i bryd a gwedd.

Edward Richard

39.

BEDDARGRAFF

Yn y bedd gorwedd a gaf – yn isel,
   Hir nos a ddaeth arnaf,
   Ond ni dderfydd hirddydd haf
   Dinoswyl y byd nesaf.

Anhysbys

40.

BEDDARGRAFF TAD A MAB

Yr eiddilaf ir ddeilen – a syrthiai
   Yn swrth i'r ddaearen;
   Yna y gwynt, hyrddwynt hen,
   Ergydiai ar y goeden.

Tegidon

41.

EI FEDDARGRAFF EF EI HUN

Carodd eiriau cerddorol, – carodd feirdd,
   Carodd fyw'n naturiol;
   Carodd gerdd yn angerddol,
   Dyma ei lwch, a dim lol.

Ceiriog

BEDD RHYS GOCH ERYRI

42.

Carnedd Rhys a'i fedd, fu addien – freuglod,
   Tan y friglas ywen:
   Côr gwiw nadd carreg ei nen,
   Clawdd du lle claddwyd awen.

43.

Y maenddarn cadarn, lle cedwi – ddawn oll
   Dduw, n'allwn dy godi!
   Ar fedd gro fal to'r wyt ti,
   Ar war Rhys Goch Eryri.

Wiliam Llŷn

44.

YM MYNWENT TRAWSFYNYDD

Gwael wy' 'nawr: os geilw neb – fi adre'
   Ni fedraf ei ateb:
   Mae du, oer, lom daear wleb
   Trawsfynydd tros fy wyneb.

Dafydd Jones

45.

ER COF AM EDWARD LHUYD

Meini nadd a mynyddoedd – a gwaliau
   Ac olion dinasoedd
   A dail, dy fyfyrdod oedd,
   A hanesion hen oesoedd.

John Morgan

46.

BEDD TUDUR ALED

Cei ras, hen Horas, tan weryd, – Tudur,
   Tad yr holl gelfyddyd;
   Ymadrodd dysg, a'i medryd,
   Cais tan ben cist awen byd.

Anhysbys

47.

O. M. EDWARDS

Yn dy ro cofiwn dy rawd, – ac una
   Cenedl yn dy folawd;
   Trwy ein tir rhown it eurwawd,
   Lusern dlos y werin dlawd.

J. J. Williams

48.

BEDDARGRAFF HUW LLWYD O GYNFAL

Pob campau, doniau a dynnwyd – o'n tir,
   Maentwrog ysbeiliwyd;
   Ni chleddir, ac ni chladdwyd,
   Fyth i'w llawr mo fath Huw Llwyd.

Edmwnd Prys (?)

49.

BEDDARGRAFF DIC ABERDARON

Ieithydd uwch ieithwyr wythwaith, – gwir ydoedd,
   Geiriadur pob talaith:
   Aeth angau â'i bymthengiaith
   Obry'n awr, heb yr un iaith.

Ellis Owen

50.

BEDD DAFYDD AP GWILYM

Glasbren, dew ywen, dŷ Eos – Deifi,
   Mae Dafydd yn agos;
   Yn y pridd mae'r gerdd ddiddos,
   Diddawn yw bob dydd a nos.

Iolo Goch (?)

51.

BEDD DAFYDD IONAWR

Er ei 'Drindod', fardd clodfawr, – a nyddu'r
   'Mil Blynyddau' enfawr,
   Nid â neb i weld yn awr
   Fedd unig Dafydd Ionawr.

O. M. Lloyd

52.

BEDD T. GWYNN JONES
  (Wrth weld pobl ifanc o Lydaw
yn rhoi blodau arno)

Dewch o Lydaw a'i ch'ledi, – a rhowch dorch
   O dwf eich llechweddi,
   O lwyni'ch hen lannau chwi,
   Ar un sy'n arwr inni.

Geraint Bowen

53.

ER COF AM EINION

Ai Einion mewn gwirionedd – a roddir
   Heddiw yn y dyfnfedd?
   Oer wyf, ac nid yw ryfedd
   A'm nai bach yma'n y bedd.

John Morris-Jones

54.

EI FEDDARGRAFF EF EI HUN

Rhodiais yn ddianrhydedd – dymor byr,
   Dyma'r bedd o'r diwedd;
   Er annoeth fyw'n ddirinwedd
   Rhowch Mai a'i fai yn ei fedd.

Eos Mai

55.

ER COF AM GARMON WYN

Bardd a llenor rhagorol, – chwilotwr,
   Astudiwr gwastadol:
   Nid oedd ŵr mwy diddorol,
   Ofnadwy'r adwy o'i ôl.

Meuryn

56.

AR FEDD ALAFON

Daeth gynt o nef y nefoedd – belydryn
   Heibio i lwydrew'r oesoedd,
   A'r rhin o'i wawr a hanoedd,
   Eilfyw wnaeth – Alafon oedd.

T. Gwynn Jones

57.

J. T. REES, Y CERDDOR

Ef a wyddai gelfyddyd – yn ei ardd,
   A'i throi'n wyrth o fywyd:
   Yn Seion yr un ffunud –
   Garddwr y gerdd orau i gyd.

Dewi Morgan

58.

MARW DAFYDD NANMOR

Marw Dafydd y sydd fel saeth – i'm hesgyrn,
   Am ysgol penceirddiaeth;
   Marw dedryd Nanmor Deudraeth,
   Marw dysg holl Gymru od aeth.

Guto'r Glyn

59.

ER COF AM HUW T. EDWARDS

Derwen o'n tir a dorrwyd. – Brenhinbren
    I'w henbridd a fwriwyd;
    Cangen ar gangen a gwyd
    O'r dderwen fawr ddaearwyd.

Mathonwy Hughes

60.

ER COF AM WILLIAM CYNFI ROBERTS

Dierwinder diriondeb – a welid
    Yn ei wylaidd wyneb;
    Ba wrda mwy ei burdeb
    Yng Nghefn-y-waun yng nghof neb?

R. H. Watkins

❧

HEDD WYN

I

61.

Y bardd trwm dan bridd tramor, – y dwylaw
    Na ddidolir rhagor:
    Y llygaid dwys dan ddwys ddôr,
    Y llygaid na all agor!

62.

Wedi ei fyw y mae dy fywyd, – dy rawd
    Wedi ei rhedeg hefyd:
    Daeth awr i fynd i'th weryd,
    A daeth i ben deithio byd.

63.

Tyner yw'r lleuad heno – tros fawnog
    Trawsfynydd yn dringo:
    Tithau'n drist a than dy ro
    Ger y ffos ddu'n gorffwyso.

64.

Trawsfynydd! Tros ei feini – trafaeliaist
    Ar foelydd Eryri:
    Troedio wnest ei rhedyn hi,
    Hunaist ymhell ohoni.

65.

Ha frodyr! Dan hyfrydwch – llawer lloer
    Y llanc nac anghofiwch:
    Canys mwy trist na thristwch
    Fu rhoddi'r llesg fardd i'r llwch.

66.

Garw a gwael fu gyrru o'i gell – un addfwyn
    Ac o noddfa'i lyfrgell:
    Garw fu rhoi'i bridd i'r briddell,
    Mwyaf garw oedd marw ymhell.

67.

Gadael gwaith a gadael gwŷdd, – gadael ffridd,
    Gadael ffrwd y mynydd:
    Gadael dôl a gadael dydd,
    A gadael gwyrddion goedydd.

68.

Gadair unig ei drig draw! – Ei dwyfraich,
    Fel pe'n difrif wrandaw,
    Heddiw estyn yn ddistaw
    Mewn hedd hir am un ni ddaw.

R. Williams Parry

69.

BEDDARGRAFF MILWR

Aeth o'i ing i fwth ango', – i wely
    Y milwr i huno;
    Heb rodres wedi'r brwydro
    Erys â chroes uwch ei ro.

Gwilym Williams

70.

AR GOFADAIL

O Gofadail gofidiau – tad a mam!
    Tydi mwy drwy'r oesau
    Ddysgi ffordd i ddwys goffáu
    Y rhwyg o golli'r hogiau.

R. Williams Parry

71.

NID Â'N ANGO'

Ei aberth nid â heibio, – ei wyneb
  Annwyl nid â'n ango',
  Er i'r Almaen ystaenio
  Ei dwrn dur yn ei waed o.

Hedd Wyn

72.

AR GARREG GOFFA

(Yn yr Ysgol Ramadeg, Pen-y-groes)

Eu dysg yn gymysg â'r gwynt – ddiflannodd
  Fel unnos oddi arnynt,
  Hen ffyddlon ddisgyblion gynt,
  Dymunwch heddwch iddynt.

R. Williams Parry

MILWR O FEIRION

73.

Ger ei fron yr afon red, – dan siarad
  Yn siriol wrth fyned:
  Ni wrendy ddim, ddim a ddwed –
  Dan y clai nid yw'n clywed.

74.

Ond pridd Cefnddwysarn arno – a daenwyd
  Yn dyner iawn drosto;
  A daw'r adar i droedio
  Oddeutu'i fedd ato fo.

R. Williams Parry

75.

COFEB PEDWAR MILWR

Paid â rhoi i'r pedwar hyn – hir foliant,
  Rhyfelwyr nid oeddyn'.
  Yn y llwch heddwch iddyn',
  A rho'r mawl i'r rhai a'i myn.

O. M. Lloyd

AR GOFEB RYFEL
YSGOL DYFFRYN NANTLLE

76.

Hon yw allor ein colled, – cofadail
  Cyfoedion dinodded
  A ddug groes cenhedloedd Cred
  Yn ieuanc a diniwed.

77.

O nawdd yr hen fynyddoedd – y rhwygwyd
  Ir egin ein cymoedd
  A llosg berth eu haberth oedd
  Yn ysu y teyrnasoedd.

78.

Anhyddysg mewn trin oeddynt, – a beiau
  Ein bywyd oedd arnynt;
  A'r un hedd sy'n rhan iddynt
  Â'r 'gwŷr a aeth Gatraeth' gynt.

79.

I'w helynt dros bell dalar – aeth y rhain,
  Fel y llathr wŷr cynnar
  A aeth gynt yn ebyrth gwâr
  I hen dduwiau y ddaear.

Gwilym R. Jones

80.

NOW'R ALLT

Gŵr unig, garw ei anian, – yn Ismael
  Anesmwyth heb drigfan,
  A bywiog wylliad buan –
  Anrheithiwr dŵr aeth ar dân.

Iestyn

81.

ER COF AM TOM WILLIAMS, CWM MAIN

Anwylem ei ddoniolwch, – hwn luniai
  Lawenydd o dristwch;
  Rhoed i'r digrif ddifrifwch,
  I'r aflonydd lonydd lwch.

Gerallt Lloyd Owen

82.

BEDDARGRAFF DAFYDD NICOLAS,
CRYMYCH

Bu'n ddiddig ymhob digwydd, – hyd ei oes
 Bu'n dad caredigrwydd:
 Mewn tristwch rhoddwch yn rhwydd
 Ddagrau ar foneddigrwydd.

Gwenallt

❧

DAVID HUGHES, LLANARMON-YN-IÂL

83.

David Hughes, dy fywyd di – a gofiwn,
 Buost gyfaill inni,
 Cymorth gyda'n hymborth ni,
 Cymydog gwiw ym Medi.

84.

Ba dynged enbyd ingol – a'th gipiodd
 O'th gapel a'th ysgol!
 Doe'n ddiddan yn ein canol;
 Heno rhaid wylo ar d'ôl.

R. Williams Parry

85.

AR FEDD ISAAC DAVIES
 (Brodor o Faldwyn a drigai yn Nhrawsfynydd)

Ei enaid o Feirionnydd – a giliodd
 I'r golau na dderfydd;
 Ond darn mwyn o Faldwyn fydd
 Is ei faen yn Nhrawsfynydd.

Iorwerth H. Lloyd

86.

ER COF AM TOM OWEN

I'w Lanberis ddewisol – ni ddichon
 Ddychwel yn dragwyddol;
 Aeth i ymdaith, faith, fythol;
 Aeth i'r Nant ac ni thry'n ôl.

R. E. Jones

87.

ER COF AM Y PARCH. T. R. LLOYD

Rhoed yma'r corff i orffwys – wedi ing
 Hyd angau, dan oergwys,
 Ond mwynder y dewrder dwys
 A roed i dir Paradwys.

Anhysbys

88.

COLLI DAU FLAENOR
 (Joseph Jones a Wilfred Lawrence Lloyd)

Gofid ar ofid! Mor rhyfedd – y daw
 Gwŷr duwiol i'w diwedd;
 Â dau flaenor bwydo'r bedd –
 Dau flaenor mewn dwy flynedd.

J. Eirian Davies

89.

BEDDARGRAFF DR HUGHES, LLANRWST

I'w fedd anrhydedd fyddo; – sidanwellt
 Ymestynnwch drosto;
 Awelon, dowch i wylo
 I'r fan wael, er ei fwyn o.

Trebor Mai

90.

ER COF AM YR ATHRO JAC L. WILLIAMS

Ar ddadlau mawr, distawrwydd; – i'w hirgorff
 Gwargam daeth hoe ebrwydd;
 Rhoed i athro dwyieithrwydd
 Ddaear rhy gynnar o'n gŵydd.

Tim Ymryson y Beirdd Dyfed

91.

GOF A CHODWR CANU
 John Davies, Trelech

Yn ael drist, mae'r Capel draw, – a gefail
 Y gof heddiw'n ddistaw:
 Y ddau le i'w ddehau law
 Forthwylio prydferth alaw.

Wil Ifan

92.

ER COF AM NORMAN GREGORY MATHEWS
*(Canghellor Eglwys Gadeiriol Llandaf ac
un o brif hyrwyddwyr Maiestas Epstein)*

Rhoddaist dy Grist Mawreddog – yn bennaeth
    Ar binacl bwaog;
  Tros dy grys trewaist Ei grog –
  A'i ras i'th galon wresog.

Geraint Bowen

JOHN WILLIAM GRIFFITHS
Ty'n-y-Ffridd, Y Sarnau

93.

Daeth drachefn dros y gefnen, – a dyfod
    O'i afiaith a'i elfen;
  Rhoi darn o Rydywernen
  Yn ôl i'w gynefin hen.

94.

Rhowch o fewn yr arch fonedd – Ty'n-y-Ffridd,
    Tan ei phren rhowch rinwedd,
  I'r gweryd rhowch drugaredd,
  Rhowch fawr dynerwch i fedd.

95.

Cloi genau'r dadlau yn dynn, – a'u cloi hwy
    Cyn clywed y terfyn,
  Cau y llygaid tanbaid hyn,
  A'u gadael ar gau wedyn.

96.

F'eiriolwr hyd farwolaeth, – hwn fu 'mrawd
    Yn fy mhryder helaeth;
  I dir ei wyliadwriaeth
  Rhoed Cristion o Gymro'n gaeth.

97.

Bu brysur heb ei brisio, – bu annwyl
    Heb wenu'n ddihidio;
  Y gwlatgar treiddgar, sawl tro
  Y taniodd wrth gytuno!

98.

Mor sionc â gwynt y boncyn, – ac annwyl,
    Fel drygionus blentyn;
  Mor llac â thymer y llyn,
  Mor fawr â threm ar Ferwyn.

99.

Cywir ysbryd y croesbren – a gafodd,
    Bu'n gyfaill mewn angen:
  Deuai i Gwrdd gyda gwên,
  Âi o'r lle 'run mor llawen.

100.

Y gŵr a ddysgodd garu, – y duwiol
    Yn dewis diddanu;
  Yr hynaf, ef er hynny
  Fu taid ieuengaf y tŷ!

101.

Brysiaf fel cynt i'w breswyl, – nid yw'r wên
    Yn y drws i'm disgwyl,
  A thyst agos i'w noswyl
  Yw'r gadair wag wedi'r hwyl.

102.

I weld gweryd gwladgarwch – af heno
    I fynwent digrifwch,
  Lle bydd llawenydd yn llwch,
  Lle gorwedd cyfeillgarwch.

Gerallt Lloyd Owen

DYSGEDIGION

I

103.

O'u meddiant ac o'u moddion, – ac o'u dysg
    Y'u diosgwyd weithion:
  Y ddaear brudd ar eu bron
  Gloes eiriau'r hen Glasuron.

104.

O'u diallu dywyllwch, – ni welant
    Na haul na hawddgarwch;
  Na'r sêr yn eu tynerwch,
  Na llewyrch lloer uwch eu llwch.

105.

Na rhywle y môr helaeth, – na'i glywed
    Ar greigleoedd diffaeth;
    Na rhodio tro hyd y traeth,
    Na'u llanw o hedd llenyddiaeth.

II

106.

I Borth y Gest a'i brith gôr – o wylain
    Ni ddychwela'i brodor;
    Ond aros mae dros y môr
    Tragywydd-lonydd lenor.

107.

Obry o ganol bro gynnes – y Barri
    Fe'i bwriwyd i fynwes
    Graean y pridd. Utgyrn pres
    Ni thyr hun athro hanes.

108.

Druaned ei rieni – ar y Garn
    Oer ei gwedd o'i golli!
    Cydymaith mewn coed imi,
    Mwyn ei lais ger Menai li.

III

109.

Chwithau, nac wylwch weithion – eu rhoddi
    I golli mewn gwyllon:
    Eu gorchest trwy wlad estron
    Rwygodd Ddraig y ddaear hon.

110.

Yn oriau'r hwyr a'u hir hedd, – Hiraeth dwys
    Wrth ei dân a eistedd;
    Oddi fewn i'w leddf annedd
    Byddant fyw heb iddynt fedd.

R. Williams Parry

111.

ER COF AM BOB CLODDIAU

Carai anterth corwyntoedd – ac erwau
    Agored y ffriddoedd;
    Gwladwr diysgol ydoedd
    Ond gwledig ddysgedig oedd.

Alan Llwyd

112.

ER COF AM WMFFRI ROBERTS

Gwyliodd â'i drem yn gwaelu, – a gwyliodd
    Â'i galon yn gwaedu,
    Nes iddo weld drwy'r nos ddu
    Gip ar wawr fawr yfory.

Gerallt Lloyd Owen

113.

ER COF AM IDRIS JONES

Hen gymrawd, lle bu'i gamre – anwyliaid
    Sy'n wylo ei eisie;
    A'r hen gwm – mor llwm yw'r lle!
    Aeth Idris o'n plith adre'.

Rhydwen Williams

ER COF AM HUW KYFFIN

114.

Nid amarch, ein cydymaith, – hau dy lwch
    Hyd lechwedd a diffaith,
    Hau'r gweddill, wedi'r goddaith,
    Ar wynt glân y marian maith.

115.

Trech na difancoll y trum – wyt, gyfaill,
    Mewn atgofion gennym;
    Dy ddull hoff, dy ddeall llym,
    Dy iaith wastad a'th ystum.

116.

Dir y dyheu ar dy wedd – am einioes
    Uwch mynwent a llygredd;
    Dy ddewis, yn dy ddiwedd,
    Dewis bod lle nad oes bedd.

Derwyn Jones

117.

ER COF AM MOSES GRIFFITH

Naddwyd ar ein mynyddoedd – enw'r gŵr
    A garai'r gweundiroedd:
    Uchelwr, gwerinwr oedd,
    A phereiddiwr y ffriddoedd.

Geraint Bowen

118.

GWRAIG HAEL
(Mrs Jennie Jones, Y Fedw Arian, Tal-y-sarn)

Fe rannodd fara'i henaid – ag eraill;
    Hi garodd drueiniaid;
    Un hael at ei hanwyliaid
    A ffôl o wych dros ei Phlaid.

Gwilym R. Jones

∾

GWRAGEDD

I

119.

Bu'n llednais hyd benllwydni, – bu'n weddus,
    Bu'n addurn cwrteisi:
    Bu'n annwyl hyd benwynni,
    Bu'n dlos tra bu'i hanadl hi.

120.

Ac eurwallt ei hawddgarwch – ymrannai
    Mewn morwynol degwch;
    Henaint roes yr haenau trwch
    Dan arian ei dynerwch.

121.

Ac o dan y cudynnau – dau lygad
    Fel dilwgwr emau:
    Glas y nefoedd oedd i'r ddau,
    A hawddgar oedd ei gruddiau.

122.

Oriau ei dyddiau diddig – a dreuliodd
    Hyd yr olaf orig
    Yn feunyddiol fonheddig
    A mwyn ei threm yn ei thrig.

123.

Dithau'r dieithr, o deui – i gyrraedd
    Y garreg sydd arni,
    Os wyt ŵr didosturi
    Bydd fwyn wrth ei beddfaen hi.

II

124.

Hi feddai reddf i leddfu – poen a chur;
    Pwy na cheid i'w charu?
    I'r dall hi wnaeth ei gallu,
    I'r byddar byddar ni bu.

125.

I lwm a gwael, ymgeledd – fu drwy'i hoes,
    Fedrusaf o wragedd!
    I'w awr ddi-hwyl rhoddai hedd
    Cymwynas ac amynedd.

III

126.

I dlawd rhoes barch dyladwy, – i'r isel
    Hi roes ei chynhorthwy:
    Prydferth ei cham yn tramwy;
    Prydferth ddiymadferth mwy.

127.

Mewn serch pur, mewn tosturi, – ac mewn cof
    Cwmni cu amdani;
    Mewn hiraeth nas myn oeri
    Didranc ac ieuanc yw hi.

IV

128.

I'r addfwyn rhowch orweddfa – mewn oer Fawrth,
    Mewn rhyferthwy gaea';
    Rhowch wedd wen dan orchudd iâ;
    Rhowch dynerwch dan eira.

R. Williams Parry

WRTH FEDD SIÔN PHYLIP

129.

YR YMWELYDD

'Sut fu na fynnaist, O! fôr, – roi i fardd
    Oer fedd yn dy ddyfnfor?
    Ar dy lan rhoed i lenor
    Fedd clai lle canai y côr.'

130.

Y MÔR

'Gwae Landanwg lawn doniau! – i'w chyntedd
    Cewch wyntoedd a thonnau,
    Nid sŵn côr, tywod sy'n cau,
    Cyn hir boddir ei beddau.'

Geraint Bowen

131.

MARWOLAETH BABAN

Enaid bach yn llond y byd, – a'i lewyrch
    Yn goleuo'r hollfyd.
    Lle bu yn gannwyll bywyd
    Crud gwag yw'r cread i gyd.

Gerallt Lloyd Owen

132.

YN ANGLADD EI FAM

Yr oedd yno wrtho'i hun – er bod tad,
    Er bod torf i'w ganlyn;
    Ddoe i'r fynwent aeth plentyn,
    Ohoni ddoe daeth hen ddyn.

Gerallt Lloyd Owen

Y PREN DAEAR
(*Er cof am Mrs Catrin Roberts, Rhosgadfan, mam Dr Kate Roberts*)

133.

Hi garai ffridd a geiriau ffraeth, – carai
    Bob cywrain saernïaeth;
    Yn ei llyfr câi win a llaeth –
    Rhiniol waddol llenyddiaeth.

134.

Rhodiodd dan hau direidi – a rhwyfodd
    Trwy ofid a ch'ledi;
    Ond daeth barn rhyfel arni
    A chynnau tân â'i chnawd hi.

135.

Dyfnder gwae y pren daear – a wybu,
    A'i obaith hir-fyddar.
    Ni chudd oes ei buchedd wâr
    Na beddgist ei byw hawddgar.

Gwilym R. Jones

ENGLYNION COFFA SARAH EDWARDS

136.

Ym Mawrth dywedem wrthi – fod yr haf
    A'i drem tuag ati,
    Nes i Ebrill ein sobri,
    Ym Mai ffarweliem â hi.

137.

Un o reddf y rhai addfwyn, – un o blaid
    Y blodau a'r gwanwyn;
    Hardd o'i hôl oedd gwyrdd ddeilwyn
    A bu ei llaw ar bob llwyn.

138.

Bu rwydd wrth bawb i roddi – cymwynas,
    Caem honno heb erchi;
    Ein llwydd yn ennill iddi,
    Ein hangen ei hangen hi.

139.

Y wraig wylaidd â'r galon – a ddaliai
    Eiddilwch ei dwyfron,
  Un brydferth ei thrafferthion
  I'r diwedd hir ydoedd hon.

140.

Chwi wladwyr, ewch a chludwch – ei harch bren,
    Bwriwch bridd, ond byddwch
  Yn dyner wrth dynerwch,
  Bonheddig wrth wledig lwch.

141.

Y wraig na welaf ragor, – mae'r ddwyfron
    Mor ddifraw â'r mynor,
  A'r wedd wen dan dderw ddôr,
  Y dremddwys o dan drymddor.

142.

Fe hawliaist ei gofalon, – ros ei gardd,
    Rhoes ei gwaed i'th galon,
  Dy ddeigr nid yw ddigon,
  Dyro di dy wrid i hon.

Gerallt Lloyd Owen

143.

ER COF AM ALICE MAUD JENKINS

Rhoed llawer torch yn orchudd – hyd ei bedd,
    Blodau byw y dolydd;
  Ond ofer ŷnt a difudd;
  Gwyw yw'r rhos fu ar wridog rudd.

Wil Ifan

144.

MAGGIE CAE COCH

Sirioled drwy'r caledi: – er yn wan,
    Ar y gwan yn gweini;
  Riain hoff, ei choron hi
  A fu'r dioddef roed iddi.

Wil Ifan

145.

UN A DDIODDEFODD HIR NYCHDOD

Drwy nychdod, hynod ddihoeni – gefais,
    Gofid a chaledi;
  Siriol iawn is oer lenni
  Gwisg o faen, hir gysgaf fi.

Robert ap Gwilym Ddu

146.

ER COF AM LIZZIE JONES

Lle carai dygai degwch – i'w dilyn,
    A dwylo tynerwch.
  Pur oedd cwpan diddanwch
  A ddôi o'i llaw. Hedd i'w llwch.

William Morris

147.

UN A DDIODDEFODD YN DAWEL

Er i'r boen ei dihoeni, – ni chwynodd
    Na chwennych tosturi;
  Nid oedd y gofid eiddi
  Yn drech na'i hoffuster hi.

Anhysbys

❧

EURWEN

148.

Ifanc sydd hen eleni, – ar ddwys bridd
    Sobreiddiwyd ein hasbri;
  O'n breuddwyd heneiddiwyd ni,
  Rhoes henaint ei wers inni.

149.

Ofered oedd llyfrau dysg, – ofered
    Fu'r myfyrio hyddysg;
  Huna merch oedd ddoe'n ein mysg
  Ym mhridd heddiw mor ddiddysg.

150.

Rhowch i gist dynerwch gwedd, – rhowch i bridd
    Yr arch bren lle gorwedd
  Y wennaf o rianedd,
  Addfwynaf un i ddwfn fedd.

151.

Ar ddiweddar ddyweddi – rhowch ddaear,
    Rhowch ddiwyg wen iddi;
    Du lain sy'n edliw inni
    Ei diwedd diddiwedd hi.

152.

Y ferch â'r ddwyfron lonydd, – oer a mud
    Yw'r min dileferydd;
    Yr eneth o Feirionnydd
    A gwrid y gro hyd ei grudd.

153.

Rhoed i Fawrth ei phrydferthwch, – i'r gaeaf
    Tragywydd ei harddwch,
    Ac ni all haf gynnau llwch
    Ei lluneiddiaf llonyddwch.

Gerallt Lloyd Owen

❧

JOYCE LIVERSAGE
(Lladdwyd mewn awyren yn ugain oed)

154.

Ni gofiwn y gaeafau, – y lluwch oer
    A'r llechwraidd lwybrau;
    Ein taith ddilynet tithau;
    A gofi di fel ni'n dau?

155.

Mae arch na wyddom ei hyd, – o'i mewn hi
    Mae un oes a'i delfryd,
    Mae'n ofer o'i mewn hefyd
    Y corff fydd marw cyhyd.

156.

Iaith ni ŵyr ei thynerwch, – a thu hwnt
    I iaith oedd ei thegwch;
    Rhoi'r wylaidd, luniaidd i lwch
    A fu warth ar brydferthwch.

Gerallt Lloyd Owen

157.

ER COF AM MARY ALICE OWEN

Bu lawn iddi'r blynyddoedd, – ac erioed
    Un garedig ydoedd;
    Cynnes, fe dystiai cannoedd,
    Uwchlaw neb ei chalon oedd.

R. Williams Parry

158.

I GOFIO FY MAM

Er ei myned o'i ch'ledi – am yr haf
    Lle mae'r hedd diedwi,
    Er i ddwrn roi pridd arni
    Mae nawdd mam yn eiddo i mi.

Roger Jones

159.

BEDD MAM

Yn ei henaint yn huno, – a'i chlir barch
    Uwchlaw'r bedd yn ffrwytho;
    Ni roed gwell mam dan amdo
    Na gwell gwraig i wyll y gro.

R. Môn Williams

160.

CLADDU MAM

Oer a phrudd awr ei phriddo; – mor anodd
    Im roi hon mewn amdo;
    Er mor gryf, ni rwyma'r gro
    Nwyd enaid mam odano.

R. Glyn Jones

161.

ER COF AM ROBERT WILLIAMS A'I BRIOD

Tad a mam mewn tywod mwy – a gysgant
    Hir gwsg, ond er tramwy
    O'r plant nid anghofiant hwy
    Eu cu nerth a'u cynhorthwy.

R. Williams Parry

162.

ER COF AM FY NHAD

Yma o'i hynt y mae yntau – fy nhad,
  A fu'n hoyw ei ddoniau;
Dduw, dy help, i rinwedd dau
Fyw ynof tra bwyf innau.

W. Roger Hughes

163.

WRTH FEDD FY NHAD

Od yw 'nhad, gennad geinwedd, – tan y gwellt
  Yn y gwyll yn gorwedd,
Lle rhoed i lawr ei fawredd
Fe wlychaf fi lwch ei fedd.

Dewi Emrys

164.

DAU EFAILL A FU FARW'N IFANC

Dau efaill a gyd-dyfodd, – a'r ddau hyn
  I'r gwir Dduw gyd-blygodd;
Un y clefyd a'u clwyfodd
A'r un tir yw'r hwn a'u todd.

Arianglawdd

165.

DWY ENETH

Dwy eneth mewn du annedd – a roddwyd,
  Rai eiddil, i'r llygredd;
Daearu wnaed dwy'r un wedd,
Dan y garreg dwy'n gorwedd.

Anhysbys

166.

GORFFWYS O BWYS Y BYD

Blinder i'm hamser o hyd – a gofid
  A gefais o'm mebyd;
Nychais yn wan o iechyd
Nes gorffwys o bwys y byd.

Anhysbys

167.

ER COF AM JOHN ROBERTS,
MEDDYG, FFESTINIOG

Y mae dyn gwlad yma dan glo; – lluoedd
  A wellhawyd ganddo,
  Ond, er hyn, â'r fedr honno
Gwella'i hun nis gallai o.

Alafon

168.

ER COF AM DR ROBERT OWEN A'I BRIOD

Y ddau hyn ddoe wahanwyd – o'u hanfodd
  O wynfyd eu haelwyd.
  O'u bodd llawn yn y bedd llwyd
Y ddau lonydd ailunwyd.

R. Williams Parry

169.

ER COF AM FACHGEN IFANC

Rhyfedd – chwi blant arafwch – od cwympodd
  Y teg impyn, cofiwch –
  Un fer loes wnaeth farwol lwch
Ar unwaith o'i dirionwch.

Thomas Evans

170.

I WILIAM ABEL
*(Llanrwst, a arferai neidio
oddi ar y bont i'r afon)*

O'r Bont Fawr i lawr ei li – ofnadwy,
  Fe neidiaist fel morgi;
  Ond un dydd fe dynni di
I hen afon nas nofi.

Gwilym Cowlyd

171.

EINIOES NID YW OND ENNYD

Einioes nid yw ond ennyd – a diddim
  Yw dyddiau ein bywyd;
  Ein hafiach daith sydd hefyd
I dŷ'r bedd wrth ddod i'r byd.

Daniel Ddu o Geredigion

172.

ER COF AM GEOFF MOSES

Dan y maen mae dyn mynydd – a ffolodd
 Ar geffylau beunydd;
 Garw ei ffordd ond gŵr o ffydd,
 Un o gryfion gwir grefydd.

J. Eirian Davies

173.

ER COF AM TOM OWEN

Gwaed Hiraethog trwy'i wythi – fu redlif
 O radlon haelioni,
 A'i awen lefn oedd ddwfn li
 O'i lynnoedd a'i oleuni.

T. Gwynn Jones

174.

BARDD BACH YR HEN EFAIL
 (*Ym mynwent Garndolbenmaen, Arfon*)

Cofiwn ei ieuanc afiaith, – a'i ferroes
 O fwriad a gobaith;
 Roedd rhin pereiddia'r heniaith
 A'r awen wir yn ei waith.

Eifion Wyn

175.

YN AROS

Rhisiart oedd fel y rhosyn – ar agor
 Pan rwygwyd ei wreiddyn;
 Wedi cloi a datgloi'r glyn
 Fe wêl Duw ei flodeuyn.

Anhysbys

176.

AR FEDD GWALLTER LLYFNWY

I'r brifwyl gynt yr hwyliwn, – ei phabell
 A'i phobol a garwn;
 Difiwsig wyf, difosiwn –
 Gwae'r di-steddfod dywod hwn.

R. Williams Parry

177.

ER COF AM JOHN WILLIAMS

Troi organ yn ddiddanwch – yn nhŷ Dduw,
 Dyna'i ddawn a gofiwch.
 Am ei ddwylo, meddyliwch,
 Celfydd, yn llonydd mewn llwch.

William Morris

178.

ER COF AM JOHN EVAN THOMAS

Ar ei faen na sgrifennwch – un llinell
 O weniaith, ond cerfiwch
 "I'r neb a gâr ddyngarwch
 Annwyl iawn yw hyn o lwch."

R. Williams Parry

179.

ER COF AM MORRIS JOHN HUGHES

Gresyn na chawsit groesi – yr afon
 Ryfedd cyn dihoeni,
 Aeth enaid dy enaid di
 Flynyddoedd o'th flaen iddi.

R. Williams Parry

180.

Y PARCH. JOHN PHILLIPS

Nid gwau y blodau yn bleth – neu ddoniau
 Oedd enaid ei bregeth;
 Nid arabedd, ond rhywbeth
 I gyrraedd pawb – gwraidd y peth.

Tudno

181.

DICK SHEPPARD

Llyw rhai llesg yn dryllio'r lli, – gŵr agos
 Ar greigiau trueni;
 Cafodd, i dorf ar foddi,
 Gulfor aur i Galfari.

R. J. Roberts

182.

JOHN ELIAS

Mor dawel y mae'r diwedd – i'r golwg;
    Mor gul ydyw'r annedd;
    Rhedlif y mawr huodledd
    Synnai y byd sy'n y bedd.

Caledfryn

183.

JOHN JONES, TAL-Y-SARN

Clogwyni coleg anian – wnaeth ryfedd
    Athrofa i Ioan;
    Âi yn null gwron allan,
    Mawr ŵr Duw, rhoes Gymru ar dân.

Dewi Arfon

184.

ER COF AM TOM NEFYN

Bu was gwir heb seguryd – i'w Arglwydd
    Dan eurglod ac adfyd,
    Ac o'i bregethau i gyd
    Y fwyaf oedd ei fywyd.

William Morris

185.

GEORGE M. LL. DAVIES

Er nam y bru annhymig – a luniodd
    Erch lwynau llu'r goedwig,
    Erys dawn i oroesi dig:
    Bod llariaidd mewn byd lloerig.

J. Gwyn Griffiths

186.

E. TEGLA DAVIES

Hau y Gair mewn byd o'i go', – hau y Gair
    I'n gwerin ddihidio;
    Hau'n ffyddiog ar greigiog ro,
    Hau ganwaith heb egino.

Gwilym R. Tilsley

187.

Y PARCH. D. R. THOMAS

Gwân ei daer genadwri – gyda grym;
    Gwaed y Groes yw'r egni;
    Herfeiddiol arf ei weddi,
    A'i leufer ef – Calfari.

R. Glyn Jones

188.

ER COF AM BLEDDYN JONES ROBERTS

Dagrau, nid geiriau, a gaf – i rifo
    Ei ryfedd gynhaeaf;
    Llanw 'sgubor yn nhymor haf
    I rai gwyw dreulio'r gaeaf.

John Roberts

189.

ER COF AM E. O. JONES

Bu taerineb tirionwch – iddo'n arf,
    Gwyddai nerth hawddgarwch;
    Erys cryfder tynerwch
    Tôn y llais, ac yntau'n llwch.

Derwyn Jones

190.

ER COF AM RYAN DAVIES

Yn fud aeth ei dafodau, – ond rhywsut
    Arhosodd ei 'stumiau
    Yn y cof: 'does dim nacáu
    Adnabod ei wynebau.

Emyr Lewis a Robin Llwyd ab Owain

191.

ER COF AM T. LL. STEPHENS

Ar hyd ei oes carai dant, – carai'r iaith,
    Carai'r hen ddiwylliant;
    Carodd Gymru'n ddiffuant,
    A'i gwbl oedd addysg ei blant.

T. Llew Jones

192.

GOFID

Nid yw gofid gaeafau – druaned
   I'r hen â gweld poenau
   Llygaid llanc ifanc yn cau –
Haf yw adeg gofidiau.

O. M. Lloyd

193.

BEDDARGRAFF GOF

Angau roes daw ar d'eingion, – gyhyrog
   Oracl y morthwylion;
   Tithau ar lawr yr awron
Yn llwch chwâl dan y llech hon.

Dewi Aeron

194.

BEDDARGRAFF HARRI'R GOF
(Henry T. Hughes, Pen-y-groes)

Harri, cei gysgu'n hwyrach – heb donc ing,
   Heb dinc eingion mwyach;
   Bydd bwyllog mewn bedd bellach;
Fel y bedd mae'r efail bach.

G. W. Francis

☙

ER COF AM OLIVER JONES
*(Englynwr a thelynor a foddodd oddi ar long ryfel,
Awst, 1918)*

195.

O'r eigion ni ddaw ef ragor – i'w wlad,
   O waelodion cefnfor;
   Tan wrymiau hallt tonnau'r môr
Tawel hun y telynor.

196.

Hiraeth a wylia wrth heli, – ar lan
   Fel gwylan fe'i gweli
   Ar ei hundroed yn oedi,
A sbïo'n lleddf dros ben lli.

197.

Gweddw dawel yw ei delyn – yn ei thŷ
   Heb na thân nac enllyn;
   I'w ysgwydd mwy ni ddisgyn,
Ni ddeil gerdd ei ddwylo gwyn.

198.

Seiniau'i gân oedd fel sŵn gwenyn, – neu wth
   O wynt ar ei delyn,
   Nodau lleddf, a llon wedyn,
A nodau dwfn enaid dyn.

199.

O'r dylif ni ddaw'r dwylo – a ganai
   Yn gain a diflino,
   Angau hen a geidw heno
Sain dy grefft dan swnd a gro.

200.

Mewn cof y glŷn d'englyn di, – a difyr
   Ar dafod dy gerddi;
   Y mae archoll o golli
Awen llanc is ewyn lli.

201.

Â mawr drwst â'r mor drosto, – a phwysau
   Ei donnau amdano;
   Byddwch fwyn, rhag difwyno
Ei wlych a'i oer, welw lwch o.

202.

Angau a gladd ymladdwyr – yn y gro,
   A rhoi'r groes ar filwyr.
   Rhy llaw angau i'r llongwyr
Feddau gwag, o foddi gwŷr.

203.

Ein meibion sythion a saethant, – dynion
   Dan donnau a foddant,
   Cerdd Dafod a ddifodant,
Cerydda Duw ein Cerdd Dant.

Gwenallt

204.

CWSG MILWR

Cilio'n flin o'r drin dros dro – i orffwys
    Mewn diarffordd henfro;
    O bydew gwaed byd o'i go'
    Hunaf mewn gwely heno.

T. D. Williams

205.

ER COF AM JOHN OWEN THOMAS

O! fonheddig fynyddwr, – mawr ei barch,
    Ym mro bell y trefwr;
    Ei henfro'n ôl, firain ŵr,
    Gyrhaeddodd. Cwsg, orweddwr.

R. Williams Parry

206.

ER COF AM EURIG

Nobl ei oes lawn o bleser, – ni losgodd
    Ei blisgyn yn ofer;
    Gŵr fu fwy na gyrfa fer,
    Dôi'r hyfrydwch drwy'i freuder.

S. B. Jones

ER COF AM MAIR JONES
*(Anti Mair, Tŷ Nant, Capel Celyn, mam i bedwar
ar ddeg)*

207.

Mae arwyl lle bu anwylyn, – a'r arch
    Yn drwm ar bob gewyn;
    Hir y galar ar Gelyn,
    Gwlad a'i llid fel gwaelod llyn.

208.

Unwaith yr oedd perthynas – a'i miri
    Ym merw'r gymdeithas,
    Ond heddiw, dim, dim ond ias
    Mynwent lle bu'r cymwynas.

209.

Â'i henaid hi'n llond y tŷ, – dôi â'r haul
    Gan droi heth yn wynfyd;
    T'wynnai'i gwên, a'r wên o hyd
    Yn haf sirioldeb hefyd.

210.

Ni chadd gegin brenhinoedd – a'u rhodres,
    Na holl les eu llysoedd,
    Ond heidden ei hangen oedd
    Yn fara i'r niferoedd.

211.

Nid oedd gwrthodiad iddi, – roedd o wraidd
    A rhuddin haelioni;
    Rhannai'r cyfan oedd ganddi,
    Euro'i sêl â'i chroeso hi.

212.

A'r nant wrth firi'r plantos – yn rhoi naid
    Ym môr nwyf diaros
    Y rhai hŷn wrth adael rhos,
    A'u miri yn ymaros.

213.

Yn ei dyfal ofalaeth, – onid oedd
    Pob dim yn famolaeth?
    Weithiau'n gur a hithau'n gaeth
    I gariad eu magwraeth.

214.

Ni ddôi'i hangen am ennyd – rhyngddi hi
    A gwefr ddofn ei delfryd;
    Anwylai'r creu, siglo'r crud,
    A'i hunfan yn gyfanfyd.

215.

Gwarchod bod, cau pob adwy – yn y byd,
    Ni fu'n bell o'i throthwy;
    Roedd yn Fam ar bob tramwy,
    A Mam nad yw'n llwybro mwy.

216.

Gwae i ddydd y trydydd tro, – a gwae'r byd
    Rwygo'r bedd hwn eto
    Yn agored a gwyro
Gwawr ei hil i wyll y gro.

217.

Y rhwyg drwy waun a cheunant, – a'i rysedd
    Yn y rhos a'r lafant,
    A'r nwyf ym murmur y nant
Yn ofidiau difodiant.

218.

Mae'r galar trwm ar Gelyn – yn lledu'n
    Llidiog drwy bob gewyn;
    Clwyfau rhwth ymhob bwthyn
A llef drwy ddyfnderoedd llyn.

Elwyn Edwards

219.

Y BEDD

Tŷ pen y daith, llaith a llwm, – breuedig
    Ei barwydydd noethlwm;
    Y gwael a'r pridd yn gwlwm,
A'r gwasgu trist ar gwsg trwm.

R. J. Roberts

220.

Y BEDD

Caf huno yno ennyd, – yn dawel
    Mewn daear oer briddlyd,
    A gorwedd yn y gweryd
O sŵn y boen sy'n y byd.

Ieuan Glan Geirionydd

221.

Y FYNWENT

Hen annedd wyt i benwynni, – ac O!
    Mae'r llanc ieuanc gwisgi,
    A'r eneth hawddgar, heini,
Heb rudd deg yn dy bridd di.

Taliesin Hiraethog

222.

BEDDARGRAFF DYN IEUANC

Wele orweddle ireiddlanc, – daear
    Yw diwedd dyn ieuanc;
    Pob hoenus, olygus lanc
Yno ddaw, ac ni ddianc.

Robyn Ddu o Feirion

223.

AR GARREG FEDD

Y ferch wych, edrych! Dan odre'r – garreg
    Oer guriodd fy mronne;
    Yr un fath, i ddwy lath le,
Diau daith, y doi dithe.

Huw Morys

224.

Y BEDD

Rhyfedd yn y bedd, iawn wybyddiaeth – dawn,
    Na ŵyr dyn ragoriaeth
    Rhwng pridd pendefig digaeth
A phridd yr hen iangwr ffraeth.

Gruffudd Hafren

225.

DAEAR I BAWB YDYW'R BEDD

Pob glân, pob oedran, bydrant; – pob einioes,
    Pawb anwyd, ddiflannant;
    Pob lliw, llun, pob un, pawb ânt,
Pob graddau, pawb gorweddant.

Pedr Fardd (?)

226.

RHYBUDD O'R BEDD

Ddyn gwamal, cynnal mewn co', – heb wyrni,
    Fod barn yn prysuro;
    Cymer, rhag trymder un tro,
O dŷ'r bedd dy rybuddio.

Dafydd Ddu Eryri (?)

227.

Y BEDD YW DIWEDD Y DAITH

Edau wan ydyw einioes, – a diddim
    Yw dyddiau dy ferroes:
    Na haera y cei hiroes,
    Cans dyma, ddyn, derfyn d'oes.

David Davies

228.

DDOE'N BOD A HEDDIW'N Y BEDD

Echdoe yr own mewn nychdod, – yn eiddil
    Yn nydd fy mabandod,
    Ddoe yn heini ddyn hynod,
    Heddiw mewn bedd yma'n bod.

Anhysbys

229.

DARFOD

Pan elwyf drwy glwyf dan glo – i waglawr
    Yr eglwys mewn amdo,
    Ni ddaw anadl oddi yno
    I alw ar Grist o lawr gro.

Anhysbys

230.

ANGOF

Ba gerdd, goeg angerdd, ba gyngyd – wna dyn
    Wedi dwyn ei fywyd?
    Bwy a edrych lyfr brych brud,
    Bwy ddarllen mewn bedd oerllyd?

Anhysbys

231.

BEDDAU'R DEWRION

Is y glyn, a'u gwancus gledd – yn mallu
    Dan y meillion irwedd,
    Mae dewrion yn mud orwedd,
    A'r ŷch a bawr uwch eu bedd.

J. J. Williams

232.

RHYBUDD

Mae ein mynwent mewn mannau – yn llwybr troed,
    Lle bo'r trwyn a'r genau;
    Sathru'r beilchion brychion, brau
    Wna bywddyn yn eu beddau.

Twm o'r Nant

233.

ER COF AM Y PARCH. OWEN THOMAS

Oddi wrth ei waith heddiw'r aeth o, – a'i wisg
    Yn wen fel ei amdo;
    Yng ngŵydd ei dad, tyngodd, do,
    Na châi hon ei llychwino.

Anhysbys

234.

ER COF AM LEWIS JONES
(a syrthiodd yn y Rhyfel Mawr yn Salonica)

Draw'n y gad flin, er rhinwedd – ei lân oes,
    Creulon iawn fu'r diwedd,
    Ac wylo'n ddiymgeledd
    Y bu ei fam heb ei fedd.

Anhysbys

235.

PRIDD I'R PRIDD

O'r pridd y deuthum, ŵr pruddaf, – pridd wyf,
    I'r pridd oer dychwelaf:
    Prudd o feddwl, pridd fyddaf:
    O'r pridd rwy'; i'r pridd yr af.

Owain Aran

236.

OES FER

Gwêl gaethed, saled fy seler, – ystyr
    I ostwng dy falchder;
    A chofia, ddyn iach ofer,
    Nad oes i fab ond oes fer.

Huw Morys

237.

TYNGED DYN

Ti sathrwr, baeddwr beddau, – hyd esgyrn
　　Boed ysgafn dy gamrau;
　　A chofia hyn, bryfyn brau,
　　Y dwthwn sethrir dithau.

Twm o'r Nant

238.

BEDDARGRAFF GWRAIG GELWYDDOG

Dwedodd a fedrodd tra fu – o gelwydd;
　　Gwyliwch ei dadebru,
　　Neu hi ddywed, rwy'n credu,
　　I bawb, mai'n y nef y bu.

Ellis Owen

239.

AR GARREG FEDD

Bu deunydd bywyd unwaith – a'i nwyf llosg
　　Dan fy llaw yn berffaith;
　　Ni ddylai, ni ddaw eilwaith
　　I law neb ail-lunio'i waith.

E. Llwyd Williams

240.

Y FYNWENT

Cnwd hon ydyw'r cnawd dynol, – pwy edrych?
　　Wedi pydru'n hollol:
　　Drwy Un o fedr anfeidrol
　　O'r cnwd e wneir cnawd yn ôl.

Owain Aran

❧
ENGLYNION BEDDAU

241.

O âr y ddaear yn ddiau, – ni gawn
　　Eginyn a blodau;
　　Er hyn, ein hedyn i'w hau
　　Ollyngir yn llaw angau.

242.

Yr Iôn, pan ddelo'r ennyd, – ar ddiwedd
　　O'r ddaear a'n cyfyd
　　Bydd dorau beddau y byd,
　　Ar un gair, yn agoryd.

243.

Oer len ei farwol annedd – o'i ogylch
　　A egyr ar ddiwedd;
　　Daw'r afrifawl dorf ryfedd,
　　Feirwon byd, i farn o'u bedd.

244.

Pob hedyn a fyn efe – o'r dulawr
　　A'r dylif i'r frawdle;
　　Cywir gesglir o'r gysgle
　　Lychyn at lychyn i'w le.

Robert ap Gwilym Ddu

245.

BENDITH

I garchar daear, od wyf – ar fyned,
　　A'r fonwent y caffwyf,
　　Yn fy medd, cyn gorweddwyf,
　　Fy mendith ymhlith fy mhlwyf.

Huw Llifon

246.

DYCHWEL

O'r ddaear gynnar y'm ganed – yn noeth
　　I wneuthur fy nhynged,
　　Ac i'r ddaear glaear, gled,
　　I'r un man, yr wy'n myned.

Raff ap Robert

247.

ANGAU

Er gwychder, gryfder a grym, – a mawredd,
　　Rhaid yw marw yn gyflym;
　　Pan ddêl angau, llwybrau llym,
　　Llai o chwedl na llwch ydym.

John Davies

248.

"Ni wn o'r byd hwn ble tynnaf – i ffwrdd,
　　Na pha ffordd a gerddaf,
　　Na pha wlad rad a rodiaf,
　　Na phle gan yr Ange'r af.

249.

Beth wyd, Angau, ba fath dynged? – och, ŵr,
　　Pam na cheir dy weled?
　　Ba fan neu gyfran o Gred
　　Y'th henyw? Ble y'th aned?"

250.

"Cleddau dur, Angau, dewr wyf, – ni fynnaf
　　Onid dyn lle delwyf,
　　Cas y byd, a'u cosb ydwyf,
　　Cennad Duw Dad atad wyf."

Hywel ap Syr Mattau

251.

CWYN Y BARDD CYSTUDDIOL

Marwolaeth! Mae'r awelon – ohonot
　　Yn llawn i'w hymylon:
　　Oeri yr wyf yr awr hon
　　Trwy yfed gwynt 'yr afon'.

W. Nicholson

252.

AFON ANGAU

Afon fawr a ofnaf fi – ydyw hon,
　　A rhaid im ei chroesi,
　　Ond trwy fy Iôn mentraf hi,
　　A byw fyddaf heb foddi.

Dewi Havhesp

253.

AWR HUNO

Awr hunaw ddistaw a ddaeth, – awr angof
　　Ar rengau bodolaeth –
　　Awr gysglyd ar drymllyd draeth
　　Y môr elwir Marwolaeth.

Cynddelw

254.

YR ANGAU

Diyngan y daw Angau, – disymwth,
　　Gall dy siomi dithau:
　　Ni edwyn neb ei nodau,
　　Na sŵn ei droed yn nesáu.

Glasfryn

255.

ANGAU

Er meddygon a'u doniau, – a'u purlan
　　Hoff eirian gyffuriau,
　　Diddim oll yn y dydd mau
　　Unrhyw gyngor rhag angau.

Ieuan Glan Geirionydd

256.

AR EI WELY ANGAU

Fy nerth a gollais, fy nwyf, – fy ngolwg,
　　Fy ngelyn yw'r trichlwyf:
　　Gorweiddiog, oediog ydwyf,
　　Aros yr awr, Iesu, rwyf.

Dafydd ap Siancyn

257.

YMSON TORRWR BEDDAU

Y llu mawr a fu (Mae efô?) – a briddais,
　　Mae'n bruddaidd im gofio:
　　E'm priddir am eu priddo –
　　Cyn hir e briddir ein bro.

Robert Tomos

258.

DIWEDD DYN

Edrych yn fynych f'annedd – a'r adail
　　Lle'r ydwyf yn gorwedd.
　　Cofia'r fan, i'r cyfryw fedd
　　Y deui yn y diwedd.

Anhysbys

YR ENGLYN OLAF

259.

Uchel nod a osodais, – i gyrraedd
    Rhagoriaeth ymdrechais;
    Ond blêr ac ofer fu'r cais –
    Mewn seilam y noswyliais.

Wil Siôn y Masiwn

~

ATEB EI FAB I'R UCHOD

260.

Eto o'th fedd gorfoleddi, – wedi'th gur
    Daeth y goron iti;
    Hyn, fy nhad, a gofiwn ni,
    Mai yn Salem noswyli.

D. L. Jones

261.

LLADDEDIGION Y FLWYDDYN

Fe laddodd yr hen flwyddyn – Eifionydd
    A f'annwyl Degfelyn;
    Â'i noeth arf cyn ei therfyn
    A fyn hi waed Eifion Wyn?

Eifion Wyn

262.

YR AWR OLAF

Awr galed, awr y gwylio, – awr dwyster,
    Awr distaw obeithio;
    Awr y gair a saif ar go',
    Awr y wên yn yr huno.

D. L. Eckley

263.

MEWN DAU FYD

Mae f'enaid glân, gloywlan, glwys, – mewn rhydid
    Yn rhodio Paradwys,
    A'm corff sydd yma'n gorffwys
    A'i le'n gaeth dan lan y gŵys.

Edward Samuel

264.

GORFFWYS YN NUW

Ymdawelaf, mae dwylo – Duw ei hun
    Danaf ymhob cyffro;
    Yn nwfn swyn ei fynwes O
    Caf lonydd, caf le i huno.

Ben Bowen

265.

AR GARREG FEDD ELLIS D. JONES

Athro oedd yn Gymro gwir, – enaid brwd
    Mewn cnawd brau a gofir;
    Wele dwf ei annwyl dir
    Wedi cau am ffrind cywir.

Anhysbys

266.

ER COF AM DAVID A BLODWEN JONES

GLYNDYFRDWY

Rhwygodd i'w blant o'r creigiau – ei fara'n
    Llafurus dameidiau,
    A gwnaeth hon â'r briwsion brau
    Y wyrth o rannu'r torthau.

Rhys Jones

267.

LLECHU MEWN LLWCH

Fel finnau, diau, deuwch, – er moddion,
    Er meddu pob harddwch;
    Er trwsiad dillad, deëllwch,
    Cewch bydru a llechu mewn llwch.

Ieuan Cadfan

268.

DIGYNGOR Y DWG ANGAU

Digyngor y dwg angau – bob oedran
    I bydru fel finnau:
    Ystyr hyn, O, briddyn brau,
    Gwêl dy daith, gwael doi dithau.

Anhysbys

269.

GWELL BYD

Iôr bioedd rhoi eu bywyd, – Iôr hefyd
    A'u rhifodd i'r munud,
    Ac Ef i'r lan a'u cyfyd
    O allu bedd i well byd.

Owain Lleyn

270.

GWELL BYD

Yn briddyn daw dyn, er doniau uchel,
    Er awchus gyneddfau;
    Ymddalied y meddyliau
    Ar well byd, ar arall bau.

Anhysbys

271.

CURO AM DRUGAREDD

Edrych, ddyn dewrwych, cyn d'orwedd – am fodd
    I faddau d'anwiredd;
    Tro i guro am drugaredd
    Yn dy fyw cyn cau dy fedd.

Anhysbys

272.

GWYRYF LÂN

Gwyryf lân, hawddgaraf, lwys – a roddwyd
    Dan briddell i orffwys:
    Yn ei bywyd diwyd, dwys
    Priododd Aer Paradwys.

Ioan Pedr

273.

PRIOD HYNOD

Fy mhriod hynod mewn hedd, – yn ddedwydd
    A ddodwyd i orwedd;
    Yn dawel cawn ein deuwedd
    Gyda'r byw godi o'r bedd.

Anhysbys

274.

O STŴR Y BYD

Ystyriwch, gwelwch mai gwaeledd – yw dyn,
    Er dawn ac anrhydedd;
    Gweryd yw'r man y gorwedd
    O stŵr byd is dôr y bedd.

Anhysbys

275.

BLAENOR TAWEL

Blaenor tawel, angel oedd, – câr i bawb,
    Cariai barch ardaloedd;
    Byw i'r gwir y bu ar goedd,
    Credadun o'r crud ydoedd.

Anhysbys

276.

WRTH GLYWED AM FARW ENID WYN JONES

Rhwng dŵr a'r eangderau – lle nad oes
    Llain o dir na beddau,
    Dringo wnei di, yr Angau –
    Y Diawl, a gwahanu dau.

Geraint Bowen

277.

ER COF AM THOMAS EVAN LLOYD

Rhodiais ddoe mewn anrhydedd, – a heddiw
    Fe'm huddwyd i'r dyfnfedd;
    Ddoe yn gawr, heddiw'n gorwedd,
    Ddoe'n y byd, heddiw'n y bedd.

Owain Gwyrfai

278.

ER COF AM WIL PARRY, GERLAN
(Arweinydd Côr Plant Dyffryn Ogwen a'r Cylch)

Wele'r annwyl arweinydd – heb ei gôr,
    Heb ei gân a'i gynnydd;
    Yn y gosteg digystudd
    Gorwedd dawn y gerdd a'i dydd.

Caradog Prichard

279.

AR FEDD ELINOR JONES
 (a fu farw yn bump oed; ym
Mynwent Llanllechid, Gwynedd)

Mewn pridd a chlai rhai a'm rhoes – yn farw,
    O! fyrred fy einioes;
    Hunaf heb brofi henoes,
    Marw fûm ym more f'oes.

Anhysbys

280.

LLWCH

Yn y llwch gynt y llechais, – oddi arno
    Am ddiwrnod y rhodiais;
    'Llwch i'r llwch' – clybûm y llais
    I'w chwalu, a dychwelais.

Isfoel

281.

ER COF AM FY NGHYMAR

Nadolig gyda'i alar; – eleni
    Diflannodd hoff gymar;
    Poen i mi oedd colli câr –
    Nid llwch ei henaid llachar.

Elias Davies

282.

ARWYDD

Heddiw ni bu cyhoeddi – ei fod ef
    A'i daith ar fin nosi,
    Dim ond les ei hances hi:
    Llaw unig yn cau'r llenni.

Tîm Ymryson Arfon

283.

YN ANGLADD DYLAN MORRIS,

LLANUWCHLLYN

Rhoddwn i bridd wenau bro – oherwydd
    Dyl Mor sy'n yr amdo;
    Dyl annwyl ein hwyl oedd o,
    A Dylan ein cydwylo.

Elwyn Edwards

284.

KATE WILLIAMS
 (a gladdwyd ym mynwent Llangybi
ar brynhawn heulog o Dachwedd)

Golau tu hwnt i'w gwaeledd yw'r llewyrch
    ar y lle mae'n gorwedd;
    mae heulwen uwchben ei bedd,
    haul anochel yn Nhachwedd.

Tudur Dylan Jones

285.

ALUN R. EDWARDS
 (Cymro a Christion)

Yr oedd cell y llyfrgellydc – yn rhy gul
    I'r galon aflonydd;
    Ei ffiniau oedd ffiniau ffydd
    Y Walia hwnt i welydd.

Idris Reynolds

286.

ER COF AM WYN JAMES
 (Ysgrifennydd UCAC *ac aelod*
o Dîm Talwrn Crannog)

Pan ddaw'r fagddu i ruo drwy yr allt,
    Nid y drain sy'n syrthio;
    Pan chwytha'r gwynt, gwynt o'i go',
    Yn y cedyrn mae'n cydio.

Idris Reynolds

287.

ER COF AM RONALD GRIFFITH

Wel'di, Ronald, ŵr annwyl, – newidiaist
    Yn sydyn dy breswyl:
    Pa ryfedd fod ein Prifwyl
    Heddiw o hyd yn ddi-hwyl.

O. M. Lloyd

288.

Y CERDDOR MEIRION WILLIAMS

Tra bo'r môr fe ddeil Meirion – i swyno
    Â seiniau'i ganeuon;
    Gŵr a roes ei einioes gron
    Yn rhodd aur i gerddorion.

Geraint Bowen

289.

RHYDDERCH

O orfod pan ddaw terfyn – rhy swta
    Ar y set i'w dderbyn,
    Yn ei siom mae'r teulu syn
    Yn llygadu'r llygedyn.

T. Arfon Williams

290.

I GOFIO EMYR WYN
*(Mathemategydd disglair. Awdurdod
ar amryw ieithoedd. Bu farw'n ifanc)*

Ddoe yn gawr. Mawr yn ein mysg, – ef un waith
    A fu'n ieithwr hyddysg.
    Heddiw dall i drywydd Dysg,
    A byddar i bob addysg.

J. Eirian Davies

291

Y PYSGOTWR
(Er Cof am Elfed Jones, Bethesda)

Y llyn oedd y llonyddwch – i'w enaid,
    Ac i lyn tawelwch
    Yn ei gwsg llithrodd ei gwch,
    O'r geulan i'r dirgelwch.

Ieuan Wyn

292.

GWYNDAF

Angerddol oedd bodolaeth; – yn y gair
    A'r gân roedd hudoliaeth,
    Ond yn awr adnabod wnaeth
    Dawelwch anfodolaeth.

Geraint Bowen

293

ER COF AM R. E. JONES, LLANRWST

Cadwai'r winllan rhag anrhaith – y moch chwil,
    Ond dymchwelwyd eilwaith
    Ei muriau; aeth hithau'r iaith
    Hyfrytaf eto'n fratiaith.

Alan Llwyd

294.

MORFUDD LLWYN OWEN

Y mae ias yn ei miwsig – a rhywle
    Mae'i hathrylith unig
    Ynom oll yn chwarae mig
    Fel nodau diflanedig.

Emyr Lewis

295.

ER COF AM HUW WILLIAMS, HAFOD ELWY
*(Gwladwr ac awdur **Fy Milltir Sgwâr**)*

Er iddo ef ymgartrefu'n – y dre',
    Bu'n driw iawn i'w wreiddyn
    Gan wisgo amdano'n dynn
    Fro Hiraethog yn frethyn.

John Glyn Jones

296.

ER COF AM KATE THOMAS

Ei gwên a rôi lawenydd – i feddwl
    A fyddai mewn stormydd;
    Aeth gofid â gwrid ei grudd,
    A'i llaw heini sy'n llonydd.

Gwilym R. Jones

297.

ER COF
(Dechrau haf 1987)

A naws rhyw haf cynhesach – ar gerdded,
    A'r gerddi yn harddach,
    Mam anweladwy mwyach
    Sy'n adfer y border bach.

Idris Reynolds

298.

YMSON MAM 1914-1918

Er mai enwau yw'r meini diwyneb,
    Dim ond enwau'n rhesi,
    Un bedd yw'r miliwn beddi,
    Ymhob un mae fy mab i.

Gerallt Lloyd Owen

299.

IFAN MORTIMER, LLANSANNAN

Fe roes yn wylaidd i'w fro – o'i dalent
    Yn ddi-dâl, ddigyffro,
    Oherwydd oedd, yr oedd o
    Yn rhan o'r ddaear honno.

John Glyn Jones

300.

GWILYM RHYS ROBERTS
    (Pysgotwr a bardd)

Afonydd oedd ei fwyniant, – dehonglydd
    Lleferydd llifeiriant,
    Llon delynegion y nant
    A chywyddau ei chwyddiant.

Geraint Bowen

301.

ER COF AM O. M. LLOYD

Mae hi'n braf yma'n y Brifwyl, – a llond
    Pabell Lên yn disgwyl,
    Ond mynnaist, O. M. annwyl,
    Gyfeillach amgenach gŵyl.

T. Arfon Williams

302.

ER COF AM Y CAPTEN JAC ALUN

Llai heno'r blas ar stori, – llai heno
    Llawenydd y cwmni;
    Llai yr hwyl gerllaw'r heli,
    A llai dawn o'th golli di.

T. Llew Jones

303.

ER COF AM WILLIAM ROBERTS, CARMEL

Yn fud lle na symudo – y rhoed ef
    Wedi'r difyr sgwrsio;
    Un mwyn iawn yma'n huno,
    Un tawel dan dawel do.

Thomas Parry

304.

ER COF AM CYNI WILLIAMS, TREFOR

O'i ardd i bridd heb ei raw – aeth o'r byd;
    Daeth i'r bedd dialaw.
    Mae'n drist dy fod mor ddistaw
    Yn hyn o le, 'Yr Hen Law'.

Tom Bowen Jones

305.

ER COF AM JOHN HUGHES, CAREGYDIFOR

Ai â bodd, O Angau, y bu – iti
    Ddangos eto'th allu?
    I orwedd i'r dyfnfedd du
    Gyrraist was i Grist Iesu.

Anhysbys

306.

ER COF AM J. W. ELIS (PERISFAB)

Yn Gymro digymrodedd, yn ŵr balch,
    Gwyliai'r bwlch i'r diwedd,
    Gwae inni, feibion Gwynedd,
    Agor y bwlch wrth gau'r bedd.

Gerallt Lloyd Owen

307.

ER COF AM WILLIAM OWEN, PENYWERN

Iaith gywrain fyth a garai, – drwy honiad,
    Er hynny, y gwelai;
    Oedd ddidwyll a ddywedai,
    Union oedd yr hyn a wnâi.

T. Gwynn Jones

308.

Y BEDD

Gwely prudd, gwaela' priddyn – yr ifanc
  Arafaidd a'r henddyn;
Brau yw'r einioes, byr ronyn,
Y bedd yw diwedd pob dyn.

Gwallter Mechain

309.

AR FEDD ELINOR MASON, RHYDYCEIR

Y bedd yw'r annedd, oer ennyd, – a gawn
  O ganol ein hawddfyd;
Gorwedd sydd raid mewn gweryd;
I beth y carwn y byd?

Lewis Hopkin

310.

ER COF AM JOHN DAVIES, ERGLODD

Cristion yn galon i gyd, – dyn grasol
  Dan groesau ac adfyd;
Yn y nef Cristion hefyd;
Ac yn ei fedd, gwyn ei fyd.

Ael Haiarn Hir

311.

ER COF AM EMLYN DAVIES
  (*Towyn, Gwynedd, cyn-ddarlithydd
mathemateg yn y Coleg Normal, Bangor*)

Ar gof ei fyfyrwyr gynt – fe erys,
  A'i gyfaredd drostynt;
Trysorai, holai eu hynt,
Enwai bob un ohonynt.

Derwyn Jones

❧
FY NAIN
(*Mary Jones, Llwydfaen, Mochdre, 1857–1941*)

312.

Rhannai a garai â gwên, – aur y cof,
  Trysor cudd, anorffen;
Roedd lle i gerddi llawen,
A geiriau doeth gwyrda hen.

313.

Paned i hen dramp unig – a wnâi hon
  Â gwên hael, garedig;
Pan geid bai ni ddaliai ddig,
Anwesai'r galon ysig.

Derwyn Jones

314.

W. RHYS NICHOLAS

Er i bawb ffarwelio â'r byd o raid,
  parhad ydyw'r gwynfyd
  i mi, cans yn fy mywyd
Anthem yr Oen aeth â 'mryd.

T. Arfon Williams

315.

ER COF AM DERWYN JONES
  (*Llyfrgellydd a Bardd*)

Yn dy arch, ar ben y daith, y caewyd
  pob cywydd a champwaith:
  cau'r gist ar bob artistwaith
fel cau llyfr, fel colli iaith.

Alan Llwyd

❧
ER COF AM ERIC JONES, CAERNARFON
(*Llyfrwerthwr*)

316.

Ni roes ar werth mo'i werthoedd; – ei galon
  Oedd golud ei silffoedd,
I'w fyd rhy araf ydoedd,
Un rhy fwyn i'w ganrif oedd.

317.

Fel hyn, bob dydd, diflannwn; – fesul un,
  Fesul awr ffarweliwn
Â'r Cymreictod hynod hwn,
Diwylliant nas deallwn.

Gerallt Lloyd Owen

318.

ER COF AM JOHN STODDART

Gwthiwyd tywysog ieithoedd yn araf
  i fôr y canrifoedd,
    ac ar y môr hwylio'r oedd
    adre'n ôl drwy hen niwloedd.

Alan Llwyd

319.

ER COF AM WILLIAM JAMES,

GILFACH, PONTGARREG

*(Un o'r Brodyr James, chwe bardd a ffurfiodd
dîm Talwrn y Beirdd ar gyfer cyfres radio'r BBC)*

O'r rhyd fe ddaeth y brodyr – yn eu hôl,
  Yn welwach o'r frwydyr,
    Yn deulu yn eu dolur,
    A hen fwlch o un yn fyr.

Idris Reynolds

320.

ER COF AM VALERIE

*(Cyfnither fy ngwraig, a ddioddefai o gancr,
gan guddio hynny yn urddasol ac yn ddewr)*

Ni welem, a hi'n olau'n ei hwyrddydd,
  fel gardd yn ei blodau,
    rwyd dynn y corryn yn cau
    y tu ôl i'r petalau.

Alan Llwyd

321.

ER COF AM HANNAH, CHWAER Y BARDD

Mwy gorffwysed, huned hi – yn ddi-boen
  O ŵydd byd, a throsti,
    O awel deg, hulia di,
    Wedi storom, dosturi.

Sarnicol

O. V. JONES
*(Arbenigwr mewn obstetreg a gynaecoleg,
1907–1986)*

322.

Poen biau deupen bywyd, – ac o'r boen
  Gwŷr â balm a'n cyfyd;
    Llafur ein cyfaill hefyd
    Fu rhoi balm ar glwyfau'r byd.

323.

Adnod? Na, hiwmor llednais – iddo ef.
  Parchai ddawn a dyfais;
    Artaith 'gâi'r cyffwrdd cwrtais,
    Lleddfai fraw â'r llaw a'r llais.

324.

Gŵr addfwyn pan fai griddfan, – ystyriai'n
  Dosturiol, ddiffwdan:
    Ni weddai dim anniddan,
    Roedd cri pob geni yn gân.

325.

Â'i lydan wên deimladwy, – rhyw Sara
  'Gâi'r siriol gynhorthwy;
    Roedd had i'r amhlantadwy
    Yn wyrth i fam. Pa wyrth fwy?

326.

Hen gamp y meddygon gynt – yn gronicl
  Graenus a wnaeth erddynt;
    I'r gwael annhiriog eu hynt
    Gwreiddiol physygwyr oeddynt.

327.

Bendithiwyd rhif afrifed – ag ail oes
  Drwy gain glwy ei lansed;
    Rhoes i wragedd Gwynedd ged
    A ddeil yn fythol ddyled.

Derwyn Jones

ER COF AM ANWEN TYDU

328.

Hunaist yn nhwf Gorffennaf, – roedd heulwen,
   a'r ddôl ar ei glasaf;
ond er hyn, trodd trymder haf
yn ei awen yn aeaf.

329.

Ar dy wedd roedd gwrid y wawr, – mor wyn, wyn
   ac annwyl, mor werthfawr;
a thrwy'r hedd pan ddaeth yr awr –
Anwen, ein rhosyn Ionawr.

330.

Dy ddewrder oedd ein hyder ni, – y nerth
   a'r nawdd trwy'r dihoeni;
a thrist oedd pan lithraist ti
yn dawel o Fryndewi.

331.

Wylodd yr holl gymylau – i'r annwyl,
   a chronnodd ein dagrau;
yfory ŷnt i'n dyfrhau
o hiraeth ein dyfnderau.

332.

Yn y gân annigonol – mae angen
   trwy'r awen ddagreuol
eiriau addas, urddasol –
yno i un na ddaw'n ôl.

333.

Ym mynwes ymwahanu – ti'r enaid,
   ti'r un sy'n cyfannu;
wyt o hyd, Anwen Tydu,
yng ngwead ein cariad cu.

334.

Daw inni trwy gadwynau – yr hen hil
   ryw nerth yng ngŵydd angau;
deil anian y dolennau
eto'n un gan eu tynhau.

Jon Meirion Jones

335.

ER COF AM R. J. ROWLANDS, Y BALA

Bwriwch ei lwch o'r Berwyn i gyrraedd
   pob man gwâr ym Mhenllyn
heb iddo lanio ar lyn
anwaraidd Cwm Tryweryn.

Alan Llwyd

336.

Y PARCH. D. D. JONES, Y GARREG, HARLECH

Fel ei ardd yn hardd o hyd – ei eglwys
   Beraroglai'n hyfryd:
   Gloywaf oedd ei gelfyddyd,
   Mynnai dwf iawn mewn dau fyd.

O. M. Lloyd

337.

ER COF AM Y PARCHEDIG,

W. S. OWEN, CRICIETH

Colli'r dydd ar ddydd o ha', – ymadael
   Cyn medi'r cynhaea',
   A'r dorf, wrth weld y borfa,
   Yn gweld ôl y Bugail Da.

W. D. Jones

338.

ER COF AM GERALLT JONES

Yn niwedd y cynhaeaf, – chwi wŷr llên,
   Ewch â'r llwyth yn araf,
   Heliwch i'r helm lwch yr haf,
   Hel i'r Cilie'r cae olaf.

Gerallt Lloyd Owen

339.

RONNIE

Daearwch eich tosturi – efo'r arch,
   A holl fraw fy moddi,
   Fel y claddwyd f'arswyd i
   Yn hafan oer Glan Teifi.

Huw Meirion Edwards

340.

JOHN WILLIAMS, LLANNERCH-Y-MEDD

Yn ei waeledd fe welai – y lôn bost
    yn lein bell a throediai
    yn osgeiddig, cans gwyddai'n
    oriau'r hwyr mai adre'r âi.

Iwan Llwyd

341.

ER COF AM MARY JONES, TYWYN

Bu'n hau gynnau ag ynni – ei had da
    Yn y tir a'i noddi;
    O fyd hi aeth i fedi
    Adref, a Hydref oedd hi.

O. M. Lloyd

342.

ER COF AM GEORGE ROWLANDS
(Tŷ Capel, Trefeini, Blaenau Ffestiniog)

Os daw'n gwestiwn o gystudd – anodd yw
    Ei ddwyn mewn llawenydd:
    Fe fwriodd ef ei fyr ddydd
    Llawn o boen yn llon beunydd.

O. M. Lloyd

343.

ER COF AM GRAHAM PROSSER
(A fu farw'n ifanc mewn damwain car)

Nid rhaid i ti'r ehedydd adnabod
    anobaith yr hwyrddydd
    gan it ddringo'n aflonydd
    i wlad well cyn canol dydd.

T. Arfon Williams

344.

ABERFAN

Os yw'r cof yn dal i rofio'r rhai bach
    o'r baw a'u pitïo,
    mwy cyndyn yw'r glyn a'r glo
    a'r glaw oer i egluro.

Ceri Wyn Jones

345.

BEDDARGRAFF GENETH IFANC

O! wyryf deg, arafa di, – a gwêl
    Y golofn sy'n nodi
    Nad henaint a'm clodd tani;
    Un ddeunaw oed oeddwn i.

Gwilym Deudraeth

346.

ER COF AM TOMOS GWYN
*(Mab bychan tair wythnos oed Rhian
ac Arwyn: englyn ar ran y rhieni)*

Er bod y sêr, laweroedd, mor glaerwyn,
    mor glir ers canrifoedd,
    siwrnai wib un seren oedd
    i ni'n gloywi'r gwagleoedd.

Alan Llwyd

347.

JAMES BULGER

Yn yr arch fechan y'i rhoed, a ninnau,
    Yn hen ac ieuengoed,
    Yn gefngam dan ysgafngoed
    Hon, yr arch drymaf erioed.

Alan Llwyd

348.

ER COF AM SOPHIE BRAMHAL
*(Disgybl yn Ysgol Gyfun Gŵyr,
Abertawe, lle'r oedd fy mab ieuengaf
hefyd yn ddisgybl. Fe'i lladdwyd mewn
damwain ddiwedd Tachwedd 1994.)*

Canu na dathlu nid oes; mae i'r Ŵyl
    Ias marwolaeth eisoes;
    Gwae roi arch fechan dan groes
    Yn llawn o weddill einioes.

Alan Llwyd

349.

Ceir gwaedd o gyrraedd geiriau, – y waedd fud
    Na ddaw fyth i'r genau;
  Rhy ddwfn i gnawd ei ryddhau
  Na'i hyngan ond trwy angau.

350.

Y waedd tu hwnt i weddi, – yr un waedd
    Na chlyw'r nef mohoni,
  Nid oes llais i'w hadlais hi;
  Nid oes Duw i'w distewi.

351.

Hon yw gwaedd unigeddau – ein harswyd
    Yn y gors ddilwybrau
  Lle dirwyn trwy'r pellterau
  Sŵn y cŵn a'r nos yn cau.

352.

Mae ynom na wyddom ni – mo'i waelod,
    Mae hil o drueni,
  Ac ynom er ein geni
  Y mae rhaid ei marw hi.

353.

Hon filain ei gorfoledd, – hon ddeifiol
    Ysol ei hynawsedd,
  Hon wridog ei brwdfrydedd,
  A hon, o bawb, yn y bedd.

354.

Y wraig hoywaf ei thafod, – a'i galar
    Yn gwlwm diddatod,
  Heb eiriau i'w disberod,
  Heb iaith yn niddymdra'i bod.

355.

Hi oedd tuedd y tywyll, – hi ydoedd
    Ein breuddwydion candryll,
  Hi oedd arswyd ein llwydwyll,
  Hi oedd ein gwaedd yn y gwyll.

Gerallt Lloyd Owen

356.

COLLI DAU
*(Tecwyn Lloyd a Bedwyr Lewis
Jones, a fu farw oddeutu'r un pryd)*

Â dau yn cau adwyon y Gymraeg,
    Mur oedd eu breuddwydion,
  Hyd nes bylchu'r mur ym Môn
  A chwalu'r mur ym Meirion.

Alan Llwyd

357.

ER COF AM GWLADYS WILLIAMS,

RIFFLI, LLŶN

Llŷn oedd y winllan iddi; Llŷn gyfan
    Yn winllan hyd Enlli;
  Aeth o Lŷn; ailffrwythloni
  Gwinllan wag ni allwn ni.

Alan Llwyd

YN ANGLADD TYDFOR

358.

Noethlwm yn ein hiraethlef – yw'n hoedfa
    I ddwyn Tydfor adref;
  Beth sydd, yn nydd dioddef,
  I'w ddweud, nas dywedodd ef?

359.

Y mae cysgod trallod trwm – yn hollol
    Dywyllu pob rheswm;
  Y mae ein llên mwy yn llwm
  A gwae'i Adar ei godwm.

360.

Angau dawn ac ing di-werth, – lluchio'r llwch
    Ar y llon a'r prydferth,
  Ei ddifa yn eitha'i nerth,
  Torri'i hynt ar ei hanterth.

361.

Pa les heno gwrogaeth, – nac idiom
    Ein teyrngedau helaeth?
  Rhy hwyr bob tro yw hiraeth
  Pan ddisgyn y sydyn saeth.

362.

Er i'r môr wisgo'i orau – er ei fwyn,
　　A'r Foel ei holl liwiau,
　　Nid haf sy'n dod â'r blodau
　　A dyf ar gist fo ar gau.

363.

Ni chlywir mwy uwchlaw'r môr – o riniog
　　Y Gaer Wen mo'r hiwmor;
　　Roedd y Gaer Ddu ger ei ddôr,
　　A'r Wig a'i piau ragor.

Dic Jones

364.

Y PUM LLANC

Hwn yw mur y pum hiraeth, – a gwely
　　Galar pum cymdogaeth
　　Am bum llanc ifanc a aeth
　　I wal y pum marwolaeth.

Dic Jones

365.

GARI WILLIAMS

Â'r sioe ar ben, er cau'r llenni di-daw
　　yw y dorf, a glywi
　　o gwr y llwyfan, Gari,
　　sŵn chwerthin dy werin di?

Llion Jones

366.

Y PARCHEDIG TREBOR E. ROBERTS
(Bardd a Physgotwr)

Ar afon y canrifoedd – fe wyddai
　　Gelfyddyd yr oesoedd;
　　Fesul gair i'w enwair roedd
　　Newydd wefr o'r hen ddyfroedd.

Gerallt Lloyd Owen

367.

YN ANGLADD CASSIE DAVIES

Lleihau wnaeth y gannwyll wen – a breuhau
　　Wnaeth braich y gannwyllbren,
　　Aeth y cwyr a'r babwyren
　　Yn ara' bach, bach i ben

Dic Jones

368.

CLED
(*Plygwr gwrychoedd tan gamp a thelynegwr
cywir o Bandy Tudur oedd Cledwyn. Bu
farw'n greulon o ifanc ym mis Mai, 1990, pan
oedd y drain gwynion yn eu blodau.*)

Yn nhwf y drain, mae'i fedr o – yn gwynnu
　　Yn gân wrth ei gofio;
　　Hwythau'r cyll, ym mhlethau'r co',
　　Gan ei wên sy'n gwanwyno.

Myrddin ap Dafydd

369.

ENGLYN CYDYMDEIMLAD

Am dy alar galaraf, – oherwydd
　　Dy hiraeth hiraethaf,
　　Yn fy enaid griddfanaf
　　Drosot ti, a chyd-dristâf.

Dic Jones

❧
GOGINAN

370.

Pwy, dan yr het, oeddet ti, – Goginan?
　　Goganwr y cwmni;
　　Pa enaid yng nghwmpeini'r
　　Seraffiaid yw d'enaid di?

371.

Y dwyfol yn y dafarn, – y rhwyglen
　　Yn yr eglwys unfarn;
　　Y gaeëdig ddôr gadarn,
　　Y foel agored o farn.

372.

Ni'r bodau anwahanol, – ni welwn
    Eilwaith di'n y canol
Yn mentro rhwygo'r rhigol,
Yn llwyr ymroi i droi'r drol.

Gwynfor ab Ifor

YN ANGLADD ARWYN

373.

Dyfnach, oerach na'r eira – yw'r galon
    Wrth roi'r gwely ola'
I hoff ffrind, rhoi'i gorff i'r iâ:
Un ieuanc i'r hen aea'.

374.

Ara'n ei goed yr â o'n gŵydd – mor llesg
    Un mor llawn o sioncrwydd;
Mae'r un a redai mor rhwydd
Yn esgyrn ar chwe ysgwydd.

375.

Rhoi'i chwimder yn y gweryd, – berw'i hwyl
    Tan bridd mor ddisymud,
Rhoi heddiw'r dwylo diwyd
I'r bedd yn segur eu byd.

376.

Rhoi i lanc gysur o'i loes, – rhoi ffarwél
    Er ffarwelio eisoes
Ac ar hanner hanner oes
Rhoi 'Amen' ar rym einioes.

377.

Ailaddo wnaeth troad blwyddyn – a daeth
    Y dydd yntau i 'fystyn,
Ond yng ngolau'r oriau hyn
Y daearodd byd Arwyn.

Myrddin ap Dafydd

Amrywiol

378.

Y GARREG ATEB

Ar greigiog sedd eisteddais, – i dorri'r
    Distawrwydd bonllefais.
    O le uwch, eiliodd rhyw lais
    Y fonllef yn gyfunllais.

W. Gilbert Williams

379.

Y BARGOD

Rhy'n ddi-daw tra bo'n glawio – seiniau mwyn
    Fel sŵn mil yn godro;
    Pan geir rhew yn dew ar do
    Daw hynod dethau dano.

Ellis Jones

380.

AWGRYM

Arweiniwr cof ar unwaith – wna ddewin
    O ddeall cydymaith,
    A dau air a ddwed araith,
    Geiriau mud yw grym ei iaith.

Fred Jones

381.

Y GANNWYLL

Gwelw iawn oedd ei goleuni, – er hyn oll
    Ar hen nain bu'n gweini
    Mewn cyfnod pan oedd tlodi
    A'i lom wedd yn ei fflam hi.

Robert Thomas Rowlands

382.

Y GŴR DI-WAITH

Heb obaith am waith weithian – â'i wedd drist,
    A'i waedd drom am arian,
    Yn syllu'i einioes allan
    Efo'r llu ar fur y llan.

David Williams

383.

Y FRÂN WEN

Brân od yw 'mysg brain duon, – hed am oes
    Gyda myrdd o straeon;
    Ni ŵyr neb fel y frân hon
    Hynt a hanes plant dynion.

Tom Bowen Jones

384.

Y PAFFIWR

Dibardwn barod bwniwr, – gewynnog
    A heini ornestwr;
    Pan wna gamp, yn enwog ŵr,
    Yfory, angof arwr.

Tim Ymryson y Beirdd Sir Aberteifi

385.

PROFFWYDI

Curwch a chwyrnwch arnynt, – daw awr cân
    O'r drycinoedd iddynt;
    Dyrnodiwch, cedyrn ydynt
    Fel hen goed o flaen y gwynt.

William Morris

386.

Y PYSGOTWR

Cilia draw wedi'r gawod – i wynfyd
    Cymanfa'r mwyalchod;
    Wrth afon fyw, byw a bod,
    'A thwyllo hen frithyllod'.

Dewi Emrys

387.

CYNGOR I BYSGODYN

O gweli ŵr ar geulan – â gwialen,
    A golwg rhy fuan,
    Rhag iddo dy lusgo i'r lan
    Tyn d'arlais tan y dorlan.

Anhysbys

388.

Y LLONG FACH

Y llong fach ollyngaf fi – ar fynwes
    Yr afonig Gwili:
    Mor llon y mae ar y lli,
    A dawns y don sy dani.

Gwili

389.

TRAETH

Nid rhywsut y gwnaed y trysor; eurof
    y lloer a fu'n ddidor
    drwy'r oesau'n cabol drwsio'r
    ffrâm aur am saffir y môr.

T. Arfon Williams

390.

GENWAIR

Dawns hud blaen-adain sidan – amryliw,
    Fflam yr haul ar dorlan,
    A'r brath dur ger y berth dân
    Yn llorio'r brithyll arian.

John Evans

391.

Y GEINIOG

Difesur ei chysuron, – i'w meddu
    Mae heddiw ymryson,
    A'r lle rhoir allor i hon
    Dyry ddinistr i ddynion.

R. Môn Jones

392.

YR OES HON

Oes wag o swyddi segur, – oes fodlon
    Y Sefydliad prysur;
    Egni bach golygon byr,
    Ac eneidiau gwniadur.

Donald Evans

393.

YR OES HON

Os bu unwaith oes benwan – diau hon
    Ydyw hi o'r cyfan:
    Un ddel, goeg, o feddwl gwan –
    Oes anhapus yn hepian.

Llwydiarth Môr.

394.

DYMA NI

Oes faterol, a'i golud – yn drysor
    Ar dresel daearfyd;
    Oes gwario ar seguryd,
    Prinder aur, a'r prynu drud.

Roger Jones

395.

EIN HOES

Rhyw oes ddyrys ddihiraeth – ydyw hon
    Am Air Duw'n gynhaliaeth;
    Hi a gabla ddisgyblaeth,
    Ei rhyddid yn did a aeth.

Monallt

396.

NEWID OES

Ar dwyn y Dryslwyn fe drig – weithian rith
    O'i hen rwysg cyntefig;
    Ac ar lain fu'n darstain dig
    Barwniaid, fe bawr oenig.

J. T. Job

397.

Y LLO AUR

Hen eilun yr Anialwch, – digonwyd
    Y Genedl â'i degwch;
    Addolwyr heddiw welwch
    Ger y llo'n plygu i'r llwch.

Tîm Ymryson y Beirdd Sir Feirionnydd

398.

YR ALLWEDD

Cudd riniwr ceuddor annedd, – i adfer
    Mynedfa, yw'r allwedd,
    Dry galon pob dirgeledd,
    A dyrys borth, ond drws bedd.

Eifion Wyn

399.

COLYN

Ar ei ôl y bydd chwerw wylo. – gwaedd ing,
    Ymgudd angau ynddo:
    Arf na cheir ei feinach o,
    A lli gwenwyn lle gwano.

George Rees

400.

Y COF

Un glew am ddal a glywo, – a medrus
    Am adrodd a welo:
    Llyfr gwerthfawr â'i glawr dan glo,
    A chyfrinach fawr yno.

Ap Tudur

401.

YR ISYMWYBOD

Y dihysbydd lonydd li, – llyn o wyll
    Na ellir ei lenwi,
    A'i guddiedig waddodi
    Ydyw cof ein hangof ni.

Gerallt Lloyd Owen

402.

Y DELYN

Rhwng tair cornel y delyn – mae oesol
    Fôr miwsig diderfyn:
    Tonnau heirdd yw'r tannau hyn
    I dristwch nofio drostyn'.

Ceiriog

403.

Y DELYN

Swyn y tannau sy'n tynnu – y genedl
    Ar gân yr adferu
    O fedd hen fawredd a fu
    I fawredd ein hyfory.

Einion Evans

404.

Y DELYN

Er diddan sibrwd iddi, – er ochain
    Â'm breichiau amdani,
    Mae'n swrth ar fy mynwes i
    Oni thrwsiaf ei thresi.

T. Arfon Williams

405.

TANT Y DELYN

Delyn hoff! Ein cenedl ni – gâr ei thant,
    Gwyrth o hud yw iddi;
    Tant ei chân, tant ei chyni,
    A thant aeth â'i henaid hi.

Eifion Wyn

406.

Y TELYNOR

Hidla'r diliau o'r delyn, – a'i loesion
    Felysa bob nodyn;
    Ar flaen torf lawen y tyn
    Alaw henoed o'i linyn.

William Morris

407.

DR NANSI RICHARDS
(Telynores Maldwyn)

Anrhydedd wedi'r oedi – i'r dwylo
    Ac i'r delyn 'leni;
    Iaith ein hwyl a'n hiraeth ni
    Sydd yn nawns bysedd Nansi.

Tîm Ymryson y Beirdd Dyfed

408.

DR NANSI RICHARDS

Tery ei thant o hiraeth, – a thery'i
    Theires yn beroriaeth:
    Taro hen awen a wnaeth,
    A tharo ar ddoethuriaeth.

Tîm Ymryson y Beirdd Gwynedd

409.

CATRIN FINCH

Rho'r diawl a'i ddawns i'r delyn; rho i'w thôn
    chwerthiniad a dychryn;
    rho gusanau i'r tannau tyn,
    rho iaith ffair i'th offeryn.

Ceri Wyn Jones

410.

YR HEN GLOC MAWR

Hen ddarn o ddwys dderwen ddu – a'i guriad
    At alwad y teulu;
    Yn ei waith mae'n hiraethu
    Ar ôl taid ar wal y tŷ.

Robert Jones

411.

YR HEN GLOC MAWR

Hen waldiwr tragwyddoldeb – na ŵyr beth
    Yw'r gair bach cynildeb;
    A thrwy hyn ni thry'i wyneb
    I roi'n ôl un awr i neb.

Robert Jones

412.

I GLOC SIÔN TREFOR

Dyfeisiad, tyniad tano, – a rhaffau'n
    Rhoi offer i daro;
    A'i nyth o'i fewn, ni thau fo
    Nos a dydd – nos da iddo.

Morys Kyffin

413.

AMGUEDDFA WERIN SAIN FFAGAN

Y mae hen oes o'i mewn hi, – a gwledig
    Oludoedd geir ynddi;
    Nid mynwent lwyd mohoni
    Ond lloches i'n hanes ni.

Owen Parry Owen

414.

SIMNE FYGLYD

Dirfawr, lled hyllfawr dwyllfwg, – a dudew
    Gyfodadwy hwrwg;
    Trwyth tawddwres yw'r tarth tewddrwg –
    Uwch tân mawn, tawch tonnau mwg.

Siôn Powel

415.

AR GERDYN NADOLIG

Wrth fwrdd y wledd eisteddwn, – o ganol
    Digonedd y codwn;
    Heddiw nac anwybyddwn
    Waedd y lleill am weddill hwn.

R. J. Rowlands

416.

Y NADOLIG

Cofia'r gân, cofia'r geni, – cofia Dduw,
    Cofia ddyn lle byddi,
    Ac wrth gofio dyro di
    Yn haelionus eleni.

D. Gwyn Evans

417.

CYFARCHIAD NADOLIG

O daw atat gardotyn – ar yr Ŵyl,
    Dyro ran o'th grystyn;
    O droi'n frawd i dlawd ei lun
    Cei fwynhad cyfiawn wedyn.

J. J. Williams

418.

ADDUNED BLWYDDYN NEWYDD

Y baban na fu'i lanach – a anwyd
    Yn Ionor yn holliach
    A lorir fel hen gleiriach
    O eisiau bwyd ym Mis Bach.

T. Arfon Williams

419.

Y GOEDEN NADOLIG

Pren y plant a'r hen Santa, – a'i wanwyn
    Yng nghanol y gaea';
    Ni ry' ffrwyth nes darffo'r ha',
    Nid yw'n ir nes daw'n eira.

Dic Jones

420.

Y GOEDEN NADOLIG

Yn enw Cariad, paid â'i gadel – hi'n hagr
    I wgu'n y gornel;
    Dwy owns neu lai o dinsel
    Wna'r wrach ddu'n briodferch ddel.

T. Arfon Williams

421.

SWCH EIRA

Swch gre' a'i grwn yw'r heol, – ac eira
    Yw gweryd ei rhigol;
    Yn dwr mae'r brain modurol
    Yn troi i'w hynt ar ei hôl.

J. Lloyd Jones

422.

GWRID

Goch y gwin, wyd degwch gwedd, – ton y gwaed,
    Ystaen gwg a chamwedd;
    Morwynol fflam rhianedd,
    Swyn y byw, rhosyn y bedd.

Eifion Wyn

423.

BLEWYN

Un a edrydd ein hoedran, – a'i dyfiant
    Fel edefyn sidan;
    Oriog ei liw, hir a glân,
    Ddoe yn aur, heddiw'n arian.

J. Rhys Daniels

424.

HOFRENNYDD

O anhygyrch unigedd – y codwm
    Mae cudyll trugaredd
    Am gael y diymgeledd
    I ofal byd o gofl bedd.

R. J. Rowlands

425.

Y CREFFTWR

Ei graffter yn ei grefftwaith, – ei osod
    A'i asio yn gampwaith;
    Nid o'i ôl y gedy'i waith
    Heb ei orffen yn berffaith.

D. J. Roberts

426.

ENGLYN I GAWOD O LAW

Dyma wlith y gwenith gwyn, – dyma'r bîr,
    Dyma'r bara a'r enllyn,
    Dyma'r mêl a'r cwyr melyn
    O byrth Duw i borthi dyn.

Matthew Owen

427.

CLOCH EGLWYS GRIST YN RHYDYCHEN

Ai Tom yw'r gloch drom glywch draw – yn rhuaw?
    Mae'n rhywyr ymadaw –
    Dynion dicllon â decllaw
    Cyn y nos yn canu naw!

Robin Brydydd Bach

428.

DRWS TRUGAREDD

Rhedwn at ddrws anrhydedd, – a rasio
   At ddrysau disylwedd,
  Ond, i'r byw, cyn mynd i'r bedd,
  Y gorau – Drws Trugaredd.

John Williams

429.

CWLWM PRIODAS

Cwlwm yw nad oes cilio – o'i afael
   Nes dyfod i'r amdo;
  Rhwydd ar awr y rhoddir o –
  Ei ddatod nid rhwydd eto.

Anhysbys

430.

YR HEN FERCH

Er rhoddi ei haur iddyn', – a'i hanwes
   I wironi'r bechgyn,
  Aeth i eiddew ei thyddyn,
  O Fai'i hoes, i fyw ei hun.

T. R. Jones

431.

Y CROWLWM

*(Ger Llanidloes, man cychwyn
yr Ysgol Sul yng Nghymru)*

Golau gwan dy ffagl gynnar – a ledodd
   Dros y wlad, a gwasgar
  Y rhin a wnaeth yr anwar
  Anhydrin yn werin wâr.

O. Tudor Jones

432.

Y WISG DDISGLEIRWEN

O llwyda fy nilledyn, – o threulia
   A difa pob 'defyn,
  Fe hiraethaf am frethyn
  Wedi'i weu yn gannaid wyn.

Dyfnallt

433.

OERFEL

Tro draw, dyro law, daear las – a guddiwyd,
   Duw, gwyddem fyd atgas;
  Tro'r iâ a'r eira oerias,
  O! Dduw, i'r glyn yn ddŵr glas.

Anhysbys

434.

DAGRAU

Dwy afon dirion deurudd – i rai llon,
   Ond i'r lleddf a'r dwysbrudd
  Chwipiadau rhaffau ar rudd,
  Stori cwest ar y cystudd.

Tom Parri Jones

435.

TAWELWCH

Clwm dwndwr, clo mudandod, – disiffrwd
   Was effro myfyrdod;
  Dinabl, dibarabl awr bod,
  A saib ddwys y bedd isod.

Anhysbys

436.

BYSEDD

I 'nhad, hen gyfrifiadur – y ddau bump,
   Pan oedd bawd yn fesur,
  A chownt pen-llinyn a chur
  Yn wastad yn gyfystyr.

R. J. Rowlands

437.

BYSEDD

Eu hystum a dyr osteg, – a rhedant
   Ar hyd yr holl frawddeg:
  I ŵr dall, llygaid yw'r deg;
  I ŵr mud, ei ramadeg.

Griff Williams

438.

BYSEDD

Bu'r rhain yn trin y bronnydd, – a rhoi'i wedd
    I freuddwyd arlunydd:
    Deg o weision aflonydd
    Llenor a chrythor a chrydd.

T. Llew Jones

439.

Y GALON

Fe'i ganed i galedi, – yn wrol
    Y curodd trwy gyni,
    Ond er oes o'i dewrder hi
    Fe ddaeth hiraeth a'i thorri.

Evie Wyn Jones

440.

PONT MENAI

Uchelgaer uwch y weilgi, – gyr y byd
    Ei gerbydau drosti;
    Chwithau, holl longau y lli,
    Ewch o dan ei chadwyni.

Dewi Wyn o Eifion

441.

LLWYBR UNIG

I'r drofa'r aeth ar drafael – o'm hannedd,
    Er mynnu dal 'ngafael;
    Ofer cri ei gwmni gwael
    I ŵr mud ar ymadael.

Owen Parry Owen

442.

HEN WRAIG DLAWD YN CYNUTA

Cynuta â'i bysedd cnotiog – ar ros
    Ac ar ffridd eithinog,
    A chrinwynt blin, ewinog
    Â'i lach lem yn chwilio'i chlog.

Gwilym Parri Huws

443.

BRODYR

Diwahaniaeth yw dynion – ymhob oes,
    Mae i bawb helbulon;
    Ynghanol ein hanghenion
    Un yw y byd yn y bôn.

Roger Jones

444.

EWIN

Caf bwyntio'n ymfodlonus – at eraill,
    A'u taro'n ddirmygus;
    Y mae hon ar flaen fy mys
    Yn fforchio yn dra pharchus.

T. Arfon Williams

445.

MAN GWYN MAN DRAW

Gweled fod haf yn brafiach – ar orwel
    Yr erwau amgenach,
    Yna, o weld, canu'n iach
    O flys am borfa lasach.

Idris Reynolds

446.

ANGOR

Er ein gwae a'r straen i gyd – a'r gadwyn
    Dan ergydion enbyd,
    Ymhob storm buost o hyd
    Yn fy nal, fy anwylyd.

D. J. Jones

447.

EGWYDDOR

Y gost o sefyll drosti – yn gadarn
    Yw'r gwawd a ddaw inni,
    Ond o weld mor ddrud yw hi
    Gwelwn werth glynu wrthi.

John Glyn Jones

448.

DYCHWELYD

Ni ddaw man mor ddymunol – i'm henaid,
   Na man mor gymdogol
Â'r fan hon lle'r af yn ôl
I huno yn derfynol.

Iwan Morgan

449.

GEIRIAU

Sgwrsio'n fud am funudau – â synnwyr
   Di-sŵn ein gwefusau;
Mae croen gŵydd distawrwydd dau
Yn ddigon heb frawddegau.

Tîm Talwrn Beirdd y Byd

450.

GEIRIAU

Ofer sôn a'r galon gaeth – yn fyddar;
   Di-fudd yw athrawiaeth
Ffwr'-â-hi y tafod ffraeth,
Dieiriau ydyw hiraeth.

Idris Reynolds

451.

MERCHED COMIN GREENHAM

Nid i gynnal dialedd – y daethant,
   Ond ar daith tangnefedd
I herio holl gynddaredd
Anwar fyd ag arfau hedd.

Tîm Talwrn Bro Tryweryn

452.

DRESEL

Mi a welais am eiliad – yn ei sglein
   Ar bwys clwyd y farchnad
Gyda'i lliain nain fy nhad
Yn ei chwyro â chariad.

Dic Jones

453.

PRIODAS AUR

Â mi yn gwarchod mwyach – ail hanner
   Can mlynedd cyfrinach
Dau, rwyf fi, y fodrwy fach,
Yn denau, – ond yn dynnach.

T. Arfon Williams

454.

AMLEN

Ar ôl rhoi fy llaw yn llawen – dyner
   Hyd ei hwyneb cymen
Rwy'n rhoi, â'r un orawen,
'Nhafod ar dafod y wen.

T. Arfon Williams

455.

NODWYDD

Yn llaw mam ei blaen llym hi – a wnâi wyrth
   Yn oes y caledi;
   Yn ddi-nam trwsiodd i ni,
Blant y wlad, bilyn tlodi.

T. Llew Jones

456.

CWLWM

Rhywun i wneud fy nghareia' – a geisiaf
   Ac, oes, mae'n y Cartra'
Hwn ddyn sy'n eu clymu'n dda,
Ond pam nad yw Mam yma?

T. Arfon Williams

457.

CROESO

Gyfaill, fy nrysau, os deui, – a geir
   Yn agored iti
   I aros, os dewisi,
Gan nad eiddof eiddof i.

T. Arfon Williams

458.

POBL Y DRWS NESAF

Cymdogion cydnaws, ni chawsom – ni well
    Cyfeillion, ond gwyddom
    Y bydd, cyhyd ag y bôm,
    Lwyr angen am wal rhyngom.

T. Arfon Williams

459.

LLAW

Diau tlawd ydwyt, lodes, – oherwydd,
    Er darparu cynnes
    Wely it a choban les,
    Rwyt ti'n oer heb bartneres.

T. Arfon Williams

460.

LLYFR

O bydd llon hinon dydd ha', – neu wybren
    Yn obrudd y gaea',
    Y cyfaill gorau, cofia,
    A lleufer dyn, yw llyfr da.

Ieuan Brydydd Hir

461.

Y TYDDYNNWR

Gŵr diddig ar ei dyddyn, – un na ŵyr
    Am fwynhad diogyn;
    Ar ei gae ben bore gwyn,
    A'i adael yn hwyr wedyn.

Myfyr Môn

462.

CLOCH

"Dewch! Dewch!" medd y tafod awchus – o dŵr
    Didaro yr eglwys,
    A'r dyrfa ar waetha'r wŷs
    Yn fyddar dangnefeddus.

Tony Bianchi

463.

GWEDDI'R DIWELLA

Ym mhoenau dall fy nhrallod, – maddau im
    Ddyheu am ollyngdod;
    Cyn dechrau maddau fy mod
    Maddau erfyn am ddarfod.

Gerallt Lloyd Owen

464.

YR HEN GLOC MAWR

Acw o hyd mae'n ticio, – mesurir
    Fy amseroedd ganddo,
    A bu 'nhad, a bu'i dad o,
    A'i hendaid yn ei weindio.

Tom Bowen Jones

465.

GWAITH

Mae i ymdrech ei hiechyd, – i ymlâdd
    Mae ei lwyddiant hefyd,
    Mae i orchwyl hwyl o hyd,
    Mae i waith ei esmwythyd.

Dic Jones

466.

OXFAM

Heb nerth ond nerth y gwanhau sy'n barlys
    Brawychus drwy'u breichiau,
    Heb rym, ond mae'r plantos brau'n
    Sigo'r byd â'u sgerbydau.

Emyr Lewis

467.

DAGRAU

Ein tristáu wna dagrau dyn – o'i wylio'n
    Ei alar; ond wedyn
    Y dwysaf anffodusyn
    Yw'r hwn na all dywallt un.

T. Llew Jones

468.

CASGLIAD

Tipyn bach at yr Achos, – y geiniog
    I gynnau'r marwydos,
  Arian nwy'n goleuo'r nos
  I ddeuddeg yma'n ddiddos.

Tîm Talwrn Abergele

469.

GWEDDILL

Er amled eu rhifedi'n – y byd hwn
    Y bo torf drygioni
  Nid yw'n drech na'r dau neu dri
  A dynn at ddrws daioni.

Tîm Talwrn Crannog

470.

DYHEAD

Na ro faich canys rwyf fychan, – na rhiw
    Canys rwyf mor egwan,
  Ond rho i'm henaid truan
  Awr o nerth canys rwy'n wan.

John Gwilym Jones

471.

CORWYNT

Nid duw bach meddal ei galon – na duw
    Ofn dial ar ddynion
  Yw duw blin yr heldrin hon:
  Hen Dduw yw Duw'r Iddewon.

Tîm Ymryson Beirdd y Byd

472.

TRÊN BACH Y MWMBWLS

Ond y mynd ac nid y modd fu'n ddifyr
    Ac awyr y gwahodd:
  Y ffoi i'r 'os' a'm cyffrôdd,
  Nid rhu y rhuthro trwodd.

Philippa Gibson

473.

PAVAROTTI

Tenor hud tyner ydoedd; – hances wen
    Yn cusanu'r miloedd,
  Ac atynfa'r tyrfaoedd
  Hyd ei aria ola' oedd.

Iwan Rhys

474.

COSB

Gan imi'n fachgen amau y cariad
    mewn cweir, anodd maddau
  yn rhwydd garedigrwydd dau,
  caredigrwydd creu'r dagrau.

Ceri Wyn Jones

475.

ASGWRN CEFN

Y 'Bachgen Doeth' uchod fu'n bodio lwmp
    o glai gan ein mowldio
  ni o laid ar ei ddelw O
  a'n cynnal â'i fecano.

T. Arfon Williams

476.

CRAGEN

Os pell yw cyffro'r foryd ar y silff
    Mewn rhyw seld ddifywyd,
  Y mae aber fy mebyd
  A'r hen fôr ynof o hyd.

Idris Reynolds

477.

DYDDIADUR

Y forwyn ddileferydd – ar eni
    Gwirionedd o'r newydd
  A dry'n sydyn, derfyn dydd,
  Yn fydwraig go dafodrydd.

Idris Reynolds

478.

LLYFR MAWR Y PLANT

Rhwng pladur a blaguryn; rhwng afal
    a'r anghofio sydyn;
    rhwng y gwaed a'r angau gwyn;
    o wynfa i bla: trwch blewyn.

Tony Bianchi

479.

LLYFR MAWR Y PLANT

Yn naear y cenawon – mae'n aeaf,
    Mae newyn am straeon,
    Ond o'r nos oer, daw'r hen Siôn
    A gwenant drwy'r plu gwynion.

Myrddin ap Dafydd

480.

YR AMGUEDDFA LOFAOL

Llewych glân yw llwch y glo, – wyneb oer
    Yr hen bwll yn groeso;
    Yn awr o hyd llenwir o
    Â thawelwch morthwylio.

Donald Evans

481.

DWYLO

Fe'u gwelais efo'i gilydd – yn ymbil
    Ar ambell ddiwedydd,
    A than ben ar obennydd
    Mor annwyl yn disgwyl dydd.

John Penry Jones

482.

BYSEDD CLOC

Fel siswrn, drwy bob diwrnod o'm dyddiau
    mae deuddur-gyfarfod
    ynof fi yn dwyn i fod
    awr fy nherfyn anorfod.

Gerallt Lloyd Owen

483.

DISTAWRWYDD

Ysgafn fel eira'n disgyn yn dawel,
    dawel ar flodeuyn,
    nid oes namyn Duw ei hun
    all glywed esgyll glöyn.

Gerallt Lloyd Owen

484.

TRAETH

Awr gosber y paderau, – lliw arian
    y lloer yn ganhwyllau
    a'u gwêr o ewyn yn gwau
    y don ag afrlladennau.

Iwan Morgan

485.

TRAETH

Wedi i'r cefnfor â'i lori – ar y seit
    Roi y swnd yn llwythi,
    Gyda'u rhaw gerllaw y lli
    Siriol ydyw'r penseiri.

W. J. Arwyn Evans

486.

CLOCH

Rwy'n gaeth ar ei riniog o: y galon
    yn galw amdano,
    ond y bys yn petruso
    wrth roi cam hyd drothwy'r co'.

Tony Bianchi

487.

SIMON WESTON

Rhoed ôl anwar diawlineb, ôl hagrwch
    Taflegryn yn gofeb
    O faen wrth gerfio wyneb
    Y truan hwn fel Tir Neb.

Emrys Roberts

488.

Y DRAFFORDD

Mor wyrdd yw meysydd fy mro, ond fandal
    di-feind a ddaw heibio
    gyda hyn a'i lygad o
    ar gael tir i'w goltario.

T. Arfon Williams

489.

GWASTRAFF

Mae'r ifainc mawr eu hafiaith aeth Gatráeth
    un tro yn llawn gobaith?
    Meirwon ŷnt ac mae'r un waith
    yn drychineb drichanwaith.

T. Arfon Williams

Bro, Cartref a Chynefin

490.

MYNED ADREF

Y gleisiad, difrad yw ef, – o'i ddichwain
　　A ddychwel i'w addef;
　　'Nôl blino'n treiglo pob tref
　　Teg edrych tuag adref.

Llawdden

491.

TŶ TO GWELLT

Dŷ f'hendaid llwyd ei fondo, – a'i glydwch
　　O grefft gwledig ddwylo;
　　Ceid byw diddan dan ei do,
　　A'r heniaith oedd bêr yno.

Eifion Wyn

492.

TYNFA

Ni tharia yn Lloegr noeth oeryn – o beth
　　Byth hwy nag un flwyddyn;
　　Lle macer yr aderyn,
　　Llyna fyth y llwyn a fyn.

Anhysbys

493.

GŴR DEDWYDD

O fôr, o faenor, o fynydd – agos,
　　O eigion aflonydd
　　Y daw Duw ar hyd y dydd
　　Â da i adail y dedwydd.

Anhysbys

494.

DYN A'I GARTREF

Plennais, da gwisgais dew gysgod – o'th gylch
　　Wedi'th gael yn barod;
　　Wele, yr Hendre Waelod,
　　Byddi di, a m'fi heb fod.

Rhisiart Phylip

495.

YR HEN FWTHYN

Hen dŷ fy nhaid! O'i fewn o – nid yw nain
　　Hyd yn hwyr yn pwytho,
　　Ac nid oes dan gawn ei do
　　Na thân na'r heniaith heno.

Anhysbys

496.

BWTHYN NAIN

Bwthyn heb fawr o bethau – a fu'n nef
　　I nain gynt a minnau,
　　A brwyn o gors y bryniau
　　Yno'n do i ni ein dau.

John Rowlands

497.

TŶ TO GWELLT

Â'th frig gwellt a'th furiau can, – ti ydoedd
　　I'n teidiau'n hoff drigfan;
　　Hen fwth eu hatgof weithian,
　　A hwy yn llwch yn y llan.

George Rees

498.

YR HEN GARTREF

Gweld 'deryn gwyllt, gweld derwen gam, – gweld mawn,
　　A gweld môr yn wenfflam;
　　Gweled brwyn ar dwyn dinam,
　　A gweled mwg aelwyd mam.

J. J. Williams

499.

Y LLWYBR TROED

Rwy'n hen a chloff, ond hoffwn – am unwaith
　　Gael myned, pe medrwn,
　　I'm bro, a rhodio ar 'iwn;
　　Rhodio, lle gynt y rhedwn!

J. T. Jones

500.

Y DRWS

Ar golfach, hen gaer gelfydd – y trothwy,
　　Tyr waethaf ystormydd;
　　I'r dihyder, hyder rydd,
　　A chlydwch i aelwydydd.

Bob Edwards

501.

CARREG YR AELWYD

Bu ddiflin y penlinio – arni hi,
　　A'r hen iaith yn tario;
　　Mae haen o galch balch lle bo,
　　A mawnen yn fflam yno.

Isylog

502.

CARREG YR AELWYD

Carreg ateb clych mebyd, – a'i gorfod
　　Yn fagwrfa bywyd;
　　Dihafal sylfaen deufyd,
　　A maen clo pob cymun clyd.

E. Llwyd Williams

503.

YR AELWYD

Arni f'angor mewn stormydd – a fwriaf
　　Fore a phrynhawnddydd;
　　Allor serch ar ei llawr sydd,
　　A chariad yw ei cheyrydd.

Alun Jones

504.

Y BWTHYN

Tlodi fu'n pensaernïo – ei gynllun,
　　Ac unllawr roed iddo,
　　Ond llanwyd ei aelwyd o
　　Â grasol gywir groeso.

Huw Rowlands

505.

YR AELWYD

Hyfrydle pob afradlon – yw aelwyd,
　　Yng nghiliau atgofion;
　　Yn nydd cywilydd calon
　　Eirias o hyd croeso hon.

H. Ll. W. Huws

506.

CROESO

Chwi ranasoch eich lloches – nos y lluwch
　　Â gwas llesg ei fynwes;
　　Cefais dan do groeso gwres
　　Eigionau'r galon gynnes.

Ifan Rowlands

507.

YR AELWYD

Man y clydwch mewn caledi – a serch
　　Yn sail gadarn iddi;
　　Llawen ddau a'i lluniodd hi,
　　Rhwymau einioes yw'r meini.

T. Llew Jones

508.

CYNEFIN

Hen wynebau rwy'n 'nabod, – hen bennill
　　Neu bennod rwy'n wybod,
　　Hen arfer sydd heb ddarfod,
　　A'r hen dir o'r lle'r wy'n dod.

John Eric Hughes

509.

HEN LWYBR

O luwch trist, o lewych tref, – arweinia
　　Bererinion tangnef;
　　O ffridd a niwl, ffordd i nef,
　　I ddeudroed, y ffordd adref.

G. O. Jones

510.

SARN

Unwaith yn fachgen heini – heb un ofn,
    Heb un ias awn drosti;
    Tan bwn henoed rhaid oedi:
    O faen i faen yr af fi.

Gruffydd Griffiths

511.

DYMUNIAD HENWR

Am unwaith tremio ennyd – i fwthyn
    Afieithus borefyd,
    A gweld ei aelwyd i gyd
    Yn olau gan f'anwylyd.

Derwyn Jones

512.

Y TŶ HAF

Yn ein bro Afallon braf – ariannog
    Estroniaid fynychaf,
    A'i ddôr ar agor yr haf
    Ond ar gau drwy y gaeaf.

Alun Jones

513.

TŶ HAF

Tlodi balch a wyngalchwyd – yn fodern,
    A gwyn fyd a gollwyd:
    Er graen lliw mae'r gorau'n llwyd,
    Gŵr Eingl sydd dan y gronglwyd.

Tîm Ymryson y Beirdd Powys

514.

PISTYLL

Bu nain, a bu nain honno, – â'i phiser
    Hen ffasiwn o dano;
    Er rhoi fel hyn er cyn co',
    Rhed ataf yn rhad eto.

William Roberts

515.

LLETY'R CRWYDRYN

Tyddyn heb wraig tŷ iddo, – a hen dwlc
    Heb dalcen na bondo;
    Llwyth o sarn heb ben arno,
    A bôn y clawdd heb un clo.

Afanfardd

516.

SIOP Y PENTRE

Llethwyd y silff, llwythwyd sach, – emporiwm
    Parod i bob masnach;
    Enwog warws hen geriach,
    Pantri bwyd y pentre bach.

O. M. Lloyd

517.

NEUADD GOFFA MYNYTHO

Adeiladwyd gan Dlodi, – nid cerrig
    Ond cariad yw'r meini;
    Cydernes yw'r coed arni,
    Cyd-ddyheu a'i cododd hi.

R. Williams Parry

518.

Y BEDOL
(*Papur Bro Dyffryn Clwyd*)

At angen cloffni'r heniaith – hon dynnwyd
    O dân gefail gobaith,
    Ac fe hoelia'r gof eilwaith
    Ei haearn hi i'r hen iaith.

Ifor Roberts

❧

LLYS IFOR HAEL

519.

Llys Ifor Hael, gwael yw'r gwedd, – yn garnau
    Mewn gwerni mae'n gorwedd;
    Drain ac ysgall mall a'i medd,
    Mieri lle bu mawredd.

520.

Yno nid oes awenydd, – na beirddion,
　Na byrddau llawenydd,
　Nac aur yn ei magwyrydd,
　Na mael, na gŵr hael a'i rhydd.

521.

I Ddafydd gelfydd ei gân – oer ofid
　Roi Ifor mewn graean;
　Y llwybrau gynt lle bu'r gân
　Yw lleoedd y dylluan.

522.

Er bri arglwyddi byr glod, – eu mawredd
　A'u muriau sy'n darfod;
　Lle rhyfedd i falchedd fod
　Yw teiau yn y tywod.

Ieuan Brydydd Hir

∾

ADFEILION PLAS FFYNNON BEDR

523.

'Does gofio heno hanes – y Ffynnon,
　Na'i ffyniant na'i mawrlles;
　Bu frwd haf, bu hyfryd des,
　Mawrhydri yma a rhodres.

524.

Gwleddai tra parai; purwin, – fyth yno
　'Gâi ffrydio'n gyffredin;
　Och! o'r gell mwy ni cheir gwin,
　Na chog o fewn ei chegin.

525.

Taw cainc yr ifainc wyryfon, – miwsig
　A maswedd y meibion;
　Ni rodia mwyn gariadon
　Na merch mwy'n y llannerch lon.

526.

Yno'n awr 'does delynorion, – na thant
　Na thiwn na chantorion
　Hoff boddus, na phibyddion,
　Na mwynder y dyner dôn.

527.

I'r llwch aeth pan daeth ei dydd, – a darfu
　Ei dirfawr lawenydd;
　Y dylluan fudan fydd
　Yn gori'n ei magwyrydd.

528.

Troir ei chain lydain aelwydau – 'n erddi
　A gwyrddion weirgloddiau;
　A mynych yr ych o'r iau
　'Bawr lawr ei gwych barlyrau.

David Davis

∾

FFARWÉL I HENDRE FECHAN

529.

Yn iach, gyfrinach y gân, – wych iawndrefn,
　Yn iach, Hendre Fechan;
　A'r llyfrau cerdd, loywgerdd lân,
　I chwithau, yn iach weithian.

530.

Cefais dŷ i gysgu, yn gysgod – i fyw,
　Cefais fwyd a diod,
　A'm hannedd hyd fedd i fod,
　A thân (bendith Dduw!) ynod.

531.

Yn lle fy Hendre hyndriol – a'r boen
　Yma i'r byd daearol,
　Mi gaf hendref, wlad nefol,
　Gan Dduw nef, ac ni ddo' i'n ôl.

532.

Ffarwél goed, glasgoed glwysgerdd – mân adar,
　Mwyn odiaeth gywirgerdd;
　Ffarwél, bob llwyn cadwyngerdd,
　Y llwybrau i gyd lle bu'r gerdd.

Wiliam Phylip

533.

CASTELL DINAS BRÂN

Englyn a thelyn a thant – a'r gwleddoedd
 Arglwyddawl ddarfuant;
 Lle bu bonedd Gwynedd gant,
 Adar nos a deyrnasant.

Taliesin o Eifion

534.

HEN DŶ

Muriau chwâl ac anialwch, – wedi mynd
 Y mae pob rhyw degwch –
 Y tân hwyr a'r tynerwch
 A'r llaw a fu'n 'sgubo'r llwch.

Alun Jones

535.

HEN FWTHYN

Rhiniog dan glwm y dreiniach, – a'i denant
 Ydyw'r danadl bellach;
 Nenbrennau yn y brwynach,
 A thŷ byw yn dwmpath bach.

T. Llew Jones

536.

HEN EFAIL

Y gêr tan rwd seguryd – a'r taw hir
 Lle bu'r taro diwyd;
 A wêl fwth ac efail fud
 A wêl fedd hen gelfyddyd.

Tîm Ymryson y Beirdd Sir Aberteifi

537.

Y MURDDUN

Hen breswyl annwyl unwaith, – a'i aelwyd
 Heddiw'n olion anrhaith;
 Ni ddaw dyn iddo o'i daith
 Na'r elor i'w ddôr eilwaith.

Robert Richard Thomas

538.

Y TŶ GWAG

Yn y cof, er dy wacáu, – hen dŷ mam,
 A'th du mewn yn ddrylliau;
 Fe erys rhwng dy furiau
 Ochenaid serch i'n dwysáu.

Llyfni Huws

539.

YR HEN DŶ

Mae hen dŷ ym min y don – ar lannau
 Cymru lonydd weithion,
 A'i nen ar lawr yr awr hon,
 A'i loriau yn falurion.

Sarnicol

540.

Y MURDDUN

Er mai dail yw gwrym ei do, – ac i'r drain
 Gau'r drws nad yw yno,
 Mae un gŵr â min ei go'
 Yn cael ias o'i dacluso.

Gerallt Lloyd Owen

541.

YR ADFAIL

Tyddyn heb denant iddo, – a'r eiddew
 Yn nadreddu drosto,
 Danadl yn cloi amdano,
 A drain lle bu'i ffenestr o.

Anhysbys

❧

YR HEN GWM
(Adeg ei Goedwigo)

542.

Im caled gweld Cwm Cilie – a dim crydd,
 Dim crefft nac anheddle,
 Na llais i'w glywed drwy'r lle
 Weithian ond afon Bothe.

543.

Aeth yr hen weithwyr onest – i orwedd,
  Ac aeth arall orchest
Lawr i le'r wennol a'r lest,
A'u hoff erwau sy'n fforest.

544.

Bu gwŷr difyr a dyfal – â'u miniog
  Grymanau amryfal
Yn cymhennu'r cwm anial
A thanio tw'r eithin tal.

545.

Dim ond coed o Droed-y-rhiw, – y tir wast
  Hyd drum Cwm Coch heddiw,
A'r cyrrau oll lle bu'r criw –
Môr o olud amryliw.

546.

A thros war y llethrau sâl – lle unwaith
  Bu'r llwynog yn cipial,
Tyfiant o goed dihafal
Yn rhesi hir dros ei wâl.

547.

A'r Fron Fain lle'r oedd dreiniach – a rhedyn
  Yn bridio 'mhob cilfach,
O ben i ben yng Nghwm Bach
Mae ieuanc goed ffwr mwyach.

548.

Mynd ni wnaf wedi'r hafog – yma mwy
  I ymweld â ch'mydog,
Na hela ar nawn heulog
Â Moss y ci yng Nghwm-sgôg.

Alun Jones

549.

YR HEN EGLWYS

Treisiwyd ei heirdd fwtresi, – ar y llawr
  Y mae'r llyfn bileri;
A lle'r oedd ei hallor hi
Mae iorwg a mieri.

John Jones

550.

HEN GAPEL

Emyn na chri gweddïau – ni ddaw mwy
  Oddi mewn i'w furiau,
A'r drws lle rhoed yr iasau
I'n tadau gynt wedi'i gau.

H. Meirion Huws

551.

HEN GAPEL

Hen le plaen, annwyl y plwy' – heb wres hwyl,
  Lle bu'r saint yn tramwy;
Oer weithian ei lwyd drothwy –
Man y mawl heb amen mwy.

Tîm Ymryson y Beirdd Sir Aberteifi

552.

HEN GAPEL

Mae sawr yr hen amserau – yn oeraidd
  Dario rhwng y seddau,
Er myned o'r amenau
Dros hir go', a'r drws ar gau.

Tîm Ymryson y Beirdd Sir Gaerfyrddin

553.

CAU CAPEL TREGEIRIOG
(*Mai 25, 2003*)

Dros waun a ffridd aed iddo, – a thrwy rew,
  Wrth reddf, yr aed ato,
Yna rhag ei sarhau o
Yn dyner aed ohono.

Eurig Salisbury

554.

HEN GAPEL
(*ar ôl ei werthu i Sais*)

'Fe'i try yn fwyty,' yw'r farn, – 'o rhoddir
  Trwydded, fe'i gwna'n dafarn.'
Mae'n hen adeilad cadarn,
Seiliau ein ffydd sydd yn sarn.

T. Llew Jones

555.

MÔN

Troi i gist y tir gwastad, – anwesu
  Trysor ein traddodiad,
A'n hiaith yn allwedd parhad
Y Co' o dan y caead.

Cyril Jones

MÔN

556.

Goror deg ar war y don, – hafan gynt
  A fu'n gaer i'w glewion.
Nawdd roddes i Dderwyddon,
Mae eu llwch yn heddwch hon.

557.

Hon a fu'n dywyll unig, – ond o'i phoen
  Y dôi ffydd a miwsig.
Hedd a dardd lle cerddai dig
Hen oesoedd drwy'r ynysig.

558.

Ynysig a'i thir isel – yn ir oll
  Dan yr haul a'r awel.
O'i mewn y mae im win a mêl
Y bywyd diwyd tawel.

559.

Tawel ei gorwel a'i gwaith, – a thawel
  Yw ei theios glanwaith.
Llawn hoen ei llannau uniaith,
Gwerin hoff a gâr ein hiaith.

560.

Iaith hon a'i chyfoeth inni – a rannodd
  Goronwy o'i dlodi.
Adwaen hud ei hawen hi,
Hud awen na fyn dewi.

561.

Tewi ni bydd ton y bau – i'r Iesu,
  Na thraserch ei seintiau.
Pwy fel meibion Môn am hau
Ei wirionedd ar fryniau?

562.

Bryniau mân, bron a maenor, – llwybrau llon
  Lle bu'r llys a'r allor.
Anwylach man ni ylch môr
Iwerydd na'r gain oror.

William Morris

CWM DYLI

563.

Gedais ruthr byd, ac oedi – am ennyd
  Ym mynwes Eryri.
Uwch ei sŵn diolchais i
Am dawelwch Cwm Dyli.

564.

Natur yno'n tirioni – ar y geillt,
  Rhywiog oedd ei cherddi.
A garo'i gwledd, a'i hedd hi,
Aed i olwg Cwm Dyli.

565.

Porai ŵyn hyd y twyni – lle bu'r hydd,
  Lle bu rhwysg hen gewri.
O graig i graig nid oedd gri
Na dolef yng Nghwm Dyli.

566.

Hyd riwiau serth crwydrais i, – mwynhau tro
  Man y trig gwŷr heini.
Gwylio gwaith bugail a'i gi
A'm daliodd yng Nghwm Dyli.

567.

Hirnant a'r heulwen arni, – niwl nid oedd
  Hyd lyn, dôl, na pherthi,
Mwy nad oedd i'm henaid i
Un dolur yng Nghwm Dyli.

568.

Yng ngrug a brwyn clogwyni – arhoais,
  A rhaeadr yn genlli.
I galon lesg fel glân li
Dôi awelon Cwm Dyli.

569.

Mynych f'atgof o brofi – haf a'i rin
   Hyd fronnydd Eryri,
   Ond o'i holl gymydau hi
   Mwy hudolus Cwm Dyli.

570.

Duw a'i fawredd mewn gweddi, – o cheisiaf,
   A chysegr i'w foli,
   A byd ymhell, boed i mi
   Dalar yn hedd Cwm Dyli.

William Morris

571.

GERDDI BLUOG

Arafaf! Hud canrifoedd – sy'n y lle,
   A sŵn llif aberoedd;
   I Brys, ar lwybr yr oesoedd,
   Colofn yw, cêl hafan oedd.

R. H. Gruffydd

572.

YR ARDD

Cyfri'r wermod yn flodyn, – dyna fu
   Eden fach y bwthyn:
   Ffei roddi ar ei phriddyn
   Ryw baun o haf erbyn hyn.

Tommy Price

573.

TALGARREG

Fy hoff hendref o ffeindrwydd, – a hen le
   A'i lond o serchowgrwydd;
   Pentref cu'r cyd-rannu rhwydd,
   A phentref diffuantrwydd.

Donald Evans

574.

LLANUWCHLLYN

*(a enillodd y gystadleuaeth 'Bwrlwm Bro' yn
Eisteddfod Genedlaethol Bro Myrddin, 1974, fel
y pentref mwyaf diwylliedig yng Nghymru)*

Yn Oes Aur dy benseiri, – ail Eidal
   Wledig y Dadeni,
   Rhaid oedd dy wobrwyo di –
   Wyt Rufain y pentrefi.

Alan Llwyd

575.

Y PRESELAU

Daear rhamant a garw drumau, – cwmwd
   Y comin a'r creigiau;
   I'n cenedl, tir ei chwedlau,
   Anial fyd yr hen helfâu.

Tomi Evans

576.

TAWELWCH CWM DYLI

Dueddau bras, a gwledydd bri! – bardd,
   Uwch bost eitha'ch mawrfri,
   Rydd eich holl fawreddau chwi
   Am dawelwch Cwm Dyli.

Isaled

577.

HEN AELWYD

Oer ei hiniog, er hynny – y galon
   A'i gwêl sy'n cyflymu;
   A deil o hyd i deulu
   Ryw ias fer o oes a fu.

Derwyn Jones

578.

EDEYRNION

Edrycher! Dacw'r Berwyn, – ac eilchwyl
   Y cylch ar Gaer Drewyn;
   A dyna Ddyfrdwy danyn',
   Ac O! … dyma'r Pentre Gwyn …

R. Ithel Williams

579.

TIR LLŶN

Rhoes inni'n rhwydd bob blwyddyn – ddigymar
    Gynhaea' rhag newyn;
  Gwyliwch rhag ofn i'r gelyn
  Wneud erwau llwm o dir Llŷn.

Tom Bowen Jones

580.

LLŶN

Heulwen ar hyd y glennydd – a haul hwyr
    A'i liw ar y mynydd;
  Felly Llŷn ar derfyn dydd,
  Lle i enaid gael llonydd.

J. Glyn Davies

581.

DRWY'R FFENEST

Drwy'r rhew ar y ffenest yr aeth – fy llef,
    A Llŷn yn ddrychiolaeth
  O dan y niwl, ond ni wnaeth
  Un wennol o wahaniaeth.

Twm Morys

582.

GOFUNED

Llunied eraill, yn dirion, – i gyrrau
    A garant ganeuon;
  Rhowch i mi lannerch ym Môn,
  Neu dir Eryri'r awron.

William Morris

583.

CORS CARON

Hen fan gwael yn fawn i gyd, – a hen waun
    Heb hwsmonaeth ddiwyd;
  Ni ŵyr hon am lesni'r ŷd
  Na su gwair dros ei gweryd.

Tîm Ymryson y Beirdd o'r Deau

584.

CWM ELERI

Mor brydferth yw dy berthi – i minnau,
    Gwm annwyl Eleri!
  Caraf dy fwyn aceri
  A thrydar dy adar di.

Huw Huws

585.

MEIRIONNYDD

Bywiol Eden y blodau, – bro y mêl,
    Bro mill a phwysïau;
  Bro llawn cnwd, bro llwyni cnau,
  A bro annwyl y bryniau.

Ioan Machreth

586.

Y GANLLWYD

Bro yn ail mewn bri ni welwyd – erioed,
    O'r Eidal i Fallwyd,
  Na Ffrainc lân, na Dyffryn Clwyd,
  Nac unlle fel y Ganllwyd.

Ioan Glan Menai

587.

MYNYDD TAL-Y-LLYN

Mynydd yr oerwynt miniog – a diddos
    Hen dyddyn y fawnog,
  Lle'r oedd sglein ar bob ceiniog
  A 'nhaid o'r llaid yn dwyn llog.

Huw T. Edwards

588.

LLAWENYDD

Dwyn i gof fy Eden gynt – a chlywed
    Uchlaw twrw'r pelmynt
  Bryfed anwel â'u helynt,
  Sŵn gwair yn suo'n y gwynt.

Rhys Dafis

589.

FFAIR RHOS

Ni luniwyd unlle'n lanach – o ru'r byd,
　　Goror beirdd yw mwyach;
　Yn nhir mwnwr a mynach,
　Dihareb o bentre' bach.

Dafydd Jones

590.

SGWÂR Y PENTREF

Heddiw awn draw'n ddau neu dri yn yr haul,
　　yn yr un hen gwmni
　i liwio'r un hen stori,
　ond 'all neb ein deall ni.

Tudur Dylan Jones

591.

I GYFARCH EISTEDDFOD Y WLADFA

AR EI CHANMLWYDDIANT

Er ei dwyn i eitha'r De – i gwm rhwth,
　　Try'r Gymraeg ei greigle
　A'i berthi noeth yn borth ne':
　Troi'r paith yn gartre'r Pethe.

Gwynn ap Gwilym

592.

CYNEFIN

I hen dre' a'i bae'n drewi, – i'w siopau
　　di-siâp, i fudreddi
　ei photel a'i graffiti,
　adref o hyd yr af fi.

Meirion MacIntyre Huws

Bywyd

593.

BYWYD

Mal llong yr ymollyngais – i fôr byd,
    Dros ei ferw byw hwyliais;
    Ni ellir gweld, er llwyr gais,
    Fy ôl y ffordd drafaeliais.

Ieuan Glan Geirionydd

594.

BYR EINIOES

Fel ffug ar gil fy haul ffoes, – hwyrhaodd
    Fy nhruan ddydd eisoes:
    Mor fuan daw nawn einioes –
    Rhyw awr fer yw'r hwyaf oes.

Gwilym Eryri

595.

BYWYD

Grym einioes yw ei chroesau, – a daw rhin
    O drywaniad poenau;
    Da yw her gorthrymderau,
    Golud oes yw'r galed iau.

J. M. Edwards

596.

EINIOES

Sŵn myngus, hoen ymwingo, – ac araf
    Ond gwrol ymbwyllo;
    Rhyw drwst a rhwyg mawr dros dro,
    Yna'r mud oer ymado.

W. Roger Hughes

597.

GOBAITH DIBROFIAD

Bore oes – O! mor brysur – y gwibia
    Gobaith ar ei antur:
    Canai lai pe gwelai gur
    Y blodau dan y bladur.

Elfed

598.

NEWID BYD

Digonwyd fi ar deganau – y byd;
    Aed ei barch ac yntau
    I ryw ddyn a gâr y ddau,
    Mynwent a nef i minnau.

Dewi Dinorwig

599.

BYRDER EINIOES

Marw a wna'r carw yn y coed, – a marw
    Wna morwyn ysgafndroed;
    Marw pawb, marw poboed,
    Marw'r hyna' a'r ie'nga' 'rioed.

Anhysbys

❧

UN NAWS Â DAIL EINIOES DYN

600.

Mal blodeuyn gwyn teg wawr – yn gwywo
    Dan y gawod bwysfawr,
    Nid yw einioes ond unawr,
    Na dyn i barhau ond awr.

601.

Gwyfyn i'w ebargofi – ydyw dyn;
    Hyd ei daith ond gwegi:
    Nid oes braidd einioes inni,
    Awr yw'n hoes – na wariwn hi!

Robert ap Gwilym Ddu

602.

CYFLYMDER OES

Mae awr yn hwy na 'merroes, – O! fy Iôr,
    Fyrred yw y freuoes!
    Diau munud yw'm heinioes,
    Ar aden mellten mae'm hoes.

Dewi Havhesp

603.

CYFLYMDER EINIOES

Oriau amserau y sydd, – diamau,
    Yn mynd ymaith beunydd;
  Einioes y dyn nos a dydd
  Yn ddiorfod a dderfydd.

Wiliam Llŷn

604.

CYFLYMDER BYWYD

O'r golwg fel niwl ar gilio, – diddim
    Mae'n dyddiau'n dirywio:
  Ânt tebyg i wynt heibio,
  Neu lithrad dŵr ar lethr to.

Eos Iâl

605.

BRYS

I beth y rhuthrwn drwy'r byd? – Gwirion yw
    Gyrru'n wyllt drwy fywyd.
  Daw blino brysio ryw bryd
  A daw sefyll disyfyd.

O. M. Lloyd

606.

BYRDER EINIOES

Buan y cilia bywyd, – a'i dynged
    Yw angau 'mhen ennyd;
  Amser a rydd i'r gweryd
  Ddeiliaid y bedd led y byd.

S. B. Jones

607.

AR FFO

Naw wfft i droeon ein hynt, – oriau coll
    Ydyw'r cwbl ohonynt –
  Dyddiau a geiriau fel gwynt,
  Rhyw ffwdan ar ffo ydynt.

Brinley Richards

608.

DIWEDD BLWYDDYN

Main edau pob munudyn – o'n heinioes,
    Daw henaint i'n canlyn;
  Mor rhwydd yr aeth y flwyddyn,
  Mor frau ydyw dyddiau dyn.

Owen Parry Owen

609.

EILIAD

Ym môr amser diferyn – yw eiliad
    O'r hylif diderfyn;
  Llam amrant, lleia' mymryn,
  Ond ow'r pris! Nid aur a'i pryn.

O. Pierce Roberts

610.

'GAN BRYNU'R AMSER . . .'

A ŵyr gyflymdra'r oriau – a ŵyr werth
    Parhad y munudau;
  Fe ŵyr hwn, hefyd, fawrhau
  Y goludog eiliadau.

Derwyn Jones

611.

AMSER

Os wyf, pan syllwyf ar sêr, – yn ddyn rhydd
    Yn yr awr ddiamser,
  Nid wyf ond ysbaid o wêr,
  Nid wyf ond ennyd ofer.

Gerallt Lloyd Owen

612.

SŴN Y BYD

Mae lleisiau nodau annedwydd – eto
    Yn ateb ei gilydd;
  Rhyfeddod syndod y sydd
  Na flinai'r sŵn aflonydd.

Lewis Edwards

613.

OFEREDD

Treuliais a gefais o gyfoeth, – anfuddiol,
 Heb feddwl am drannoeth;
 Cefais am warío cyfoeth
 Ddeulin a phenelin noeth.

Anhysbys

614.

BLODEUYN Y GLASWELLTYN

Un byr ei oes, brau o hyd – yw'n uno
 Henaint ac ieuenctyd:
 Mewn galar rhybuddia'r byd
 Nad yw einioes ond ennyd.

Gwilym ap Lleision

615.

AR FÔR

Ar fôr yr ydym, hwyr fradwyr – truain,
 Yn treio ein bywyd,
 Mewn tonnau, poenau penyd –
 Gwae ni ein boddi'n y byd.

Huw Llifon

616.

NI DDAW I NEB DDOE YN ÔL

Er arian, ac er eiriol, – er wylo,
 Er alaeth beunyddiol,
 Er gweddi yn dragwyddol,
 Ni ddaw i neb ddoe yn ôl.

Anhysbys

Y BARDD YN DRIGAIN OED

617.

Aeth blodau dyddiau dedwyddion – drosodd,
 Dryswyd fy nghysuron;
 Mae pob lle o'm pabell hon
 Yn waeth o lawer weithion.

618.

Bore o haf byr ei hynt – fu 'nyddiau;
 Fwyneiddied eu helynt!
 Heini bob dydd ohonynt
 Y down ac awn fel dyn gynt.

619.

Llawn drigain gywrain a'u gwarant – heb ludd
 O'm blwyddau hedasant;
 Fel y niwl o afael nant
 Y dison ymadawsant.

620.

O bu'n wan faban unwaith, – y gwychaf
 Wrth gychwyn i ymdaith,
 E dry'r dyn draw ar y daith
 I boen wael maban eilwaith.

621.

Ac i'r ffon yr ymfodlonwyf – bellach,
 A chan bwyll yr elwyf;
 Blino wrth rodio'r ydwyf,
 Llusgo ar ôl, llesgáu'r wyf.

622.

Ugeiniau ym mro Gwynedd, – mae cofion
 O'm cyfoed sy'n gorwedd,
 A ddodwyd yn ddiadwedd,
 Druain bach, draw yn y bedd.

623.

Myned sydd raid i minnau – drwy wendid
 I'r undaith â'm tadau;
 Mae 'mlinion, hwyrion oriau,
 A'm nos hir yn ymnesáu.

624.

Henffych wlad i rad rodio, – a mwynaf
 Man i gael gorffwyso;
 Blinder, gorthrymder na thro
 Ni bydd un, na bedd, yno.

Robert ap Gwilym Ddu

625.

TYNGED DYN

Yn wan, yn fychan, fuchedd – noeth, anardd,
    Y'th enir yn fudredd;
    Yn noeth fud, yn wan i'th fedd,
    Dyn, er da, dyna'r diwedd.

Anhysbys

626.

DIWEDD DYN

Yn noeth, heb gyfoeth i gyd, – y daethom
    I deithio daearfyd;
    Hafal awn yn ôl hefyd,
    Bawb un wedd, i'r bedd o'r byd.

Anhysbys

627.

GENI A MARW

Noeth, bychan a gwan y genir – dyn byw,
    Dyna beth sydd eirwir;
    A gwan a noeth, gwn yn wir,
    A diddim y diweddir.

Anhysbys

628.

HENAINT

Cau'r drws a madws ymwadu – â'r byd
    Er bod pawb i'm helpu;
    Nesnes beunydd yw'r dydd du,
    A'r henaint a ŵyr hynny.

Huw Llifon

629.

HENAINT

Nid yw'r egni dirwgnach, – ysig ŵr,
    Yn f'esgeiriau bellach;
    Rhaid i mi rodio mwyach
    Dwyni'r byd yn ara' bach.

J. J. Williams

630.

HENAINT

Drwy ddiwydrwydd y ddeudroed – y cerddais,
    Nes cwrddyd â'r trithroed:
    Ar ôl dydd y trydydd troed
    Daw hurtrwydd a phedwartroed.

Owen Gethin Jones

631.

CWSG YR HEN ŴR

Er mor drwm yw ar ei droed, – ni ŵyr mwy
    Hun drom, hir ei faboed;
    Mor ysgawn yw'r gwawn ar goed –
    Ysgawnach yw cwsg henoed.

Sarnicol

❧

HEN GENADWRI

632.

Fy ngwallt! Ysbeiliaist fy ngwên; – blin yw gweld
    Blewyn gwyn fy nhalcen.
    Bûm yn llanc ieuanc llawen,
    Ond yn awr rhaid mynd yn hen.

633.

Daw rhagor. Mae'n darogan – ar fy mhen
    Rif fy mhoenau weithian.
    I'm cnwd gwallt mae cennad gan
    Hwnnw ni ddaw ei hunan.

634.

Fe ddaw'r edafedd arian – ry henaint
    I'm llwyr wynnu'n fuan.
    A fu erioed fel y frân
    A welir fel yr wylan.

William Morris

635.

YR HENWR YSGAFNDROED

Heini yn nyddiau henoed – ydoedd ef,
   Di-ddal ar ei ddeudroed;
   Roedd fel yr awel erioed
   Yn gefndrwm ac ysgafndroed.

Anhysbys

636.

HENAINT

'Henaint ni ddaw ei hunan', – yn dilyn
   Mae'i deulu anniddan;
   Y war grom mal gŵyr gryman,
   A mil o gamau mân, mân.

Ellis Owen

637.

HENEIDDIO

Diau irder ei bedwardeg – i ddyn
   A ddaw fel ar redeg;
   Unwaith y daw i saith deg
   Ofer chwennych fawr 'chwaneg.

Derlwyn

638.

I OFYN AM FFON

*(Gan Syr Robert Williames Vaughan,
Nannau, dros Evan Williams, hen
geidwad y ceirw ym Mharc Nannau)*

Bûm ieuanc ddidranc ar ddeudroed: – curais
   Eich ceirw pedwartroed:
   Tramawr ddiffygiol trymoed –
   Tra dydd trwm, rhaid trydydd troed.

Dewi Wnion

639.

HENAINT

Gwenieithiwr miniog, noethwedd – yw henaint,
   A gwanwr diddiwedd;
   Hen bry' am dynnu dannedd,
   A gŵr balch o agor bedd.

Anhysbys

640.

HENAINT

Ar wib, mor ddiarwybod – y daw'r main
   Wedi'r mêl a'r wermod;
   Ddoe yn dirf, heddiw'n darfod,
   A thorf 'hen daith' ar fin dod.

H. Meirion Huws

641.

HENAINT

Gwêl haint, gwêl henaint, gwêl hyn, – bechadur,
   Baich ydyw i'th ganlyn:
   Troes fel llwydrew dy flewyn;
   Oer y gwaed – naws eira gwyn.

Tomas Llywelyn

642.

HENAINT

Drwg yw braint henaint, nid heini – dwysgorff:
   Disgyn mewn diogi;
   Pan gollo ffrwyth dy wythi
   Ni cherir, nid ofnir di.

Anhysbys

643.

YMDDEOL

Cam yn ôl i'r comin yw, – wynebu
   Anobaith dynolryw;
   Oer fin y bedd, terfyn byw,
   Nos Sadwrn einioes ydyw.

Ben Davies

644.

HENAINT

'Henaint ni ddaw ei hunan'; – daw ag och
   Gydag ef a chwynfan,
   Ac anhunedd maith weithian,
   A huno maith yn y man.

John Morris-Jones

645.

HENAINT

Hen ŵr wyf yn arafu – ar fy nhaith,
    Terfyn hon sy'n nesu:
      Af i fyw o'r nef a fu
    I nef arall yfory.

J. O. Jones

646.

HEN A BYDDAR

Gwae'r gwan dan oedran; nid edrych, – ni chwardd,
    Ni cherdda led y rhych;
    Gwae ni wŷl yn gynilwych,
    Gwae ni chlyw organ a chlych.

Guto'r Glyn

647.

LLESGEDD

Aeth henaint â'm braint, a'm brig – a lwydodd,
    A'm haelodau'n ysig:
    Diffaith fydd pren gwyrennig
    Yn y fron pan grino'i frig.

Anhysbys

648.

TWF DYN

Y maban yn wan unwaith– y genir,
    Ac yna i dwf perffaith;
    Ban êl yn faban eilwaith,
    Buan daw i ben y daith.

Edmwnd Prys

649.

TYNGED Y CYBYDD

Ai rhydd i gybydd ymgeibiaw – â mawredd
    Heb ymwared ynddaw?
    Echdoe'r oedd uchder iddaw,
    A doe'n y rhych dan y rhaw.

Anhysbys

ANOBAITH

650.

O ddrws Duw i ddyrys daith – yr euthum
    Lle'm brathodd Anobaith;
    Gwybûm dlodi ffordd ddiffaith
    A niwl mawr yr anial maith.

651.

O! dirion Dad, arwain Di – fy enaid
    I'th fwynaf oleuni;
    Rho heulwen bro fy ngeni
    O'r niwl mawr yn ôl i mi.

Dewi Emrys

652.

GOBAITH

Er y curo a'r corwynt, – er y niwl,
    Er y nos ar f'emrynt,
    Hyderaf y caf, fel cynt,
    Weld yr haul wedi'r helynt.

Elfyn

653.

ANSICRWYDD

Gall gŵr fod neithiwr yn iach, – y bore
    Heb arwydd amgenach,
    Yfory'n annifyrrach,
    Drennydd ar obennydd bach.

Anhysbys

654.

OFNAU

Ofni anghlod dinodedd, – yna poen,
    Ofn pinacl anrhydedd;
    Ofni anaf anhunedd,
    Ofni byw, ac ofn y bedd.

Dewi Mawrth

655.

TANGNEFEDD

Ym merw y byd mae awr bêr – i wyliwr,
    Awr chwalu trais Amser;
    Awr y swyn pan losgo'r sêr
    Edefyn y cnawd ofer.

Dewi Emrys

656.

DEDWYDDWCH

Cael llonydd mewn cell unig – yn fy nydd
    Yw fy nef arbennig;
    Byw yn dda, heb neb yn ddig,
    Na noddi dim anniddig.

Owain Gwyrfai

657.

PE GALLWN

O huodledd y dadlau – ac o sŵn
    Casineb cynhennau
    Awn i ryw bur, dyner bau –
    Pell o gyrraedd pwyllgorau.

J. J. Williams

658.

GOBAITH

Nid yw'r gaea'n dragywydd, – daw yr haf
    Wedi'r holl ystormydd;
    Nac ofnwn; rhodiwn yn rhydd,
    Yn llaw Duw mae'n holl dywydd.

Tryfanwy

659.

YNGHANOL BYWYD

Yn hen, neu'n blentyn heini, – yn dy nerth,
    Neu dan iau musgrellni,
    Ni rydd neb arwydd i ni
    O'r rhyw fodd y darfyddi.

W. Leslie Richards

Y CRWYDRYN

660.

Anwydog grwydryn ydoedd, – a'i wên fwyn
    Yn falm i laweroedd.
    Yn ei gwymp, bonheddig oedd,
    Was anafus y nefoedd.

661.

Aed o'i drallod a'i dlodi – i yfed
    Nefoedd plant trueni;
    Distawaf, ni farnaf i,
    Duw a ŵyr ei bryderi.

Dewi Emrys

662.

CWRS BYWYD

Rhaid i fab, o rhodia fyd, – gwrs ifanc,
    Groesawu pob adfyd,
    A bod yn llawen ennyd
    Gwedi darffo gantho i gyd.

Anhysbys

663.

DU A GWYN

'Da a bai ydyw bywyd', – camp a rhemp,
    Cwymp o rwysg a gwynfyd:
    Rhwng gorawen a phenyd
    Du a gwyn ydyw i gyd.

Daniel Williams

664.

HYN O FYD

Dy ran a gei: drain i gyd, – ac ysgall
    Cyn cysgu o'th benyd:
    Yn dy arch cei barch y byd,
    Min ei bawen mewn bywyd.

John Llewelyn Roberts

AFIECHYD Y BARDD

665.

Clwyfus anghenus yw 'nghwyn, – ac ofnus
    Ar gyfnod o'r gwanwyn;
    Ar yr iechyd mae'r achwyn,
    Ar Dduw y mae'i roi a'i ddwyn.

666.

Llawn gofal anial, ennyd – tra ofnog,
    Lle trefno Duw glefyd;
    Llawn bâr yw pob lle'n y byd,
    Llawn baich lle ni bo iechyd.

Siôn Tudur

CWYNFAN SIÔN LLEYN

667.

Dyn wyf o dan glwyf a gloes – ac adwyth
    Drwy gydol fy einioes;
    Na man deg i mi nid oes –
    Difwyniant ydyw f'einioes.

668.

Heb dŷ, heb wely, heb aelwyd – neu gyfaill,
    Mewn gofid y'm rhoddwyd;
    I drist ing fe'm dar'styngwyd,
    Wyf yn rhwym o fewn y rhwyd.

Siôn Lleyn

Y GAEAF

669.

Mynd a dod yw rhod a rhan – yr einioes
    Am ryw ennyd fechan;
    Aros dro wna'r oes druan,
    A lle'r llu fydd llawr y llan.

670.

Llawr y llan fydd lle'r llonnaf, – ac awr fach
    Geir y fuchedd hwyaf;
    Yma'n dro, a mwynder haf
    A dyr gwewyr y gaeaf.

671.

Gaeaf du a gofid in – gwedi hud
    Godidog Mehefin;
    Nid yw parhad neb ond prin
    Orig lwys ar y glesin.

672.

Ar y glesin rhugl oesi, – yna dyn
    Â dano o'i asbri;
    Er ei ddawn byr iawn yw bri
    Yr haf eurwawr a'i firi.

673.

Miri ofer mawr afiaith – a dderfydd
    O ddarfod yr ymdaith;
    Bedd i bawb ddaw heb obaith,
    Mynwent oer ym mhen eu taith.

674.

Pen y daith pan edy haf – y llwyni,
    A llennyrch Gorffennaf;
    Breuddwyd fu'r wawr bereiddiaf,
    A gwenau boreau braf.

675.

Boreau braf yr haf a'u rhin – a droes
    Yn drist alar gerwin,
    Ar ôl rhyfyr lawr hefin
    Siom a thrais yw methu'r hin.

676.

Methu'r hin, ymaith â'r rhos, – dibenna
    Bywyd beunydd beunos;
    Hwyr a bore heb aros
    Diwedd nawn y dydd yw nos.

677.

'Nos da', yna distewi, – a gorwedd
    Is gweryd a meini;
    Daear gawn – a doe'r geni! –
    Fyrred a breued ein bri!

678.

Ein bri addwyn a briddir, – ac urddas
 Teg irddail a fwrir;
 Hud a'i ddiwrnod a ddernir,
 Torri'n taith a'n troi o'n tir.

679.

Tir draw ger troed yr ywen – i'n gwarchod
 Is gorchudd tywarchen;
 'E ludd niwloedd ein heulwen,
 Caddug a'i wg gudd ei gwên.

680.

Gwên a gormes, gwin a gwermod – yw'r oes
 Orau un ei chyfnod;
 Chwiliwch hi, haul a chawod,
 Munudau Duw'n mynd a dod.

J. Lloyd Jones

681.

CLIRIO'R TŶ

Annwyl oedd popeth inni, – trysorau
 Trwy oes hir nes ichi
 Wagio'r lle gan ein rhegi,
 Creu tir neb o'n cartre ni.

Alan Llwyd

682.

ALBWM LLUNIAU

'A phwy yw hwn …?' holai'n ffôl – wrth rythu
 Ar rith ei orffennol,
 A'r wyneb ystrydebol
 Ugain oed, yn gwenu'n ôl.

Tony Bianchi

683.

CARTRE'R HEN BOBOL

Daw pererin a flino i westy
 i ddistaw ymlacio,
 a chael yn ei glydwch o
 win solas wrth noswylio.

T. Arfon Williams

684.

MATHRAFAL

Os cau mae'r cymylau mud – yn dynnach
 amdanom, mae hefyd
 ryw lafn yn rhywle o hyd
 o haul a fyn ddychwelyd.

Gwynfor ab Ifor

685.

CYLCH

Mae gwên yn angladd Mam-gu, un wên swil
 wythnos oed, a'r teulu
 yn eu heisiau'n anwesu'r
 wyres fach o'r oes a fu.

Tudur Dylan Jones

686.

HEN BETHAU

Hen wŷr, a'u dyddiau'n prinhau, – yn cyd-gwrdd,
 Cydgerdded hen lwybrau;
 Cyd-droi'n ôl, cyd-druanhau,
 A thrin byth yr hen bethau.

R. E. Jones

687.

CANHWYLLAU PEN-BLWYDD

Dôi'r lluoedd pan nad oedd ond un neu ddwy
 ond ni ddoent, er gofyn,
 ati i oedi wedyn
 a hithau ganhwyllau'n hŷn.

Tudur Dylan Jones

688.

BYWYD

Rwy'n llawn o rin llawenydd – am fymryn;
 Wedyn yn annedwydd;
 Ar dro caf ryw hyder cudd,
 Yna ofnus fy nefnydd.

Donald Evans

689.

Y NADOLIG UNIG

Dileu'r sgrin. Gwagio'r *vino* – i waelod
    fy nghalon. Noswylio.
    Gwely oer, y drws ar glo,
    A neb yn galw heibio.

Meirion MacIntyre Huws

690.

Y NADOLIG

Yn un wên o lawenydd – heno ânt
    Yn ddau blentyn dedwydd
    I'w gwely gyda'i gilydd
    Cyn deffro'n ddynion rhyw ddydd.

Alan Llwyd

691.

CANOL OED

Wedi'r dringo dyfal, caled yma
    mae'r trumiau i'w cerdded
    yn braf, ond mae i barêd
    Eryri oriwaered.

T. Arfon Williams

692.

CANOL OED

'Yma, Syr.' Mor amserol – reolaidd
    yw'r alwad foreol,
    ond, brynhawn, pan awn yn ôl
    nid pob un sy'n bresennol.

Gerallt Lloyd Owen

693.

AMSER

Roedd oriau ddoe i wario – ar unwaith,
    Sofrenni ohono;
    Heddiw mae ei ddimai o
    Yn olud i'w gynilo.

Donald Evans

694.

AFON MENAI

Ddoe'n ôl, roedd y dyddiau'n hwy – i un bach
    oedd ar bwys ei drothwy,
    ac ar draeth ger Porthaethwy
    roedd o'n llai a'r Fenai'n fwy.

Tudur Dylan Jones

695.

MILLTIR

Unwaith, a mi'n llawn ynni, – byr ydoedd
    I lanc brwd a heini,
    Mae'r llanc yn hen eleni
    A hir yw milltir i mi.

Ieuan Wyn

696.

HANFOD ENFYS

Enfys a erys o hyd – yw honno
    A dywynnodd rywbryd
    Yn seithran gyfan i gyd
    Am unwaith ac am ennyd.

Donald Evans

❧
MISERERE

697.

Na'm gofid mae gofid gwaeth – mi a wn,
    Ym mynwes dynoliaeth,
    Ond nid yw lon galon gaeth
    Am un arall mewn hiraeth.

698.

Mae gwaeth llwyth ar dylwyth dyn – i'w wanhau,
    Na'm un i o dipyn,
    Mae rhyw wae mwy ar rywun
    Ond chwerwaf ing f'ing fy hun.

699.

Llidiog gymylau llwydion – yn un cylch
    Yn cau eu pryderon,
    A'u gwasgu du'n don ar don
    Yn trymhau'r twr amheuon.

700.

Aeth hwyl pob gorchwyl dros go', – nid yw byw'n
    Ddim byd ond mynd drwyddo,
  Wedi'r haf daw gaeaf dro,
  I beth yr wy'n gobeithio?

701.

Mor agos yw'r nos yn awr, – a byw gŵn
    Ei bwganod enfawr
  Yn hela gweiniaid dulawr,
  Mor bell yw llinell y wawr.

702.

Pa les cwmnïaeth wresog, – na geiriau
    Cyfeillgarwch oriog?
  Ni ŵyr neb na Thir na n-Og
  Na gwae mud ei gymydog.

703.

Diau bydd tywydd tawel, – a gwanwyn
    Gwynnach wedi'r oerfel,
  Eithr y galon hon ni wêl
  Y graig aur ar y gorwel.

704.

Ymlaen, er na wn ymhle – mae gemog
    Gwmwl hardd ei odre,
  Uwch y niwl a düwch ne',
  Darn o'r haul draw yn rhywle.

Dic Jones

705.

CAMFA

Neidiwn hi'n iau heb oedi, – yna'n hŷn
    Mynnwn hoe cyn croesi;
  Heno'n swrth oedaf wrthi,
  A hon mwy yw'r ffin i mi.

Tîm Talwrn Aberteifi

706.

FY NYMUNIAD

Gweld, ryw adeg, aildroedio – yr undaith,
    A'r un ffrindiau eto,
  Yr un hwyl a'r un wylo
  Yn ôl y drefn yr ail dro.

Dic Jones

707.

TŶ DOL

Wyf ry hen i'r gyfrinach, – wyf ry hen
    I gyfrannu bellach,
  Wyf allan o'r gyfeillach,
  Yn rhy bell o'r chwarae bach.

Tîm Talwrn Caerfyrddin

708.

BYW'N LÂN

Englyn a thelyn a thân, – ac afal,
    Ac yfwyr mwyn, diddan,
    A gwin melys a chusan
    Dyn fain, lwys – dyna fyw'n lân.

Siôn Phylip

709.

Y BYWYD DEDWYDD

Telyn rawn, o chawn, a chanu – diboen,
    Deubeth gyda hynny:
    Angyles ar fy ngwely,
    A chwart o win, a chau'r tŷ.

Anhysbys

Cyfeddach a Chyfeillach

710.

CYFEDDACH

Gad feddwon dewrion i daeru, – dadwrdd,
    A dwedyd heb allu;
    Dos ymaith, ŵr llaith, o'r llu,
    Gad y diawl gyda'i deulu.

Huw Morys

711.

DA GAN EURYCH

Tripheth mewn cantir a hoffa – eurych –
    Arwydd yfwr iawndda –
    Gŵr geirwir a gwraig ara',
    A bod y ddiod yn dda.

Anhysbys

712.

TRO AR FYD

Nid oes 'nawr, dirfawr y darfu, – maswedd
    Na musig yng Nghymru;
    Diau oedd fod dydd a fu
    Telyn gan bob penteulu!

Lewis Morris

713.

CYFAILL

Rhed ei gariad i'w gerydd, – ni'm gwrthyd,
 Ni'm gwerth yn dragywydd:
 Fy llyw da trwy f'holl dywydd,
 Lloer fy nos, lleuer fy nydd.

George Rees

714.

CYFAILL

Cadarn o nerth a'n codai – wedi cwymp,
 Brawd cu a'n diddanai;
 Angor nad ymollyngai,
 A tharian byth er ein bai.

Dewi Emrys

715.

CYDYMAITH DA

Gan fod rhai isod wrth wtresa'n – sur
 Yn siarad y cyfa',
 Gwnaed Duw im, o gant yma,
 Gael unwaith gydymaith da.

Anhysbys

716.

BYWYD O LENDID

Os canlyn y delyn a'i dilid – yr ydwyf,
 Caf rodio ymhlith glendid:
 Ni châr Duw ddyn chwerw, dig
 Na'i chwedl ond ychydig.

Anhysbys

717.

I GORN YFED A WNAED O GORN HWRDD

Pan yfwch, gwelwch, rhaid gwylio – hen gorn
 Fu dan gamp am hyrddio:
 A rhwydd iawn, drwy fîr, rhydd o
 I ddiotwr hwrdd eto.

Clwydfardd

718.

TYNGED OFERDDYN

Os bydd llanc ifanc yn yfwr – dan ermain,
 Daw'n ormod cwmnïwr;
 Os hen y bydd, hyn sydd siŵr:
 Garw ei deitl yn gardotwr.

Anhysbys

❧

I RYS AP MAREDUDD

719.

Genau'r Glyn, Tywyn, finteioedd – a droes
 I dai Rhys yn lluoedd;
 Ni ddêl i'r neuaddau 'dd oedd
 Nos eisiau yn oes oesoedd.

720.

Oes hir ar ei dir fal derwen – i Rys,
 A'r oes heb ei gorffen
 Oni rifer pob seren
 Neu flawd pridd neu flodau pren.

721.

Mal blodau prennau ymhob rhith, – mal ôd,
 Mal adar ar wenith,
 Mal y daw y glaw a'r gwlith
 Mae i undyn fy mendith.

722.

Bendith rif y gwlith ymhob glyn – a rois
 I Rys yn y Tywyn,
 Tra fo'r nefoedd lle'r oeddyn'
 Na maen neu bridd i mewn bryn.

723.

Ef a bryn y llyn a'r gwinllannau – mawr
 Ar draws Môr y Deau,
 Deunawllwyth ac wyth heb gau,
 Deunawllong o dunellau.

724.

Tunellau, arfau a orfydd – eu bod;
    Bid i Rys Amhredudd
  Ar ei ôl mewn heolydd
  Arfau a gwŷr rif y gwŷdd.

725.

Rhif y gwŷdd a fydd i ddwy fil – o'i aur,
    A'i arian i deirmil,
  A'i baement yma i bumil,
  A gwin a medd i gan mil.

Dafydd Nanmor

Doethineb, Gwarineb, Gwirionedd

OFEREDD

726.

Ofer yw'r gwychder i gyd, – a'r cofion,
  A'r cyfoeth a'r bywyd;
  Ofer, rhy ofer, hefyd,
  Oferedd balch fawredd byd.

727.

Oes urddas na phlas na phleser, – na chost
  Na chestyll na gwychder,
  Na dim a wnaeth Duw a'm Nêr
  Dan nefoedd nad yw'n ofer?

Twm o'r Nant

728.

ANRHYDEDD

Celfyddyd o hyd mewn hedd – aed yn uwch
  O dan nawdd tangnefedd;
  Segurdod yw clod y cledd,
  A rhwd yw ei anrhydedd.

Emrys

729.

PLESER

Pa les i ddyn ydyw pleser, – pleser
  Palasau mawr lawnder?
  Cyfiawn yw cofio i Nêr
  Roi gofid ar ei gyfer.

Ceiriog

730.

EURO AUR

Euro f'aur, mawr oferedd, – neu gannu
  Y gwyn eira ceinwedd:
  Paentio gardd haf, wychaf wedd,
  Neu gywreinio gwirionedd.

Nicander

731.

DEWIS

Gwell i ŵr hur wrth lafurio – 'n wasaidd
  I'r isaf taeogion
  Na'i roi tan y ddaear hon
  Yn ymherawdr y meirwon.

Gwenallt

732.

HEL CHWEDLAU

'Mogelwch, gwyliwch goelio – y chwedel,
  Na chodi mawr gyffro;
  Mae'r ofer yn camrifo
  A llunio bai lle na bo.

Anhysbys

733.

BEIO ARALL

Ni ŵyr y dyn mwy na'r dall – ei wir fai,
  Ei ei fod yn ddwysgall;
  Er na ŵyr gŵr wyrni'r gwall,
  Ef a ŵyr feiau arall.

Anhysbys

734.

MAM Y GYNNEN

Magiad grechweniad a gwreichionen – lesg,
  Hi all losgi'r nenbren!
  Achos bach, â chas i'w ben,
  Ganwaith fu mam y gynnen.

Anhysbys

735.

CYNGOR

Trysor yw cyngor rhag gwall, – ei feddu
  Dry'n fuddiant i'r angall;
  Brawddeg nerthol, gydiol, gall
  O'r hyn ŵyr rhywun arall.

Thomas Drew

736.

GWAGEDD

Nid yw golud ond gwaeledd, – nid yw'r byd,
    Er ei barch, ond gwagedd:
    Dan sêr 'does ond oferedd,
    Oes o boen i aros bedd.

Gwilym Cyfeiliog

737.

DIHAREB

Dihareb, adnod y werin, – ei swyn
    Yw synnwyr cyffredin;
    Mewn gwlad a thref cynefin
    Ei gwir praff a'i geiriau prin.

Mordaf

738.

RHYFEL

Camp ddifoes henoes anwar, – ffwrn Uffern
    A hoffwaith hil Cesar;
    Wedyn gwneud gelyn o gâr
    Gan ryw folgwn rhyfelgar.

Morgan Price

739.

ESMWYTHACH

Canlyn pladur ddur a ddant – y rhostir,
    Rhai ystwyth a'i medrant;
    Esmwythach i was methiant
    Englyn, a thelyn, a thant.

Edward Morris

740.

BYD FEL Y BO

Tra bo iraidd gwraidd 'ny gro, – pêr ydyw,
    Prioded a'i caro;
    Rhaid i'r ferch a orddercho
    Gymryd y byd fal y bo.

Anhysbys

741.

GRAS

Ni fydd mewn gelltydd gwylltion – afalau
    Neu felys bêr aeron,
    Na daioni mewn dynion
    Oni bai ras yn eu bron.

Ieuan Brydydd Hir

742.

BODLONDEB

Doed ôd a chafod o uchafion – byd,
    Rhaid yw bod yn fodlon;
    E ddaw unwaith i ddynion
    Gawod o haul gwedi hon!

Anhysbys

743.

CYNGOR DA

Cymer ddysg, dod ddysg, dywed dda, – ŵr prudd,
    Ymhob rhaid, gobeithia;
    Llafur di a gweddïa,
    Medd Duw, llyna'r moddau da.

Anhysbys

744.

CYWIRDEB

O'r swyddau gorau a gerir – o'r byd,
    Gorau bod yn gywir;
    Ni freinia nef yr anwir,
    Ni fyn Duw gwyn ond y gwir.

Anhysbys

745.

TIR DA

Er poeni'r ychen a'r penna' – i redeg,
    A'r hadyd o'r teca',
    Yr ysmoneth a fetha
    Oni chedwir ar dir da.

Elis ap Rhys ab Edwart

746.

YMRYSON

Y byd a syrthiodd mewn bâr – bwriadus,
    A brodyr nid ymgar;
    Am y golud mae galar,
    Gelyn gan gerlyn a gâr.

Ieuan Tew Brydydd

747.

RHAID

Oni bydd byd rhydd yn rhwyddo – i ŵr,
    Ni wiw iddo'i geisio;
    Ynddo rhaid iddo rodio
    A chymryd byd fal y bo.

Anhysbys

748.

CYNGOR

Hynt annoeth iawn yw tynnu – eich hunain
    Hyd grochanau'r fagddu:
    Os am lanwisg, ganwisg gu,
    Na chyffyrddwch â pharddu.

Pedrog

749.

DOETH AC ANNOETH

Mae siarad, bob amserau, – â rhai doeth
    Yn rhoi dysg i'n pennau;
    Ond â ffyliaid, giwaid gau,
    Tewi siarad sy' orau.

Ioan Deudraeth

750.

CYNGOR I HAELIONI

Agor dy drysor, dod ran, – trwy gallwedd,
    Tra gellych, i'r truan:
    Gwell, ryw awr, golli'r arian
    Na chau'r god a nychu'r gwan.

Ieuan Brydydd Hir

751.

TRI LLAWENYDD GŴR

Tri pheth da, difeth a dyfan' – llawenydd,
    Llonaid gŵr serchowglan:
    Mawl gwiw byw, milgi buan
    A march o liw a merch lân.

Anhysbys

752.

TRI GELYN DYN

Tri gelyn gwirddyn heb gêl, – blaen adwyth,
    Blin ydoedd eu gochel:
    Y cnawd a'r byd, cnwd aur bêl,
    Aerwy caethrwym y cythrel.

Anhysbys

753.

TRI PHETH Y MAE GRAS YN YMGROESI

RHAGDDYNT

Tri pheth, gwawr odieth, gwir ydyn', – mae gras
    Yn ymgroesi rhagddyn':
    Rhag y cythrel a'r gelyn
    A rhag athrod tafod dyn.

Anhysbys

754.

TRI PHETH SY'N DIFA GWŶR

Tri pheth, ysyweth, â'u sain – o ddefod
    A ddifa gwŷr cywrain:
    Disio, cardio, rwslio'r rhain,
    A photio gyda phutain.

Anhysbys

755.

A DDIODDEFO A ORFYDD

Dioddef sydd well, a dyddio – heb wg,
    Na bygwth neu ddwrdio:
    A ddifalch ddioddefo
    A orfydd beunydd lle bo.

Anhysbys

756.

GWYN Y GWÊL Y FRÂN EI CHYW

Er chwerwedd ei garcharu, – er i bawb
  Drwy'r byd ei gollfarnu,
Mae un o hyd sy'n mynnu
Mai gwyn yw'r aderyn du.

T. Llew Jones

757.

NID AR REDEG MAE AREDIG

Ôl brys, fe'i dengys dy waith, – nid ar ras
  Y cei drwsiad perffaith;
Fe haedda pob celfyddwaith
Drylwyredd amynedd maith.

T. Llew Jones

758.

HEB IECHYD, TLAWD YW'N BUCHEDD

Pe bawn aer ar Gaer i gyd, – a Rhufain,
  A rhifo mwy hefyd,
Anodd yw byw yn y byd,
O bai achos, heb iechyd.

Anhysbys

759.

BAI

Er ei faddau'n wirfoddol, – a rhoi'i fad
  Dan oer fae'r gorffennol,
Daw rhyw 'styllod danodol
Â thon wyllt i'r traeth yn ôl.

Dafydd Owen

760.

ANGHYWIRDEB

A fo gwirion a geirwir – a medrus
  Ei 'madrodd a goelir:
Ni cheir, myn Mair, un gair gwir
Yng nghawell dyn anghywir.

Anhysbys

761.

BALCHDER

Fy ienctid trwy lid heb les, – o falchedd,
  A fylchodd fy muches,
A'm opiniwn a'm poenes
Yn llwyr yn erbyn fy lles.

Anhysbys

762.

CYNGOR

Pan fo'r haf decaf o'r dydd – i garu,
  Gorau bod yn llonydd;
Na ddod dy law mewn awydd
Yn rhwym, rhag nas cei hi'n rhydd.

D. W. G.

763.

CYNGOR I'R MEDDWYN

Cofia, ddifrodwr cyfoeth, – anfuddiol
  It feddwi fel annoeth;
Cofia yn ail y cefn noeth,
Gwely drain, a gwŷl drannoeth.

Evan Thomas

764.

Y GWYDRIAD CYNTAF

Trwy Dduw Dad mi ymgadwaf – rhag edrych
  Ar y gwydriad cyntaf;
O'i wên goch gwenwyn a gaf
A dwys ofid os yfaf.

Morys Kyffin

765.

BLYSIO AM BLESER

Ewyllysiais, blysiais bêr bleser – y byd,
  Dyna beth tra ofer:
Blas oer fydd ar bleser fer –
Blysiwn hir nefol bleser.

Anhysbys

766.

DULL Y BYD

Dyma fyd, ennyd anwir – ddirinwedd:
    Ariannog a folir;
  Noeth was, heb arian na thir,
  Ugeinwaith a ogenir.

Siôn Powel

❧
LLYFRAU

767.

Hen gymdeithion mwynion, mud, – nad ydych
    Yn dadwrdd na symud,
  Gwneler a fynner drwy fyd,
  Ni phoenwch mewn un ffunud.

768.

Y doethaf o'ch cymdeithas – ni omedd
    Yn ei ymyl drigias
  I lyfran o druan dras
  Nag i ddieflyn go ddiflas.

769.

Ni liwia un o lawer – a gafodd
    Bob gofal a mwynder
  I adyn gwael fu'n dwyn gwêr
  Yn o salw yn y seler.

770.

A fo Roeg, a maint fo rhin – ei darddiad,
    Neu awdurddoeth Ladin,
  Heb ias o wawd i'w dlawd lin,
  Caiff frawd o iaith gyffredin.

771.

Yn ddoeth ac annoeth, genni – diobaith
    Yw dybio eich colli;
  Beth a wnaf pan fyddaf i
  Heb hanes o'ch cwmpeini?

T. Gwynn Jones

772.

COFIWN BERYGLON CYFOETH

Moethau a phob esmwythyd – ar un llaw,
    Rhan y lleill yw adfyd;
  Hawdd i bawb sy'n dda eu byd
  Anghofio fod ing hefyd.

Iorwerth H. Lloyd

773.

GŴYL Y GENI

Yma â'i obaith mae mebyd, – yn y gwair
    Y mae gwên ein bywyd;
   Mae'n nef ar ddaear hefyd
  A chawn o un bach wanwyn byd.

Myrddin ap Dafydd

774.

Y NADOLIG

Y mae'r Ŵyl, am ryw eiliad – o'n hanes,
    Yn tynnu'r amddifad
   Yn dyner at aduniad
  Yn y tŷ yng nghwmni'r Tad.

Tudur Dylan Jones

775.

YMSON MAIR

Fy Nuw, er bod ynof nwyf – y mamau,
    Y mae imi bruddglwyf:
   Yn y gwaed euog ydwyf,
  Ond dihalog euog wyf.

Tudur Dylan Jones

776.

Y MAB

Yn gorwedd yn rhyfeddod – yn y gwellt
    Mae Gair y Cyfamod:
   Y Mab yng ngwacter fy mod
  Yn Dduw'n y galon ddinod.

Ithel Rowlands

777.

YMSON UN O'R DOETHION

Er pryder yn nyfnder nos, er amau
    ac er tramwy beunos
   dros dir yr hirymaros,
  rwy'n dal i weld seren dlos.

Tudur Dylan Jones

Englynion Crefyddol

778.

Y WYRTH

Rhoed y Gair i'r deg Wyry' – a'r golau
    Dirgelaidd o'i deutu;
  Mab a roed yn drwm o'i bru:
  Rhyfeddod Bod mewn beudy.

James Nicholas

779.

CRIST

Ein byd ni roes ond beudy – i eni'r
    Mab unig, ac felly
  O'n byd aeth, heb neb o'i du,
  Eto'n dlotyn dilety.

Ieuan Wyn

780.

GWYRTH Y GENI

Gwyry'n fam, y Gair yn fud, – yr oesoedd
    Ym mhreseb yr ennyd;
  Daearol yw'r nef hefyd
  A'r lleiaf oll yw'r holl fyd.

Alan Llwyd

781.

YMSON MAIR

Os dof i ddinas Dafydd – anghofiaf
    Fy ngofid a'm cystudd
  Yn y fan, a 'nghwpan fydd
  Yn llawn, yn llawn llawenydd.

T. Arfon Williams

782.

YMSON MAIR

Heno datgelwyd i minnau – paham
    Y mae pen y bryniau
  Oll yn oll yn llawenhau –
  Mae'r achos yn fy mreichiau.

T. Arfon Williams

783.

Y GENI

Ganed y Mab amgenach – o lwynau'r
    Fair lân na bu'i glanach,
  Nad cyffredin mo'i linach
  Ond Duw'n bod mewn plentyn bach.

Alan Llwyd

784.

MAB MAIR

Estyn y gwair o'r rhastal – a wnâi Mair
    Am un mab ei gofal:
  A stwbwrn ych y stabal,
  O'i weld Ef, yn ildio'i wâl.

J. Eirian Davies

785.

Y GENI

Dedwydd ddigwyddiad ydyw! – o'i cheufedd
    Dyrchefir dynolryw;
  Mae mymryn o ddyn yn Dduw,
  Plentyn yn arddun wirdduw.

T. Arfon Williams

786.

LLETY'R CRIST

Y Mab Iesu ym maw a biswail – yr ych,
    Y Crist mewn hen adfail;
  Llyw'r nef yn lle'r anifail,
  A Duw yn y domen dail.

Alan Llwyd

787.

GENI CRIST

Clyw o Fethlehem emyn – cariad gwyn
    Uwch crud gwellt y plentyn;
  Eneiniog Dywysog dyn
  Yn ei lety yn dlotyn.

S. B. Jones

788.

Y MAB BYCHAN

I fyd terfysglyd o'i fodd, – i breseb
    Yr asyn disgynnodd;
    Gofid ein bai a gafodd,
    Trwy ing oddi yma y trodd.

Evan G. Hughes

789.

Y NADOLIG

Awn i weld ei anwyldeb – at Ei grud;
    Daw gwawr hedd o'i wyneb;
    Llwyddo'n iawn ni allodd neb
    A ddibrisiodd ei breseb.

Rolant Jones

790.

'A HWY A GAWSANT Y DYN BACH …'

Ni wyddom am ddim rhyfeddach, – Crëwr
    Yn crio mewn cadach,
    Yn Faban heb ei wannach,
    Duw yn y byd fel Dyn Bach.

J. Eirian Davies

791.

Y GENI GWYRTHIOL

Ganwyd y mab o gnawd Mair – un nos oer
    Tan y seren ddisglair
    Yn wyrth Dduw o'r groth ddiwair
    Yn y gwellt, Hwn oedd y Gair.

James Nicholas

792.

GENI CRIST

Drwy air y Tad o'i gadair – a'i rinwedd,
    A'i rannu yn bumgair,
    A'r Ysbryd Glân, heb anair,
    Y ganed mab o gnawd Mair.

Anhysbys

793.

AWR Y GENI

Dyma awr o wir fawredd, – awr y gân,
    Awr geni Etifedd;
    Awr o fawl a gorfoledd,
    A saib hir wrth breseb hedd.

Ffynhonfab

794.

IESU YN Y PRESEB

Etifedd Nef y Nefoedd, – rheolwr
    Heuliau ac amseroedd
    Yn dlawd Deyrn: dilety oedd
    Iesu, Brenin yr Oesoedd.

T. Llywelyn Thomas

795.

Y PRESEB

Ernes o'i ras annirnad – ydyw'r bach;
    Daw i'r byd yn Geidwad;
    Yn ddwyfol ac amddifad
    Yma ceir yr Ymwacâd.

Ronald Griffith

796.

YR YMGNAWDOLIAD
('Trwyddo Ef y gwnaethpwyd pob peth')

Awenfawr graidd yr Hanfod – yn y Mab
    Ar lin Mair i'w ganfod;
    Ein Gobaith, heb un Gwybod,
    A'r Gair maith heb iaith yn bod.

Derwyn Jones

Y GOLUD

797.

Gwelodd y gwâr fugeiliaid – wyneb mab
    Ymysg creaduriaid;
    Y Mab pur yn llety'r llaid,
    A'r dwyfol gyda'r defaid.

798.

Gwelodd y triwyr golau – yr Iesu
    Yn drysor eneidiau;
    Cyfrinach mewn cadachau,
    Doethineb mewn preseb brau.

799.

O na welem y golud, – a'i weled
    Gyda'r galon hefyd;
    Gweld y bach ac ildio byd
    Am aur y mawr Ymyrryd.

Ieuan Wyn

800.

DYMUNIAD

Oes â'i hiraeth am Seren – a'i llewych
    Yn llywio ffurfafen
    Byd diddig, digenfigen,
    Byd yn bod â Mab Duw'n ben.

Derwyn Jones

801.

DUW MEWN CNAWD

Duw mewn cnawd yn dlawd ei lun, – rhin y Gair
    Yn y gwellt yn blentyn,
    Trefn ffraeth iachawdwriaeth dyn
    Yn y Mab mwy na mebyn.

Derwyn Jones

802.

Y CRIST

Iesu i'n prynu, Mab Rhad, – anfoned
    O fynwes ein Duw Tad,
    Ac o annerch y gennad,
    Y gŵr gynt o'r Gair a gad.

Gruffudd ab Ieuan

WRTH WELD *NATIVITA* BOTTICELLI

803.

Greawdwr cysegredig – anesmwyth
    Dy lesmair deheuig;
    O'n blaen y cread a blyg
    I gnawd y Duw ganedig.

804.

Dagrau cysegredigrwydd – a gwenau
    Gogoniant euogrwydd
    A ddyry dy ddeheurwydd
    I ni sy'n fud yn ei ŵydd.

Geraint Bowen

805.

YR UNIG-ANEDIG

Yn ei eni'n wahanol, – yn ei fedd
    Yn Fab y Tragwyddol;
    Yn Dduw unig, yn ddynol,
    Yn Dduw Nef pan ddaw yn ôl.

Roger Jones

806.

Y GAIR YN GNAWD

Nid yw yn Ei arbed Ei hun, o'i ras
    Ymroi'n ddiwarafun
    Mae Duw i broblemau dyn
    A rhoi'i ateb mewn crwtyn.

T. Arfon Williams

807.

WRTH Y CRUD

Mor fwyn ydyw'r wên ar wyneb ein Duw;
    Mae'n dalp o anwyldeb,
    Yn gariad er nad oes neb
    Yn brysio at ei breseb.

T. Arfon Williams

808.

CRIST

Ei greu'n ail-greu'r ddaear gron, – a'i eni
    Yn ddadeni dynion
    O'r newydd; ailsaernïo'n
    Holl fyd drwy'r un ennyd hon.

Alan Llwyd

809.

NADOLIG
('Mab a roddwyd i ni')

I deulu Duw, wele, daeth – dydd y Mab,
    Dydd mawr iachawdwriaeth.
    Hwn yn un â ni a wnaeth,
    Duw yn nwylo dynoliaeth.

O. M. Lloyd

810.

Y GENI

Er i'w gwaed sancteiddio'r gwair, – er ei chur,
    A'i chorff yn un llesmair,
    Er Ei eni mewn crinwair,
    Nid yw'r Mab yn fab i Fair.

Alan Llwyd

811.

IMMANUEL

Mor anodd fu im roi anwes i'r Iôr,
    ond ar fraich rhyw lodes
    wan, ddilychwin, ddiloches,
    y dwthwn hwn daeth yn nes.

T. Arfon Williams

812.

MAIR FORWYN

Mair wâr ei gwedd, Mair wyry gu, – Mair wen,
    Mair annwyl, Mair fwyngu;
    Mair y fam orau a fu,
    Mair rasol, mam yr Iesu.

Bodfan

813.

MAIR

Er y wefr o siglo'i grud yn annwyl
    mae eneiniad enbyd
    ar orchwyl gwyry a werchyd
    y Bachgen sy'n berchen byd.

T. Arfon Williams

814.

MAIR

Er y graslon ffrwythloni, – a'r rhyfedd
    Wyryfol feichiogi,
    Rhoes tymor ei hesgor hi
    Ddioddef gwragedd iddi.

Iolo Wyn Williams a Harri Williams

815.

MAIR

Rhoist einioes y Crist inni; – ail einioes
    A luniodd Crist iti:
    Duw ynot yn dy eni
    A ganed Duw o'th gnawd di.

Alan Llwyd

816.

CRIST

I Fair ni roddaf eiriau – uchel iawn,
    Ei chlod yw'r cadachau;
    Y Brenin ar ei gliniau,
    Efô yw'r un i'w fawrhau.

O. M. Lloyd

817.

MAIR

Chwilio'r oerfel am wely – i'w bychan
    A'i baich yn ei llethu:
    Troi o'r byd tua'r beudy
    A bore oes yn ei bru.

Eirwyn George

818.

MAIR

O'i phoen ei gorff a anwyd – a'i waed ef
    Yn dân ar ei morddwyd,
    Ond un nawn, yn nawn ei nwyd,
    Er ei phoen, fe'i gorffennwyd.

Gerallt Lloyd Owen

819.

MAIR

Yn feichiog rywiog yr aeth – i breseb
    Yr asyn â'i Mab maeth;
    Y forwyn gynt o'r furn gaeth
    A'n dug â'i enedigaeth.

Gruffudd ab Ieuan

820.

MAIR

Dilychwin dy odineb, – y trachwant
    Aruchel yn burdeb,
    Yn faldod o ddwyfoldeb:
    Dwyn had heb gyffyrddiad neb.

Alan Llwyd

821.

JOSEFF

Wrth i'w law naddu'r ffawydd, – a'r Iesu
    Yn chwareus a dedwydd,
    Ni wyddai y deuai'r dydd
    I'w hoelio yn ei gilydd.

John Glyn Jones

822.

JOSEFF

Rhaid i wyrth Cred ei wrthod – i achub
    Dilychwin wyryfdod;
    Pam y fam heb iddo fod
    Yn dad i Fab y Duwdod?

D. Gwyn Evans

823.

MAIR A JOSEFF

Mair a roes einioes i'r Un – a bennodd
    Bob einioes, a'r plentyn
    Crist yn Dad i'w dad wedyn.
    A Mab i'w fab ef ei hun.

Alan Llwyd

824.

Y DOETHION

Gobaith yn gloywi ysgubor; – â gwae
    Y gwyll yn dygyfor
    Daw gŵyr da i agor dôr
    Yr oesau ar y trysor.

R. J. Rowlands

825.

Y DOETHION

Y rhain o'r Dwyrain sy'n dod – i siarad
    Am seren wrth Herod:
    Ymholi ar gamelod
    Am Un bach, y mwya'n bod.

Gwilym Herber Williams

826.

Y DOETHION

Mae olion sang camelod – yn dirwyn
    O bellterau'r tywod;
    Er llid a dicter Herod
    At ras ein Duw tri sy'n dod.

Ronald Griffith

❧

Y DOETHION

827.

Balthasar, gynnar gennad, – dug anrheg
    O deg iawnrhyw gariad,
    O arwydd iawn, gyflawnrhad,
    O aur tawdd i Air y Tad.

828.

Digystudd anrheg am deg Ystwyll – rhad,
 Dug yr hydr aur gannwyll,
 Iesus, fab coeth, doeth, didwyll,
 Iaspart o'r myrr, nid byr bwyll.

829.

Gwnaeth Melchior, eurior, arwydd gofeg – fodd,
 Uniawnrhodd yn anrheg
 I Ioseb dad, rhad rhedeg,
 I Iesus dwyn tus, dawn teg,

830.

Balthasar durbar, dewrbor, – a wnaethant,
 O'u mawlsant, a Melsior,
 Enwawg Iaspart, eurwart iôr,
 Anfon anrhegion rhagor.

831.

Doeth o'r dwyrain cain, caiff bob awr – eurglod,
 I arglwydd nef a llawr
 (Arwydd ei fod yn glodfawr)
 Aur, myrr a thus, weddus wawr.

Gruffudd ap Maredudd ap Dafydd

832.

Y SEREN

I'r Seren a fu'n gennad – iddo Ef,
 Rho, Dduw, ailenyniad,
 A dyged hon, dirion Dad,
 Y cedyrn at y Ceidwad.

Dewi Emrys

833.

NADOLIG

I'n byd ni, y Mab di-nod – a aned,
 Moli wnawn ei ddyfod;
 I'r baban glân rhoddwn glod,
 Rhown ein harian i Herod.

John Glyn Jones

834.

NADOLIG ARALL

Heno a'r tir yn anial, – a'r rhewynt
 Yn rhuo'n ddiatal,
 Cofiwn yn sŵn ein sbort sâl
 Am nos debyg mewn stabal.

T. Llew Jones

835.

NADOLIG 2001

Ar daith, yn dri, y daethom o diroedd
 y Dwyrain, ac aethom
 at faban bychan, a bom
 yn ei breseb a roesom.

Alan Llwyd

836.

Y NADOLIG

Wyf heddiw yn rhyfeddu, – wyf ar daith
 Efo'r doeth i'r beudy,
 Wyf y sant tyneraf sy'
 Ond wyf Herod yfory.

Gerallt Lloyd Owen

837.

NADOLIG 2001

Roedd yno sêr-ddewiniaid yn rhodio
 at grud y Bendigaid,
 ond i'r Oen mae Duw o raid
 yn galw ar fugeiliaid.

Tudur Dylan Jones

838.

SEREN

Er gweld seren eleni – yn arwydd
 Uwch Sgwâr Piccadilly
 Gofalwn na welwn ni
 Y dyn a gwsg o dani.

Gerallt Lloyd Owen

839.

YR YMWELYDD

Pe dôi'n llawen eleni – a mynnu
    Ymuno'n ein miri
  A'n mwynhad, ni fynnem ni
  Y Mab hwn yn gwmpeini.

Alan Llwyd

840.

DYMA GARIAD

Yn Ei adeg yn Geidwad, – aer y nef
    Yn oer nos ein cread;
  Digymar rodd y cariad
  A chenlli tosturi'r Tad.

Gwilym Parri Huws

841.

MYFYRIO AR GRIST

Edrych yn fynych ar Fair – yr ydwyf,
    Ar hyder y pumgair:
  Ple mae Iesu, gu gywair,
  Ac i ble'r aeth mab maeth Mair?

Anhysbys

842.

IESU GRIST

Oesbraff wyd, Siesus, Ysbryd – gwiw Ddofydd,
    Goddefaist fawr benyd,
  Archoll arf, erchyll wryd,
  Ar bren croes dros bymoes byd.

Dafydd ap Gwilym

843.

YSTORM GAREDIG

Od yw 'mhechod yn codi – i'm hwyneb
    Fel mynych drueni,
  Gwelaf yr Iawn ar Galfari
  Yn storom o dosturi.

Hedd Wyn

844.

IESU YN DDIGON

Fe a ry'r Brawd fu farw ar bren – drosof
    Rad ras at fy angen;
  Ac uwch ton yr Iorddonen
  A'i du lif mawr, deil fy mhen.

E. Ellis

845.

HAWDDGARWCH CRIST

Ar gwrel yn rhagori, – dewisach
    Wyd, Iesu, na'r lili:
  Hawddgarach, tecach wyt Ti –
  Glanach na haul goleuni.

Glanmor

846.

CRIST GERBRON PEILAT

Y Duw dirfawr diderfyn, – bu ryfedd
    Ei brofi gan adyn:
  Un fu'n llunio tafod dyn
  Yn fud o flaen pryfedyn!

Ioan Madog

847.

ER DY FWYN

Er dy fwyn rhoed Ef ennyd – yn ddyn bach
    I ddwyn beichiau bywyd;
  Yn ifanc erot hefyd
  Rhoed i'r bedd Waredwr byd.

J. Eirian Davies

848.

BRAINT HENAINT

Mae braint i henaint er hynny – gan Grist,
    A gras, ond ei garu;
  Ni lysa annwyl Iesu
  Mo'r main ŵr crwm mwy na'r cry'.

Owen Gruffydd

849.

PORTHI'R PUM MIL

Ni fynnai f'Iôr weld llwgfa'n fwrn, – yn cnoi
　　Ar un cnawd nac asgwrn:
　　Duw â gwaelod ei gelwrn
　　Yn llenwi torf â llond dwrn.

Robert Jones

850.

CRIST Y MEDDYG

Pob cur a dolur drwy'r daith – a wellheir
　　Yn llaw'r meddyg perffaith:
　　Gwaed y Groes a gwyd y graith,
　　Na welir moni eilwaith.

Ioan Madog

851.

I'R CYSTUDDIOL

Pan fych mewn poen afiechyd – a phoethion
　　Effeithiau dy glefyd,
　　Cofia Grist yn dy dristyd,
　　A chwerw boen Iachawr y byd.

Robert ap Gwilym Ddu

852.

CRIST GERBRON PEILAT

Dros fai nas haeddai, mae'n syn – ei weled
　　Yn nwylaw Rhufeinddyn;
　　A'i brofi gan wael bryfyn,
　　A barnu Duw gerbron dyn.

Robert ap Gwilym Ddu

853.

CYFFES Y GWADWR

Trwy'm buchedd y trwm bechais, – gwaed yr Oen,
　　Gyda'i rinwedd, geblais;
　　Uwchlaw oll, ag uchel lais,
　　Iesu eilwaith groeshoeliais.

Taliesin o Eifion

854.

GWALLT

O'i phen hi gododd ffynnon – ei thresi'n
　　Hyfrydli afradlon,
　　A throi, 'rôl chwilio'i chalon,
　　Rhaeadr aur am draed yr Iôn.

T. Arfon Williams

855.

Y BRENIN A'R ASYN

Di-fost yr aethost heb rithyn – o rwysg,
　　Na'th arwisgo'n ddillyn;
　　March, O Grist, fai dewis dyn,
　　Ond dewisaist Ti asyn.

Elwy Owen

856.

CRIST Y PYSGOTWR

Bwriwyd ei rwyd ysbrydol – i ddyfroedd
　　Afraid yr hil ddynol:
　　Dyna nef oedd dwyn yn ôl
　　Rwyd fawr o'r edifeiriol.

Donald Evans ac Alan Llwyd

857.

HIRAETHU AM GRIST

Ei weld yn ei ddwyfoldeb. – Ei ddwylo
　　A'i ddihalog wyneb,
　　A'i lun hardd yn ail i neb;
　　A'i weld am dragwyddoldeb.

Rolant Jones

858.

'NID AGORODD EI ENAU …'

Trwy boenau a'r trybini, – trwy helynt
　　Yr hoelio a'r poeri,
　　Uwch anwar drin a chyni
　　Y Groes, ataliodd ei gri.

Arthur Jones

859.

Y GWAREDWR

Heb un aelwyd bu'n wylo, – o'm hachos
    Bu'r Meichiau'n gweddïo;
Rhoddodd Iawn; rhyddhaodd o
Lwch eiddil. Diolch iddo!

Elfyn

860.

Y GALILEAD

O, Grist llwydwedd! Rhyfeddod – yr oesau,
    Drylliog Rosyn dyndod;
Y glanaf, addfwynaf Fod,
Gwrthodedig wyrth Duwdod.

Dewi Emrys

861.

GWAREDIGAETH

Wedi cwymp drwy bechod cas, – a darnio
    Cadernid cymdeithas,
Rhodia grym cariad a gras
Ar linell yr alanas.

R. H. Watkins

862.

GRAS Y GROES

Ar Iesu y poerasoch, – ac eilwaith
    Ei galon glwyfasoch;
Ond eto, cyfyd atoch
Â gras o gur Ei Groes goch.

Ceulannydd

863.

Y GROES

Fe dynn fyd o'i anfadwaith, – a'i arwain
    O'i aflerwch eilwaith;
Llwyr ei grym i wella'r graith,
A'i haberth sydd ddrws gobaith.

R. Glyn Jones

864.

GORFFENNWYD

Gorffennwyd agor ffynnon – dan asen
    Y dyn Iesu cyfion:
Trwy rinwedd rhyfedd adwr hon
Cawn ninnau'n cannu'n wynion.

Twm o'r Nant

865.

Y GROG

*(Englyn a luniodd y bardd pan feiwyd
arno am baentio llun Crist ar y Grog)*

Yr annuwiol ffôl a ffy, – poen alaeth,
    Pan welo lun Iesu:
Llunied, os gwell yw hynny,
Llun diawl ymhob lle'n ei dŷ.

Rhys Cain

866.

CROES CRIST

Nid crog odidog, dywedaf – ond hon –
    O tani'r ymgrymaf;
I hon yr ymfodlonaf:
Gras i gyd o'r groes a gaf.

Siôn Lleyn

867.

Y GORON DDRAIN

Gwnaed i Eneiniog y Nen – Goron Ddrain,
    Gerwin ddrych cenfigen;
A gwawd byth yn gwaedu'i ben
O drywaniad pob draenen.

Watcyn Wyn

868.

ATGOF Y CANWRIAD

Cofio'r Gŵr, cofio'r goron, – cofio'r ing,
    Cofio'r angau creulon;
Cofio bloedd y lluoedd llon
A'r hwyl wrth ddyrnu'r hoelion.

Gwilym Parri Huws

869.

Bu gynt ddidebyg antur – un a'i ing
  A'i angau'n ddidostur,
  Ac yn Heol y Dolur
  Wrymiau poen ar y Mab pur.

870.

Y Graig ar graig a grogwyd; – blaguryn
  Y Rhosyn a dreisiwyd,
  Ond angau a ostyngwyd
  O flaen her ei ddwyfol nwyd.

871.

Yn ieuanc cafodd nodded – gwiw y drum
  Rhag y drain a'r lludded.
  Heddiw grym llariaidd y Gred
  Yw gwawr y bedd agored.

Rolant Jones

872.

Y GWAREDWR

I fryn Calfaria unig, – enaid trist,
  Clyw sŵn traed blinedig!
  Onid oes rhwng seiniau dig
  Dinc cariad yn y cerrig?

Tryfanwy

873.

MARW CRIST

Cwynfan marw Adda'r cynfab, – marw mawr,
  Marw mwyn Rufeinfab;
  Marw mawr arw marw Mair arab,
  Marw mwy oedd marw ei mab.

Anhysbys

874.

Y GROGLITH

Gwelais O'n rhannu golud – gras y Nef
  Ar groes nadd, rhwng deufyd:
  Yn ei boen a than benyd,
  Yno'r oedd dros bobloedd byd.

G. Gerallt Davies

875.

ABERTH CRIST

Yn lle eidionnau, llu dinerth, – ac ŵyn
  Yn gannoedd anghydwerth,
  Dyma ben ar bob aberth,
  A dyma waed mwy ei werth.

Robert ap Gwilym Ddu

CRIST AR Y GROES

876.

Pwy yw hwn sydd yn poeni? – Iesu yw,
  Roes ei waed i'n golchi;
  Drwy boen fawr bu'n dihoeni,
  A'i boen oedd ein beiau ni.

877.

Y cyfiawn uniawn yno – a fwriwyd
  I'w farwol groeshoelio;
  Gwanwyd eirf drwy ei gnawd o,
  A'i Dduwdod gadd ei wawdio.

878.

Ei Dduwdod oedd guddiedig; – dyn welwyd
  Dan hoelion, yn unig;
  Gwres y ddeddf dan y groes ddig –
  Gwaedodd y bendigedig!

Robert ap Gwilym Ddu

879.

HOELEN

Bu ei chlwyf i'r Mab dwyfol, – awr ei gri
  Ar y groes, yn llethol;
  Codi'r graith unwaith yn ôl
  Ni fedrai yr Anfeidrol.

John Roberts

880.

MORTHWYL

Gwir, hawli it guro hoelion – saer hoff
   Nasareth yn gyson,
  Eithr gwaedaist â'th ergydion
  Dduw a roed i'r ddaear hon.

Gwilym Roberts

❧
DIODDEFAINT IESU

881.

Dy fron a'th galon o'th gur – yn gwaedu,
   Iawn Geidwad pechadur;
  Dolefaist, diwael lafur,
  Gan y pwys, â genau pur.

882.

Cymod i faddau camwedd – a wnaethost
   Yn eithaf trugaredd;
  Di a'n dygaist, dawn degwedd,
  Oen Duw pur, i undeb hedd.

883.

Drwy dy loes ar groes, i Gred – di ddygaist,
   Do, ddigoll ymwared;
  Dwyn ein gw'radwydd, gwiwrwydd ged
  Rinweddus, i roi nodded.

884.

Dod ras iawn addas i ni, – a gallu,
   Ag 'wyllys diwegi,
  I goffáu dy angau di
  Yn ddilys, a'th addoli.

Owen Gruffydd

885.

YR ENGLYN OLAF

Er ffrydiau gwelïau gloywon – Iesu,
   Er ei ysig ddwyfron,
  Er gwaed ei holl archollion,
  Na bwy'n hir yn y boen hon!

Tudur Aled

886.

BYD ANWYBODUS

I gyd, bobl y byd, anwybodus – ŷm
   Am na charwn Iesus,
  A theg urddas y grasus
  A Thad aur a myrr a thus.

Gruffudd ap Maredudd ap Dafydd

887.

CRIST

Dechreuffydd, eilffydd, Alffa – y byd oll,
   Mab Duw, ac Omega;
  Duw wyt ti, Grist Marïa,
  Duw tragywydd, dedwydd, da.

Anhysbys

❧
ENGLYNION I GRIST

888.

Heb Grist ni byddaf, heb grair – y ddaear,
   Heb ddewis Duw ni'm cair;
  Heb rad yw, heb ei gadair,
  Heb ddim yw, heb Dduw a Mair.

889.

Hwn ni ddarfu'n wir, Hwn ni dderfydd – draw,
   Hwn a drig dragywydd,
  Hen yw Efô, a hŷn fydd,
  Hwn a wna hen o newydd.

890.

Hwn yw'n brenin crwn coronog – o nef,
   Hwn yw'n un tywysog;
  Hwn yw'r Mab gwâr, trugarog,
  Hwn yw'r Gŵr aur, Hwn yw'r Grog.

891.

Hwn, ni a'i credwn, un cariadus – hael,
   Hwn a elwir Iesus,
  Henw a gafas yn rasus
  Hwn wrth ddwyn henaur a thus.

892.

Hwn ar dywydd dydd a wnaeth deuddyn – hen,
    Hwynt a gad o briddyn:
    Hwn fu'n dechrau, flodeuyn,
    Hwn biau dechrau pob dyn.

Lewys Glyn Cothi

ENGLYNION Y CRIST

893.

Crist uchod, isod, a gredasam – ni,
    Creawdr Noe ac Abram;
    Crist a gair o Fair ei fam,
    Crist un o'r tair croes dinam.

894.

Crist ei dir a geidw, Crist ederyn – Cred,
    Crist Arglwydd Llywelyn;
    Crist ni châr pwnc erestyn,
    Crist a ŵyr croesawu dyn.

895.

Crist a wnaeth y byd, Crist a wna – y dawn,
    Crist yw O ac Alffa;
    Crist yn gadarn a farna,
    Crist un Duw pob Cristion da.

896.

Crist y deuddeg oll, Crist diddig – yw Duw,
    Crist Dewin yr Affrig:
    Crist o'r nef yw'n pendefig,
    Crist yw Ef heb uncwrs dig.

897.

Crist Dofydd ddedwydd ydoedd, – cwrs dinam,
    Crist enaid y bobloedd;
    Crist Naf mewn croestai nefoedd,
    Crist, nerth i bob Cristion oedd.

898.

Crist nef, Crist yw Ef, Crist ufudd – dirion,
    Crist galon, ffynnon ffydd,
    Crist a farn heb ddim tristydd,
    Crist Iesu, barnu y bydd.

Lewys Glyn Cothi

ENGLYNION Y LILI

899.

Lili'r pum gweli a gad – o loywlythr,
    Lili'r haul a'r lleuad:
    Lili dechrau goleuad,
    Lili Duw lawlaw â'i Dad.

900.

Lili Un a Thri, Athro oedd – i'r byd,
    Lili Bab y bobloedd,
    Lili yw Ef o'r nefoedd,
    Lili o dref nef ynn oedd.

901.

Lili'r ddaear wâr yw, euryn – i bawb,
    Lili'r byd o'i gylchlyn;
    Lili o nef yw Ef ynn,
    Lili, cadwed Lywelyn.

902.

Lili'r adar gwâr, lili'r gwaith – a wnaeth,
    Lili'r nos a'r dyddgwaith,
    Lili pob dyn yn un iaith,
    Lili pob angel eilwaith.

903.

Lili'r goleuni yw'r glanaf – dan sêr,
    Lili Nêr, Lili Naf;
    Lili o'm gweddi a gaf,
    Lili o'm rhol a alwaf.

904.

Lili Un a Thri gwlad a thref – yw Fo,
    Lili fu'n dioddef;
    Lili nawradd cyfaddef,
    Lili a'n dwg ni i nef.

Lewys Glyn Cothi

905.

'NI AD EFE I'TH DROED LITHRO …'

Trwy bennod pob trybini – ar y daith,
    Oriau du ein dellni,
    Hyn a wn, pan lithrwn ni,
    Daw ein Ceidwad i'n codi.

Derwyn Jones

906.

ADNABUOST FI

Adnabuost ein bywyd, – y galon
    A'i dirgelwch hefyd;
    Amdo'r bedd, gorthrymder byd,
    Ein gwae enfawr a'n gwynfyd.

Roger Jones

907.

Y CYMUN

Yng nghymun Crist ymunwn, – Ei ingoedd
    A'i angau a gofiwn;
    Eilchwyl ni a ddiolchwn
    Am yr hedd sy' 'mriwiau hwn.

W. Rawson Williams

908.

Y CYMUN

Hwn roddwn i arwyddo – i'r Iesu
    Drosom gael ei ddryllio,
    Ac yfwn hwn i gofio
    Ei ofid Ef a'i waed O.

Ioan Glan Menai

909.

GWEDDI MEWN CYSTUDD

O! tyred, Dad tosturi, – rho Dy nerth
    Ar rawd nos a chyni;
    Er cael hedd, dyma 'ngweddi:
    O boenau f'oes derbyn fi.

Hirfryn

910.

Y CYMUN

Cofiwn boen y Cyfiawn heb baid, – camau
    Y Cymun bendigaid;
    Gwaed yr Oen, ei gadw raid,
    Gwaed yr Oen a geidw'r enaid.

Bryfdir

911.

Y CYMUN

Bwyta, yfed a chredu – ei fod Ef,
    Y Dwyfol, yn rhannu:
    Wrth Ei fwrdd y wyrth a fu
    Drosom yng ngwaed yr Iesu.

Alun Jones

912.

'BOB BORE Y DEUANT …'

Duw ei hun roes adenydd – ei draserch
    Drosom ymhob tywydd:
    O law'r tad bob toriad dydd
    Daeth i ni fendith newydd.

J. J. Williams

913.

OEDFA'R HWYR

Unwaith yn sŵn emynu – mi welais
    Am eiliad yn llathru
    Y Groes, a dagrau Iesu,
    A fflach o'r gyfrinach fry.

Goronwy O. Roberts

914.

SWPER YR ARGLWYDD

Dwyn i gof dwyfol ofid – a'i aberth
    Achubol o'n plegid;
    Arlwy i gofio'r erlid,
    A'i ddull Ef o faddau llid.

T. W. Jones

915.

GWEDDI

O giliau dwfn y galon – yr esgyn
    Ar asgell gobeithion,
  A daw Iôr o'i nef dirion
  At y pyrth i ateb hon.

Charles Jones

916.

GWEDDI HWYROL

Drwy y nos, dirion Iesu, – yn dy nawdd
    O cadw ni tra'n cysgu.
  Rho ddawn, os cawn, Iesu cu,
  I fyw erot yfory.

Gwilym Rhys Roberts

917.

YR AWR WEDDI

Awr o hedd yw'r awr weddi, – awr i ddyn
    Roi i Dduw ei daerni.
  Ein Tad, heno dyro Di
  Lwyth hirnos o wlith arni.

Bob Parry

918.

OEDFA'R PLANT

Duw ein plant, tyred i'n plith, – i'r oedfa
    Brydferth a diragrith;
  Erglyw, Iôr, a dyro'r gwlith,
  Dyro fwynder y fendith.

Ben Jones

919.

O FLAEN BWYD

O! Dad, yn deulu dedwydd – y deuwn
    Â diolch o newydd,
  Cans o'th law y daw bob dydd
  Ein lluniaeth a'n llawenydd.

W. D. Williams

920.

Y SIOE

Deallwch, er mai dillyn o'i edrych
    Yw 'nodrefn bob dernyn,
  Y bu raid i saer Pen Bryn
  Drafod ceudod y coedyn.

T. Arfon Williams

921.

BORE SUL

Di, Iôr yr uchelderau, – dyro'n awr
    Dirion wynt i ninnau;
  Ni all y Sul ein llesáu
  Heb ryw anadl o'r bryniau.

William Morris

922.

YMBIL AR GRIST

Er dy loes ar y Groes pan fu'r gri, – anrhydedd,
    Y rhedodd pob gweli,
  Er dy waed oll yn colli,
  I fyny dwg f'enaid i.

Anhysbys

923.

PADER AR FFURF ENGLYN

Dad o'r Nef, rho dangnefedd – i gysgu,
    A gwasgar f'anhunedd;
  O! am gael dy ymgeledd,
  Iesu byw, cyn nos y bedd.

Bob Roberts

924.

AWR WEDDI

O bob awr, yr awr orau, – awr i Dduw
    Roddi oed i minnau;
  Am awr anterth fy mreintiau
  Dylwn o hyd lawenhau.

William Morris

925.

GWEDDI

Dduw hael, pâr im addoli – d'enw mawr,
    Dyna mwy fy ngweddi;
    Buost fwyn, achubaist fi
    O waelodion fy ngh'ledi.

Dyfnallt

❧

ENGLYNION YR OFFEREN

926.

Anima Christi, sanctifica me.

Enwog, trugarog annwyd Tri – ac Un,
    Ogoniant proffwydi,
    Enaid teg croesteg Cristi,
    Fal glain o fewn glanha fi.

927.

Corpus Christi, salva me.

Corff Crist sy rydrist dros wrhydri – cam,
    Cnawd cymun o'i erchi,
    Iechyd pur ysbryd peri,
    Can wyd fyw, cadw yn fyw fi.

928.

Sanguis Christi, inebria me.

Gwaed Crist rhag yn drist, dros deithi, – a wna,
    Fy neol a'm colli;
    Cyfod, golau glod Geli,
    Cadw rhag pechod feddwdod fi.

929.

Aqua lateris Christi, lava me.

Dwfr ystlys dilwfr dolur weli – Crist,
    Croes ddedwydd gynhelwi,
    Dwyfawl gyllawl, heb golli,
    Diwyd gylch fywyd, golch fi.

930.

Passio Christi, comforta me.

Dioddef Crist nef, naf proffwydi – byd,
    Bu ddygn Dy bym weli,
    Cadarn iawn wiwddawn weddi,
    Cadarnha, fawr wrda, fi.

931.

O bone Iesu, exaudi me.

Gwâr Iesu trugar, treigl dydi – ataf,
    Ateb y goleuni;
    Gwawr pob allawr fawr foli,
    Gwrando heb feio fyfi.

932.

Et ne permittas me separari a te.

A gosod, fau fod, fyfi, – gynnydd da,
    Ger dy law, les mwndi;
    Megis perth, wiwnerth weini,
    Mawl heb dawl, y molaf di.

933.

Ut cum angelis tuis laudem te.

Gyda'th nifer, nêr nerthwir, – engylion,
    Yng ngolau ni chollir,
    Yn y nef y cyhoeddir,
    Nesed bid gwared, boed gwir.

934.

Amen.

Boed gwir y'n dygir deg frenhiniaeth – nef,
    Yn ufudd wrogaeth,
    Gwlad uchelrad feithrad faeth,
    Gwledd ddiwagedd ddiwygiaeth.

Dafydd ap Gwilym

935.

CÂN Y SANT

Cymaint fydd tinc ei emyn, – ac alaw
    Y gwylaidd gredadun,
    Gwerthai angel ei delyn
    Ym mhalas Duw am lais dyn.

R. Gwylfa Roberts

936.

WRTH FYND I'R EGLWYS

I borth yr ymborth yr awn – i geisio
    Y gwir gysur ffrwythlawn:
    Bwyd enaid, bywyd uniawn,
    I'r bobl gu o'r Beibl a gawn.

Huw Morys

937.

GWYNFYD

Gosodwyd, nodwyd i eneidie – ffyddlon
    Yn berffeiddlwys gartre':
    Aur blas, a gras yw'r grisie,
    Disgleirwych yn entrych ne'.

Ellis Wynne

938.

DEISYFIAD

Dwg fi, Iôn, union arweinydd, – i sail
    Y Gaersalem newydd;
    Llyna y bau lle ni bydd
    Un drwg aea'n dragywydd.

Rhisiart Powel

939.

Y CRISTION TAWEL

Rhyw afiach sothach rhy sâl – yw croester
    I'r Cristion ei gynnal;
    Y dyn da nid yw'n dial,
    Dywed ef mai Duw a dâl.

Meurig Ebrill

940.

UWCHBEN DRWS ADDOLDY

O! tro, bechadur truan, – i deml Iôr,
    Dyma le rhag Satan:
    Cei ras Duw'n rhodd, Crist yn rhan,
    Nefoedd oll – na fydd allan.

Morwyllt

941.

UWCHBEN CAPEL BETHESDA, RHOS-LAN

Ffyddlondeb, undeb a bendith, – wych elw,
    A chalon ddiragrith:
    Gwylia reddf anhygoel rith,
    Mae us gwan ymysg gwenith.

Robert ap Gwilym Ddu

942.

EGLWYS GOLLEN
  (A losgwyd ddygwyl Gollen)

A'i phared heb offeren, – heb na chôr,
    Heb na chwyr na nenbren,
    Gresyn oedd fynd gwres i'w nen,
    Dduw, gael gwall ddygwyl Gollen!

Tudur Aled

943.

Gwnawn allor a chôr, llannerch wen, – a chwyr
    A charegl a nenbren,
    O fain nadd, a cherfio'i nen,
    Oll â gallu llaw Gollen.

Lewys Môn

DYN A DUW

944.

DUW A DYNION

Duw a wrendy wiriondeb, – ond ni ŵyr
    Undyn werth cywirdeb:
    Dynion a wnaeth dau wyneb,
    Duw ni wnaeth ond un i neb.

Anhysbys

945.

ATEB I LWYDFRYN HWFA
  (y clociwr, a wadai fodolaeth Duw)

Mewn hanner nos arhosi – yn y twll,
    Llygad haul nis gweli;
    Ni chlywir llais d'awrlais di'n
    Taro un mewn trueni.

Berw

946.

BEDYDD

Ysbrydol, fydol fedydd – yn newid
　　Annuwiol yn newydd:
　　Nefol Dad yn rhad a rydd
　　Ddyn isod yn ddinesydd.

Thomas Jones

947.

FFORDD DUW

Dwysáu ni raid i Seion, – neu wylo
　　Am anwyliaid ffyddlon:
　　Duw o hyd a gwyd i hon
　　Wŷr da i gau'r adwyon.

Ioan Brothen

948.

Y DUW SY'N RHOI

Rhoes ei ymborth i'm porthi, – rhoes hawddfyd
　　O'i orseddfainc imi;
　　Rhoes deiroes o dosturi,
　　A rhoes ei Fab drosof fi.

Anhysbys

949.

WEITHIAU

Rwy' weithiau er pob dadrithiad rywfodd
　　Yn profi cyffyrddiad
　　Rhywun yn siglo'r cread
　　Yn fwyn iawn, fel llaw fy nhad.

Emyr Lewis

950.

DUW

Duw'n Un, Duw a'i lun yn lanwaith, – Duw'n Ddau,
　　Duw yn ddewin perffaith;
　　Duw yn Dri gwedi pob gwaith,
　　Duw'n gwbl. Duw yw ein gobaith.

Anhysbys

951.

DUW'R CREAD

Duw'r gwenith a'r gwlith a'r glaw, – Duw'r bydoedd,
　　Duw'r bedw a'r ysgaw,
　　A'i haul ar ei ddeheulaw,
　　A'i loer ar ei aswy law.

Anhysbys

952.

CYSUR DUW

Yn nherfysg fy naearfyd – f'angor yw,
　　Fy nghraig ym môr bywyd;
　　Fy rhwyf ar gefnfor hefyd,
　　Ar fin glan, yr hafan glyd.

Anhysbys

953.

DUW A RAN

Ni chaiff dyn ronyn ond a rannodd – Duw,
　　Ni cheir dim o'i anfodd;
　　Nid pob un a'i dymunodd
　　Yr aeth ei fyd wrth ei fodd.

Siôn Tudur

954.

DEUFYD

O gyweth difeth mewn deufyd, – Duw gwyn,
　　Digonedd sy gennyd;
　　Gyda rhoi nef im hefyd,
　　Trefna beth tra fwy'n y byd.

Siôn Tudur

955.

GOBEITHIO

Er cwyno lawer canwaith – a gweled
　　Twyll y galon ddifaith,
　　Ni fyn Duw o fewn y daith
　　Droi neb i dir anobaith.

Robert ap Gwilym Ddu

956.

GWEDDI

Dduw annwyl, o'th ddaioni, – dyro ras,
    Dyro rym im godi
    Drwy ganol pob drygioni,
    Eto, y Tad, atat Ti.

Llew Llwyfo

957.

ANOBAITH

Er na fyn Duw gwyn, deg weniaith, – bechod,
    Am bob achos diffaith,
    Ni fyn Duw gwyn, gwedi'r gwaith,
    Mynnu neb mewn anobaith.

Anhysbys

❧ GWEDDI

958.

Gwir wylaf ddagrau heli – o lwyr och;
    I lawr af dan weiddi
    At ei orsedd mewn gweddi,
    A gwaed y Mab gyda mi.

959.

… Dy hedd na omedd imi, – Duw lywydd,
    Dilea fy mryntni;
    Claf yw 'ngwaedd, clyw fy ngweddi,
    O ran dy Fab, gwrando fi …

960.

Drwy'r hoelion a'r coroni – draw, a'i gur,
    Drwy y gwawd a'r poeri,
    Drwy y gwinegr, dir gyni,
    Drwy ei boen fawr, derbyn fi.

Robert ap Gwilym Ddu

961.

DA YW DUW

Mewn ieuenctyd byd heb oedi, – Duw byw,
    Da y buost imi;
    Yn llednoeth â phenllwydni,
    Duw Dad, na ymâd â mi.

Anhysbys

962.

OFNI DUW

Ofni gwrthuni gwrthwyneb – yr wyf,
    Ofni'r awr i ateb;
    Ofni hir drin ffolineb,
    Ofni fy Nuw'n fwy na neb.

Siôn Tudur

963.

DYMUNIAD

Ni cheisiaf gan Naf o Nefoedd – gyfoeth
    Na gofal brenhinoedd,
    Ond arail ŵyn ei diroedd,
    Duw a'i gwnêl, a digon oedd.

Goronwy Owen

964.

I'R DRINDOD

Duw'n Dad, Duw Fab rhad priodol, – dwysbraff,
    Duw ysbryd sancteiddiol;
    Duw Tri'n Un, nis detry'n ôl,
    Duw yw hwn, diwahanol.

Iolo Goch

965.

YR IAWN

Paham y gwneir cam â'r cymod – neu'r Iawn
    A'i rinwedd dros bechod?
    Dywedwch faint y Duwdod,
    Yr un faint yw'r Iawn i fod.

Robert ap Gwilym Ddu

966.

A FYNNO DUW A FYDD

Dur, haearn cadarn, coedydd, – a thyrau
    A thiroedd a gwledydd,
    A fynno Duw o fewn dydd
    Ei ddarfod, ef a dderfydd.

Anhysbys

967.

DIRGELWCH BODOLAETH DUW

Mawredd Iôr, fel moroedd im, – a leda'r
    Anweladwy ddiddim:
    Trig iddo yw tŷ'r goddim,
    A môr o Dduw yw'r mawr ddim.

Tafolog

968.

EIDDO DUW

Iôr a biau roi bywyd, – cu anadl
    Ac einioes ac iechyd:
    Hawl a fedd i alw o fyd
    Man y mynno mewn munud.

Gwilym Callestr

969.

YMBIL AR DDUW

Duw Iôr, cynnal f'enaid rhag ceunant – serth,
    Lle syrthiodd pob methiant;
    Duw, pâr iddo neidio'r nant
    Ac ennill y gogoniant.

William Siôn Wynn

970.

DWG NYNI

Duw'r Ceidwad, Duw'r Tad wyt ti, Duw brynwr,
    Duw brenin haelioni;
    Duw eilwaith, er dy weli;
    Duw gwyn, i Nef dwg nyni.

Anhysbys

971.

DRYGIONI DYN, DAIONI DUW

Rhyfeddu, synnu ers ennyd – yr wyf;
    Rhyfedd gennyf hefyd
    Fy meiau yn fy mywyd
    A Duw'n dal i'm cynnal c'yd.

O. Jones

972.

GWAITH DUW

O'i ewyllys gwna'i hollwaith, – y Nef wen
    A'i fyd yn gyfanwaith;
    Nid yw Duw yn gwneud ei waith
    Heb ei orffen yn berffaith.

Roger Jones

973.

ADDEWID AM FADDEUANT

Hen alwad i fyw eilwaith, – hen gynnig
    I weiniaid y gyfraith,
    Hen amod cyn troi ymaith:
    Derbyn Duw ar ben y daith.

Robert Jones

974.

YMSON Y SAINT

Ein holl ofid a'n llafur – ddarfyddant;
    Rhydd Iôr foddion cysur;
    Daw'r delyn wedi'r dolur,
    Cawn daro cân wedi'r cur.

Testyn

975.

PWY BYNNAG A DDÊL

At oludoedd mewn tlodi – y rhedaf
    Ar hyd priffordd gweddi:
    Ni yrr Iôn i drueni
    Ymaith o'i ŵydd fy math i.

Joseph o Golwyn

976.

EDIFEIRWCH Y MEDDWYN (1)

At fy Nhad, fwriad edifeirwch, – af
   I ofyn Ei heddwch,
   Dan grynu, lledu'n y llwch,
   A darostwng i dristwch.

Siôn Dafydd Las

977.

EDIFEIRWCH Y MEDDWYN (2)

Gweddïaf, byddaf bob awr – yn deisyf
   Y Duw Iesu'n ddirfawr,
   Na ddêl trwm ddial tramawr
   Am bechod fy meddwdod mawr.

Siôn Dafydd Las

978.

GWEDDI DROS UN CLAF

Duw mawr nef a llawr, yn llwyrach – na saint,
   A wnaeth Siob yn afiach,
   Duw oll a'i gwnaeth yn holliach,
   A Duw a'th wnêl dithau'n iach.

Wiliam Llŷn

979.

BARN

Pob drwg o'r golwg a gela – dynion
   A dân y Gorucha';
   Yn ei lys Ef, ni lesâ
   Euro llaw am air lleia'.

Anhysbys

980.

EDIFAR

Trugaredd deg wedd, Duw gwyn, – i'm buchedd
   Mi bechais yn d'erbyn;
   Wylo'r wyf i'w lwyr ofyn,
   Dwfr hallt, mae'n edifar hyn.

Anhysbys

981.

ERFYNIAD

Fy Arglwydd hylwydd a haela', – trwy ffydd
   Mae tri pheth a geisia' –
   Dy ras im drwy oes yma,
   Trugaredd a diwedd da.

Anhysbys

982.

DYMUNIAD

Arglwydd gwyn, hylwydd gynheiliad – nefoedd,
   Yn ufudd yn wastad,
   Gras a dawn, gwir Iesu, Dad,
   Yn y man yw 'nymuniad.

Anhysbys

983.

DYMUNIAD CLAF

Edryched, mynned im oes – drwy iechyd,
   Edryched ar f'oerloes;
   Oni fyn estyn f'einioes,
   Byrhaed yn rhwydd, f'Arglwydd, f'oes.

Hywel ap Syr Mattau

ENGLYNION I DDUW

984.

Yn y trŵn y mae trwy ynni – yn Un;
   Yn y nef y mae'n Dri;
   Yn yr haul, yn yr heli,
   Yn y sêr, myn f'einioes i!

985.

Yn y gwŷdd y bydd, ymhob âr – drwy'r byd,
   Yn yr ŷd a'r adar;
   Yn Dduw y mae'n y ddaear,
   Yn ddewin gwyn, yn ddyn gwâr.

986.

Yn eigion ymhell, yn agos –y mae,
   Yn y main, yn y rhos,
   Yn y dydd, yn y diddos,
   Yn y niwl ac yn y nos.

987.

Yn egin y llin gerllaw, – yn y gwynt,
 Yn y gwellt yn gwreiddiaw,
 Yn y gwenith yn rhithiaw,
 Yn y gwlith ac yn y glaw.

988.

Yn fryn y dwyrain, yn frenin – ieithoedd,
 Yn eithaf gorllewin;
 Yng ngogledd, anhunedd hin,
 Yn y deau'n un dewin.

989.

Yn deg y mae ymhob degwm,
Ymhob da oll, ymhob dim;
Yno y mae Duw ynom,
Yn Nuw erioed, yno'r ŷm.

Lewys Glyn Cothi

ENGLYNION Y DRINDOD

990.

Trindod yn dyfod mewn difant – yr haul,
 Tri hwyliwr bryn a phant;
 Tri y sydd megis tri sant,
 Tri ac Un trwy ogoniant.

991.

Tri chrair un gadair, un geudawd, – heb orn,
 Tri yn barnu Ddydd Brawd;
 Tri ac Un lle y pwyntir gwawd,
 Tri o unDuw yw'r Trindawd.

992.

Tri oeddynt o nef, tri eiddun – alarch,
 Tri eilwaith yn gytûn;
 Tair person oedd ohonun',
 Troi a wnaeth y tair yn un.

993.

Tad planed wastad, Tad niwl distaw – gwyn,
 Tad i'r gwynt, gwaith ei law;
 Tad gwenith, Tad eginaw,
 Tad yw i'r gwlith, Tad i'r glaw.

994.

Tad daear wastad, meddai Awstin – gynt,
 Tad i'r gwellt a'r egin:
 Tad lleuad a gorllewin,
 Tad yw i'r haul, Tad i'r hin.

Lewys Glyn Cothi

995.

Y BEIBL

Fy Meibl hwn a fu'm blaenor – ar fy nhaith –
 Llyfr fy Nuw, a'i gyngor;
 Trwy'r byd, ar derfysglyd fôr,
 Ei Efengyl yw f'angor.

Dewi Arfon

996.

Y BEIBL

Drych ydyw o'r Iachawdwr, – a dengys
 Nod angen y cyflwr:
 I enw Duw, saif yn dŵr,
 A Duw ydyw ei Awdwr.

Anhysbys

997.

Y BEIBL

Llyfr doeth – yn gyfoeth i gyd, – wych lwyddiant –
 A chleddyf yr Ysbryd,
 A gair Duw nef yw hefyd:
 Beibl i bawb o bobl y byd!

Robert Williams

998.

Y BEIBL

Cymer hwn, ac am arweiniad – a nerth,
 Glŷn wrtho yn wastad;
 Coelia'r bri, y clwy a'r brad,
 Gwarth y cur, gwerth y cariad.

R. Williams Parry

999.

Y GAIR

Gair yw hwn am angau'r Groes, – a golau
    Ar ddirgelion einioes;
  Mawr ei werth ym more oes,
  Yn sail ac ernes eiloes.

Bodfan

1000.

Y BEIBL

Llyfr mawr ei bwnc, llyfr mwya'r byd, – llyfr Duw
    A llyfr deddf yr hollfyd:
  Mae bywiol fflam y bywyd
  A grym y Gair yma i gyd.

Robert Jones

1001.

Y BEIBL

Llyfr rholfawr, llef o'r eilfyd, – O! gu lef,
    Unig lyfr am fywyd;
  Llyfr barn wedi llafur byd –
  Llafur oes y llyfr esyd.

Anhysbys

1002.

GWEDDI
  (*Effesiaid 4:27*)

Tyrd i'm cyfan feddiannu; – llifeiria
    dy holl fôr i'm cyrchu,
  ond gad, O Dad, yn dy dŷ
  le bach i'm diafol bechu.

Gwynfor ab Ifor

1003.

OLWYN DDŴR Y WERN

Gyda'r gaea'n troi'n Wanwyn, – rhoi yn hael
    a wna'r nant bob galwyn
  o'i dŵr hi, a gweld yr wy'
  na reolaf yr olwyn.

T. Arfon Williams

1004.

YR ACHUBWR

Yn eigion fy nrygioni – fy hunan
    Rwyf innau ar drengi;
  Eto gwn na foddaf fi –
  Dod mae ceidwad i'm codi.

T. Arfon Williams

1005.

FEL YR WYF

Digrif yw'r godidowgrwydd – honnaf i
    Cans pan fyn yr Arglwydd
  Dynnu'r wisg mae'n gweld yn rhwydd
  Hagrwch fy nghyntefigrwydd.

T. Arfon Williams

1006.

YNYS ENLLI

Er dyheu am wawrio'r dydd – y deuwn
    At y diwedd beunydd,
  Ar y ffordd, daeth pen draw'r ffydd
  I 'mhoeni yn Uwchmynydd.

Tudur Dylan Jones

Englynion Serch

1007.

FY NGHARIAD

Grudd fad is llygad glas llon, – a dwy ael
    Is dellt crych felynion;
   Ha! fe alwyd nefolion
   I hollti aur yn wallt i hon.

Dewi Havhesp

1008.

YR AEL FAIN

Myn Crist, rwyf yn drist mewn drain – yn gorwedd
    O gariad fy rhiain;
   Gwelir fi yn farw gelain
   Ar ôl y ferch â'r ael fain.

Anhysbys

1009.

F'ANWYLYD

Dacw wen feinwen ar faenol – decaf,
    A dacw fy hudol;
   Dacw 'nghariad gwastadol,
   A dacw'r ddyn deca' ar ddôl.

Anhysbys

1010.

CARU AUR

Cerais aur, ac er rhoi sen, – ba gerydd?
    Bwy garai beth amgen?
   Cywrain fal coron felen
   Y troed y gwallt ar iad Gwen!

Anhysbys

1011.

CRYFDER CARIAD

Cryf yw cryfdwr dŵr ar doriad – y môr,
    Cryf ymherodr dengwlad,
   Cryf yw'r gwynt, rhyw helynt rhad,
   Cryf yw cwrw, cryfa' cariad.

Anhysbys

1012.

AR DDYDD GŴYL

Gwyliwch na soniwch am Siân, – na dwedyd
    Nad ydyw'n ferch groenlan:
    Oedd gloywach, ddygwyl Ieuan,
    Ei thrwsiad hi na thyrs tân!

Anhysbys

1013.

GWYCHDER GWEN

Mi wn uchder sêr nos hirwen – i'm gwers,
    Mi wn gwrs yr wybren,
    Gwn rif gwellt a phob mellten,
    Ni wn hanner gwychder Gwen.

Rosier Cyffin

❧
HEN GARIAD

1014.

Cenais, ban ellais, benillion, – y bore,
    Bwriais fawr beryglon,
    Ac nid hawdd im ganu tôn
    Ac wylo yn y galon.

1015.

Chwiliwch, ystyriwch, ddwys doriad – calon,
    A'ch coeliodd yn wastad;
    Gwrandewch, er y gwirion Dad,
    Achwyn gŵr, eich hen gariad.

Anhysbys

1016.

LLE BO'R GALON

Lle bo cariad, brad mewn bron, – yn llechu
    Mewn lloches dirgelion,
    Fe dry llusgiad llygad llon,
    Llwybr y goel, lle bo'r galon.

Anhysbys

1017.

Y FERCH YSGAFNDROED

Dyn gampus, gofus, gyfoed, – dyn weddus,
    Dyn addwyn, ysgafndroed,
    Dyn ddidrwst, union ddeudroed,
    Dyn ni thyr ŵy dan ei throed.

Anhysbys

1018.

GWENITHEN Y GENETHOD

I'n sir ni adwaenir, ni wn a dynnen' – fyth
    Ddim o'th fath, winwydden;
    Â'r iad tan aur, wyt yn wen
    Fel y tes ar fol t'wysen.

Anhysbys

1019.

CUR CARIAD

Oherwydd mawr gerydd am garu – gwenferch,
    Goreuserch gwŷr Iesu,
    Hwyr gariad fel hir gryd fu,
    Hwyr yn iach o hir nychu.

Anhysbys

1020.

LLES CARIAD

Ai llesâd cariad wedi curiaw – 'n gul,
    A'r galon yn drylliaw?
    Dyn ydwy'n dieneidiaw
    A'i raid a'i les ar dy law.

Anhysbys

1021.

Y GALON DOREDIG

Ysgyrion yw'r fron a fraenodd – o gur
    Pan gerais dy wirfodd:
    Dy serch, lawen ferch, lân fodd,
    A dwys gariad a'i 'sgyriodd.

Anhysbys

1022.

GLENDID

Od ydwyd, fal y dywedan', – yn ffôl
    Ac yn ffals dy amcan,
    Hynod i Dduw ei hunan
    Fentro dy lunio mor lân.

Anhysbys

1023.

GŴR GOFIDUS

Mae dolur difesur dan f'asau – 'n tramwy,
    Mae trymion feddyliau;
    Y mae enaid i minnau
    Er na chaf ffordd i'w choffáu.

Anhysbys

1024.

CUSANAU

Mil o gusanau a mwy, – a gefais
    Ar gyfer Glyndyfrdwy:
    Nid â'r mêl, er a wnelwy',
    Na'r gwin oddi ar fy min mwy.

Owen Gruffydd

1025.

MOES GUSAN

Moes gusan bychan dibechod, – digri,
    Mal deigryn ar wirod;
    Medrusaidd, – medri osod –
    Er mwyn Duw ar fy min dod.

Anhysbys

1026.

CUSAN

Dy gusan mwynlan minwledd – a gefais
    Rhwng gwefus a dannedd,
    Yn well ei flas, trwy faswedd,
    Na saig o'r mân siwgr a medd.

Morys Dwyfach

1027.

TRUGAREDD

Er rhifo'ch tegwch yn rhyfedd, – a'ch iach
    A'ch uchel anrhydedd,
    Gwnewch chwithau, Gwen, ar ben bedd,
    Draw â gwirion drugaredd.

Anhysbys

1028.

OFFEREN SERCH

Ar amser Duw Nêr, dawn oriau – hybarch,
    Ebyrth offerennau,
    D'wyneb ferch (Duw na bai fau!)
    A'th wên yw f'aberth innau.

Anhysbys

❧

YN IACH

1029.

Ymadael, wawr hael liw'r heulwen, – sy' raid,
    A'm henaid yw meinwen;
    Yn iach, rasol bryd Olwen,
    Och finnau'n iach, fy nyn wen!

1030.

Ond gresyn, wych fun, och finnau, – fain ael,
    Fy nolur a'm poenau:
    Gwell o wir ddig oll o'r ddau,
    Gwen, iwch ladd gwan â chleddau.

Anhysbys

1031.

CURIO MEWN CARIAD

Mewn lledrad, gariad, gorwedd – yr oeddwn
    Ar oddau trugaredd;
    Mewn rhyw ofid mae'n rhyfedd
    Mor wan fy myw 'mron fy medd.

Anhysbys

1032.

GWEDDI

Elusen, meinwen, o mynni, – gwrando,
  Gwirionder a glywi,
  Ymron bedd, ar fy ngweddi
  Iwch, o bai fodd, 'Achub fi!'

Anhysbys

1033.

GOFID

Amdanad, lleuad pob lle, – o alaeth
  Yr wylais i'r dafne;
  Mae arnaf fwrn am dy siwrne,
  Dywaid, loer, ai da dy le?

Anhysbys

1034.

YR OED

Glân yw meingan mewn mangoed – a manwydd,
  A minnau sy' 'sgafndroed;
  Y bore y bu hiroed,
  A phrynhawn yr awn i'r oed.

Anhysbys

RHWNG DAU

1035.

Amdanad mewn gwlad mae'n g'ledi – gwallus
  Am golli dy gwmni;
  Dwysach oedd na'm dioesi,
  Dwysa' dim dy eisiau di.

1036.

Cei fynwes gynnes genni, – cu fwynwalch,
  Cei f'einioes, os mynni;
  Cei fy llaw yn dy law di,
  Cei fy nerth cyfan wrthi.

Anhysbys

1037.

TRASERCH

Treiglo, trwm ddigio trwy ymddygiad – traserch,
  Nid rheswm mo'i fagiad;
  Trwm ydyw'r plwm a dur plâd,
  Trwm awch cur, trymach cariad.

Anhysbys

1038.

Y GŴR TLAWD

Ni fyn merch ymannerch â mi – na'm bath:
  Ni chaf byth ddyweddi.
  Gwae fi fy mod mewn tlodi,
  A chased gan ferched fi.

Anhysbys

1039.

MEWN TLODI

Rwy'n brudd, Gwen, beunydd, gwn boeni – drwy achos,
  Edryched Duw wrthi:
  Gan fy mod mewn tylodi
  Ni chaf gymdeithas â chwi.

Anhysbys

1040.

HIR POB AROS

Fy myd, mewn ennyd mae'n nos, – a minnau
  A'm hannedd nid agos;
  I'm bron y rhed, fal brwyn rhos,
  Blaen wayw dur. Blin yw d'aros.

Anhysbys

1041.

MEWN ADWYTH WYTH O WEITHIAU

Wyth glefyd gennyd ganwaith – a gefais,
  Wyth gofal trwm, hirfaith;
  Wyth gariad mud, wyth gryd maith,
  Wyth gŵyn, Wen, na'th gawn unwaith.

Anhysbys

1042.

PRYD A MODD

Perffeth, lloer odieth, lle'r ydwyd – meinael,
    A mwynaidd y'th wnaethpwyd;
      Pryd a modd it a roddwyd:
      Angyles neu santes wyd.

Anhysbys

1043.

LLEIAN DEG, OND LLAWN O DWYLL

Paid, leian fwyngan, feingall – â'm dallu,
    Cais dwyllo un arall:
      Digon sydd o rai digall,
      Er hynny, Gwen, mae rhai'n gall.

Anhysbys

1044.

UN O FIL

Propra' a meina' ei maneg – a'i llun,
    A llyna beth rhydeg:
      Haela' a gwynna' 'i gwaneg,
      Glana' yn y dyrfa deg.

Anhysbys

1045.

CREULONDEB MERCH

Dy wefus felys a ladd filwr – glân,
    Gelynes cwmnïwr;
      Dy olwg yw'r dialwr,
      Dyrnod gwn drwy enaid gŵr.

Anhysbys

1046.

DIODDEF YN DAWEL

Dwyn lladrad, gariad gwirion, – y byddaf,
    Heb adde i gyfeillion:
      Dirwy galed i'r galon
      Dwyn dy serch dan dewi â sôn.

Anhysbys

1047.

CRYFDER CARIAD

Er athrodion dynion nid a͞ – i'th oedi,
    A'th adael nis gallaf:
      Os dig a'i gynnig a gaf
      Wyth gywirach y'th garaf.

Anhysbys

1048.

DOLUR O ANWADALWCH

Echnos, diweddnos, da oedd – fy nghyflwr,
    Fy nghoflaid glân ydoedd:
      Neithwyr, mae a'i gŵyr ar goedd,
      Llwdwn i arall ydoedd.

Anhysbys

1049.

A FYNNO DUW

Er cariad deuddyn, er cywired – fydd
    Ar feddwl a gweithred,
      Nid â ynghyd fyth, gwiwsyth ged,
      Ond a fyn Duw ei fyned.

Anhysbys

1050.

BARN ERAILL

Er bod rhai hynod yn honni – ynfydrwydd
    Ni fedraf fyw hebddi:
      Nid oes (mi wn ymgroesi)
      Ym mhen neb fy mhiniwn i.

Anhysbys

1051.

GWAE CARIAD

Gwae f'ais a'm calon, gwiw ferch, – gwae f'wyneb,
    Gwae finnau o'th draserch;
      Gwae'r dyn a garo d'annerch:
      Gwaeth na dwy saeth yw dy serch.

Anhysbys

1052.

CLYW FI

Gwn ddolur, eglur oglais, – gan gariad,
  Gwn gurio fy nwyais;
  Gwn benyd lle gwan boenais,
  Claf wyf, fy lloer. Clyw fy llais!

Anhysbys

1053.

Y GWROL EI GARIAD

Edrych grupul cul, er Crist Celi, – fun,
  Er dy fwyn sy'n poeni;
  Edrych, Gwen, rhag trueni,
  Ar ŵr âi i'r tân erot ti.

Anhysbys

1054.

GWRTHODEDIG

Ni ddaw, er wylaw, ond ar elor – 'medd,
  Am iddi fy hepgor;
  Nid erys hwnt ond ar sor,
  Ni fyn imi fyw nemor.

Anhysbys

1055.

CARU GWEN AC ARALL

Caru Gwen gymen yn gall – ag esgus
  O gysgod un arall:
  Meddwl am Wen gymhengall
  A'm llaw yn amgylch y llall.

Anhysbys

1056.

Y FERCH OLEUBRYD

Cannaid wyd fal cnwd o iâ, – a gwynnach
  Na gwenith ar hindda;
  Disglair fal cawod eira
  A chroen fal llewych yr iâ.

Anhysbys

1057.

ALIS

Alis fach, tecach wyt ti, – myn Seiriol,
  Na'r seren sy'n codi;
  Gwn nad oes i gydoesi
  Drychineb yn d'wyneb di.

Anhysbys

1058.

CANMOL YN OFER

Ni chlyw Gwen, seren, ddyn siriawl, – na'm cur
  Na'm cariad dieithrawl;
  Ni chlyw'r ddyn lân ei chanmawl,
  Nid amheuthun i'r fun fawl.

Anhysbys

1059.

MORWYN DLAWD

Ni bu Non ffyddlon er ei ffawd, – myn Mair,
  Na morwyn ddibechawd,
  Nac un iarlles gynhesgnawd
  Mor wen dlos â morwyn dlawd.

Anhysbys

1060.

Y FERCH DDI-HID

Gwae fy mron! Gwirion gan garu – fy myd,
  Er fy mod yn nychu:
  Ni chyll y ferch, geinserch gu,
  Hirwych wasg, awr o'i chysgu.

Anhysbys

1061.

ENGLYN YR ODLAU DWBL

Ail garaf araf, eurwyd – llywethau,
  Dy blethau dwbl weithiwyd:
  Meinwen geinwen a gannwyd,
  Tirion mewn dail irion wyd.

Anhysbys

1062.

CYNGOR I FERCH

Arfer diofer dafod – sy' orau,
    Fy seren fwyneiddglod:
    Mwy cerir, lle clywir clod,
    Awch mwynder na chymhendod.

Anhysbys

1063.

MOES

Moes gusan mwynlan i mi; – ac ar hyn,
    Rhag i'r rhodd dy dlodi,
    Cei gan cusan amdani –
    Dyna dâl am dy un di!

John Morris-Jones

1064.

CUSAN

Cysylltiad sipiad swper, – gof oesoedd,
    Gwefusau melysber;
    Gwin solas o gain seler,
    Siwgrfan parch, cysegrfin pêr.

John Humphreys

1065.

MEWN GWENDID

Gwan wy' o glwy wrth glywed – dy goffa,
    Heb gaffel dy weled;
    Gwan wy' myn Mair, pen crair Cred,
    Gwannach na'r awr y'm ganed.

Anhysbys

1066.

MOES, MOES

Moes gusan i'm rhan, Myfanwy, – moes fil,
    Moes ddwyfil, moes ddeufwy –
    Moes ugeinmil, moes ganmwy,
    A moes, O! moes, im un mwy.

Anhysbys

1067.

HEN STORI

Dy geraint, mewn braint a bri, – Gwen annwyl,
    (Gwenwynig yw'r rheini)
    Y sydd chwannog i'm crogi,
    F'enaid aur, er dy fwyn di.

Anhysbys

Y FERCH FINBER

1068.

Melys, pur weddus pereic dwin; – gwn gael
    Glyd afael gloi deufin;
    Gwen dlos a'i gwyndal iesin,
    Gloyw fêl ymafel â'i min.

1069.

Fal y mêl yw gafel ei gwefus – beraidd,
    Buraidd grair gariadus:
    Glana' bun ymhob ynys,
    Gwynna' groen o dan gan grys.

1070.

Melys ei gwefus a'i gafel – a'i dant:
    Hi a demtiai angel!
    Pwy'n canu mwyn bynciau mêl?
    Pwy'n well llais pennill isel?

Anhysbys

1071.

I GUSAN MERCH

Sipiais fedd, gwiwfedd gyfion, – gof faswedd,
    Gwefusau melysion:
    Duw a fwriodd diferion
    Mêl gawod hyd dafod hon.

Anhysbys

1072.

CALON OER

Fy mun wamal, dy galon – a oerodd,
   Ac o'th herwydd weithion,
Oer wyf â'r haf ar y fron,
Yr wy'n rhynnu ar hinon!

Anhysbys

1073.

OERI O ACHOS CARIAD

Mal iâ ar hindda neu wres – yr ydwyf;
   Curiedig fy hanes:
Pan fo'n Fai difai ei des
Mae Ionor lond fy mynwes.

Anhysbys

1074.

FFARWELIO Â'R RHYFEL YN FFRAINC

Ffarwel i Dwrne ffairwych, – a Therwyn,
   Ni thariaf mwy wrthych:
Adref yr af i edrych
Am wen a adewais, em wych.

Cynrig Hanmer

1075.

DISGWYL

Beunydd o newydd, a nos, – i'm meddwl,
   Fy maddau rwyt agos;
Minnau sydd wâr yn d'aros –
Od ei yn elyn im, dos!

Anhysbys

1076.

GWEN

Gyda Gwen feinwen mae f'oes – i ddarfod,
   Pan dderfydd y ferroes;
Dwedwch fel rwyf dan glwyf gloes,
Gofynnwch a gaf f'einioes.

Anhysbys

1077.

Dolur, briw eglur, a beryglodd – f'ais,
   A dwyn f'oes amcanodd;
Dolur o'm mewn, dwl yw'r modd,
Doe Lowri a'm doluriodd.

1078.

Gwŷl gur a dolur hyd waelod – calon;
   Blin yw celu nychdod:
Gwŷl, fy mun, yn glaf fy mod,
Gwŷl, Lowri, fi'n gul erod.

1079.

Gwelwch, ystyriwch, ddwys doriad – calon,
   A'ch coeliodd yn wastad:
Gwrandewch, er y gwirion Dad,
Achwyn gwir eich hen gariad.

Anhysbys

1080.

ELIN

Ni allaf yr haf, wawr hin, – na chanu
   Na chynnal fawr chwerthin,
Na throi mewn ymwasg na thrin
Na byw eilwaith heb Elin.

Anhysbys

1081.

GWALLT MERCH

Fel lliw'r wawr, fel y lloer wen, – fel ir ŷd,
   Fel aur edau'r fellten,
Neu haul haf, neu liw hufen;
Heb ddadl, llwyn banadl dy ben.

Gwynn ap Gwilym

1082.

Dy wallt aur! Fe'm dallwyd i – yn gyfan
     Pan gefais faldodi
Felynwch tes dy dresi,
Gwe gymhleth dy eurbleth di.

1083.

Os y tes yn fy nhresi – a'th hudodd,
     A'm plethiadau'n tonni,
Onid twyll dy gariad di? –
Nid fy enaid a fynni.

1084.

Er fy mod yn maldodi – dy holl dwf,
     Dy wallt aur a'i donni,
Nid arhosol dy dresi,
Nid dy wallt yw'r hyn wyt ti.

Alan Llwyd

1085.

MORFUDD

Morfudd, deg wenddydd Duw gwyn, – hoff ydyw,
     Ni pheidiaf â'th ddilyn
Oni ddêl ar bren celyn
Neu o'r grawn gwern groyw win gwyn.

Dafydd ap Gwilym

1086.

MORFUDD

Mawr yw cadair dâr, mawr yw coedydd – byd,
     Mawr yw bod yn gelfydd;
Mawr iawn yw dyfnder môr rhydd,
Mwy yw f'erfyn am Forfudd.

Dafydd ap Gwilym

1087.

MORFUDD

Ni pheidiaf â Morfudd, hoff adain – serchog,
     Pes archai Bab Rhufain,
Hoywliw ddeurudd haul ddwyrain,
Oni ddêl y mêl o'r main.

Dafydd ap Gwilym

1088.

O'th gaf ni nychaf, achwyn – yw curio,
     Er caru dan fedwlwyn;
Oni'th gaf, araf forwyn,
Gwnâi ddiwedd f'oes, Gwenddydd fwyn.

1089.

Hirnos pob aros, pob irael – sy' deg,
     Pob dig a fydd anael;
Mae'n hir gan glaf ddwyn trafael,
Mae'n ddydd hwy am Wenddydd hael.

1090.

Dechrau da yma, dameg – a gefais,
     O'th gofio, ddyn landeg,
Ac ar fwynder, gwawr feindeg,
Gwna ddiwedd da, Gwenddydd deg.

Wiliam Llŷn

1091.

Er maint fydd celwydd, er cilwg – dynion,
     Dy wyneb sydd amlwg;
Ar dy liw, Gwen, er dal gwg,
Trwy fil y trawaf olwg.

1092.

Mae 'nwyrudd beunydd yn bibonwy – glas,
     A'r gloesion yn fwyfwy,
Ac yn anodd, Gwenonwy,
Am y fun hon im fyw'n hwy.

1093.

Gwna'n frau, Gwen olau, gain Olwen, – sud teg,
     Sad hagar yw'r fargen:
Ai fy mynnu fy meinwen?
Ai rhoi nac, fy rhiain wen?

Siôn Tudur

ENGLYNION CATRIN RHYS

1094.

Pur wawr, pêr aroglwawr peryglus, – cwynfawr
    Canfod cocatreysys;
  Peryclach (Mae'n afiachus!)
  Yw troi 'nhrem at Gatrin Rhys.

1095.

Perygl a fyddai pe byw Parys – gynt,
    Ac antur Tröylys –
  Pe baen' byw mewn pob ynys
  Ceid trin yn Nhro, Catrin Rhys.

1096.

O'm daliwyd yn rhwyd mal rheidus – âi'n wyllt,
    Neu alltud wrth briflys,
  Od wy' rwym a dirymus,
  I ti rwy'n rhwym, Catrin Rhys.

Anhysbys

1097.

MOES IAWN

Gwna fi, Gwen, feinwen fwyniaith, – yn holliach,
    Wedi 'nhwyllo ganwaith;
  Gwna ryw dâl am ofal maith
  A moes iawn i'm hais unwaith.

Anhysbys

ENGLYNION DOWS

1098.

Dy wên, gwiw lawen, sy'n goleuaw – byd,
    Ffordd y baud yn treiglaw:
  Dows glaerwen yn disgleiriaw
  Yw'r haul dros yr heol draw.

1099.

Cystudd, cryd awydd, cariad ewig – wen
    O genedl fonheddig:
  Cerais hoyw ddyn, cwrs sydd ddig,
  Caru Dows yw cryd ysig.

1100.

Rhyw odiaith glodiaith fel gloywdeg – Fair Wen
    Wrth forynion glandeg:
  Rhagoriaeth fel rhyw garreg
  A roddes Duw ar Ddows deg.

Anhysbys

ENGLYNION ELIN CONWY

1101.

Ar fordon, botmon heb wad – y'm gelwir
    Am goelio fy nghariad;
  Och mwy na bawn wych mewn bad
  Ar Gonwy pe rhoe gennad!

1102.

Petwn a rhwyfwn awr hwy, – ail angel
    Neu longwr ar fordwy;
  O donnau môr nid awn mwy
  I nef cyn nofio Conwy.

1103.

Ennaint rhag henaint yw Conwy, – hoff iawn
    Fel Ffynnon Wenfrewy:
  Nid rhaid ennaint Dŵr Donwy,
  Ni chaid o'i fewn iechyd fwy.

1104.

Cerais a gwywais, gaeaf – a gwanwyn,
    Ac wyneb cynhaeaf;
  Cariad Elin, croyw daliaf,
  Conwy, liw haul canol haf.

1105.

Ar lun a phryd un a dynnwyd – ar gŵyr,
    Rhagorol y'th wnaethpwyd;
  O liw Anna ni luniwyd,
  Elin, un dyn – lain ôd wyd.

Gruffudd ab Ifan

ENGLYNION BLAENS YCH EDWARD

1106.

Pe bawn faer ar Gaer Lleon Gawr – a Chwyntri,
    A chantref hyd Windsawr,
    Ag aur melyn Gwŷr Maelawr
    Mi wnawn i Blaens ddemaens mawr.

1107.

Pe bawn Empriwr siŵr, fy seren – eurglod,
    Neu Arglwydd Rhydychen,
    Rhown er fy rhiain irwen
    Filiwns o aur i Flaens wen.

1108.

Blin ceisio ymbwyo a byw – heb lonydd,
    Ow! blinaf dim ydyw:
    Ond blin i'r Gwan Tuchanfryw,
    Blin eisiau'i chael – Blaens wych yw.

Anhysbys

ENGLYNION MARGED WEN

1109.

Marged, mal Luned aur melynion – frig,
    A wnaeth freg i'm calon –
    Merch faeth Teigr o Wern Eigron,
    Mair i'm help rhag marw am hon!

1110.

Mae clod it hynod, tonnen – oreudeg,
    Yr ydych mor glaerwen;
    Mae'r aur, mal am war Urien,
    Ym mrig dy wallt, Marged Wen.

1111.

C'lymach nag awydd c'lomen – y bore
    I bori gwenithen,
    Mwy yw'r awydd, mawr awen,
    I fwrw gwawd iwch, Farged Wen.

1112.

Mawr yw hynt corwynt, cywirwen – calch,
    Mawr yw cylch daearen;
    Mawr yw uchder y seren,
    Mwy geirda iwch, Marged Wen.

1113.

Mae dwybleth heleth fel heulwen, – gwrychaur,
    Goruwch ael a thalcen –
    Mae llwyn o liw meillionen –
    Mae'r gwead aur, Marged Wen.

1114.

Marged lwys, blaened, liw ysblennydd, – lle'r êl,
    Lliw'r alarch ar hafddydd;
    Lliw ei chroen, lluwch ar weunydd –
    Blawd ar galch fel blodau'r gwŷdd.

1115.

Magwyd Owen lawen ar laeth – Teigr,
    Ond hagr y famaeth:
    Gwae 'mron o'r moddion a'r maeth
    (Gwawr lân wyd) greulon odiaeth!

1116.

Creulon i'ch calon cwerylu, – dloswawr,
    Lle y dylasech garu;
    Teg aur ferch, ai Teigr a fu,
    Wen dwf Eigr, yn dy fagu?

Anhysbys

1117.

ANWYLDEB

F'enaid, tro d'wyneb yr fynych – ataf,
    Tro eto, ddyn feinwych;
    Tro, y fwyn, yma tra fych,
    Tro, f'enaid, im tra fynnych.

Anhysbys

1118.

NID O'M HERWYDD

N'ato Crist awr drist fynd drosti – na chlwyf,
    Na chlefyd fyth arni,
    Na digwyddaw dig iddi,
    Na'i chasáu o'm hachos i.

Anhysbys

1119.

MERCH LÂN

Os gwych Gwen feinwych, gwyn fanod, – nodedig
    Nad ydyw heb wybod;
    Od yw hon o dw hynod,
    Da'i llun, fo ŵyr bun ei bod.

Anhysbys

1120.

HEN GARIADON

Er mor hen yw'r tân heno mae rhyw wrid
    I'r marwydos eto:
    Hen gusanau'n cynnau'n co',
    Hen gariadon yn gwrido.

Gerallt Lloyd Owen

1121.

BOM

Mae twrw ei henw hi – yn 'y mhen
    Ac mae hynny'n profi
    Bod y weiran heb dorri:
    Y mae hi'n fom ynof fi.

Twm Morys

1122.

Y GWYLANOD

Mae'r gwylanod yn codi – yn un haid,
    A phan hed y rheini
    Yn rhy swnllyd dros Enlli,
    Maen nhw'n galw d'enw di.

Twm Morys

Ein Hiaith, Ein Cenedl, Ein Hil

1123.

CYMRU, CYMRO, CYMRAEG

Mawryga gwir Gymreigydd – iaith ei fam –
　　Mae wrth ei fodd beunydd:
　　Pa wlad, wedi'r siarad, sydd
　　Mor lân â Chymru lonydd?

Caledfryn

1124.

Y GYMRAEG

Drwy lawer croes cafodd oesi, – a myrdd
　　O'i meib yn ei phoeni:
　　Er hyn oll, 'does arni hi
　　Na henaint na phenwynni.

Clwydfardd

1125.

Y PETHE

Clymau gwarchod traddodiad – yn cynnal
　　Cenedl rhag dilead;
　　Dolennau ein cydlyniad,
　　Hen feini prawf ein parhad.

Ieuan Wyn

1126.

HOGIAU'R IAITH

Ar hewl yr ymwroli – hwy yw gwŷr
　　'Y Gad' a'r gwrhydri;
　　Diaconiaid y cyni,
　　Hoelion wyth ein hawliau ni.

R. J. Rowlands

1127.

IAITH Y CYMRO

Â hon y ceisiodd enwi – ei angen
　　A'i ing yn ei floesgni;
　　Ei sŵn, wrth ei seinio hi,
　　Wirionodd ei rieni.

Caledfryn

1128.

Y GYMRAEG

Iaith araul, a'r iaith orau, – iaith gudeg,
　　Iaith gadarn ei seiliau;
　　Iaith fy nhud, iaith fy nhadau,
　　Iaith bêr oll, iaith i barhau.

Ieuan Glan Geirionydd

1129.

YR IAITH GYMRAEG

Diderfyn er hyn yw'r heniaith, – o radd,
　　Er iddi fod amlwaith
　　'Nôl y chwedl, genedl ac iaith,
　　O fewn dim i fynd ymaith.

Pyll Glan Conwy

1130.

YR IAITH GYMRAEG

*(Ar ôl clywed darlith radio Saunders
Lewis, 'Tynged yr Iaith', ym 1962)*

Megis pren crin, mae'n ddinerth, – a rhewodd
　　Ei chystrawen brydferth;
　　Dibwys i'n gwlad yw aberth,
　　Mae'r Gymraeg yma ar werth.

Monallt

1131.

YR IAITH GYMRAEG

Iaith fy nghân, iaith fy ngeni, – iaith olau,
　　Iaith aelwyd a chwmni;
　　Iaith ddi-nam fy mam i mi,
　　Iaith gyhoeddus, iaith gweddi.

Roger Jones

1132.

YR IAITH

Ein hiaith yn ei gwaith sy'n goethach – ei gair
　　Nag eraill sydd daerach:
　　Mae dan anaf yn afiach –
　　O'i gwenwyn oll gwnawn hi'n iach.

Tomas Llewelyn

1133.

I WIRFODDOLWYR TŶ TAWE

Noeth yw llên heb waith eu llaw; – heb ddawn caib
    byddai'n cân yn ddistaw,
    heb drin pâl, mud pob alaw.
    Beth yw'r Iaith heb weithwyr rhaw?

Emyr Lewis

1134.

DYSGWR

Mewn gardd a fu yn harddach – a'i lliwiau
    Yn llawer tanbeitiach,
    Y mae rhosynnau mwyach
    Yn bywhau y border bach.

Idris Reynolds

1135.

GWEWYR

Cyn dileu'n cenedl uniaith, – rhaid inni'n
    Ddirdynnol farw ganwaith:
    Y mae rhai'n marw unwaith,
    Ond marw o hyd y mae'r iaith.

Alan Llwyd

1136.

Y GYMRAEG YNG NGWYNEDD
(Wedi Tribiwnlys Bae Colwyn)

Yn ifanc, yn anghyfiaith – yn ein sir
    Gwae ni sŵn ein mamiaith;
    Gwae ni'n hen ac yn uniaith
    A gwae ni am ddysgu'n hiaith.

Gerallt Lloyd Owen

1137.

YR IAITH GYMRAEG

Mi wn yn iawn mai nyni a'i cafodd,
    Y cyfan ohoni,
    I'w siarad a'i thrysori,
    Ond meddiant Duw ydyw hi.

Donald Evans

1138.

I'R CYMREIGYDDION

Rhywiog goleddu'r awen – a wneloch,
    Anwyliaid, mae angen
    Ymroi i gyd i'r Gymraeg wen,
    A'i siarad tra bo seren.

Carw Coch

∾

EIN CENEDL

∾

Y WLAD FACH

1139.

O wlad fach! Os tlawd a fu, – hi welodd
    Anwylion i'w charu,
    A'u hiraeth am ddiferu
    Golud eu gwaed i'w gwlad gu.

1140.

O wlad fach! Y briglwyd fôr – i'w glannau
    Ddwg lawenydd didor;
    A'i wanegau yn agor
    I doreth Duw wrth ei dôr.

1141.

O wlad fach! Cofleidiaf hi, – angoraf
    Long fy nghariad wrthi;
    Boed i foroedd byd ferwi –
    Nefoedd o'i mewn fydd i mi.

Brynfab

1142.

CYMRU

Cymru lan, Cymru lonydd, – Cymru wen,
    Cymru annwyl beunydd;
    Cymru deg, cymer y dydd,
    Gwlad y gân, gwêl dy gynnydd.

Taliesin o Eifion

1143.

CYMRU

Fy ing enfawr, fy ngwynfyd, – fy mhryder,
   Fy mharadwys hyfryd;
   Ei charu'r wyf yn chwerw hefyd,
   A'i chasáu'n serchus o hyd.

Alan Llwyd

1144.

CYMRU 1975

Y genfaint drwy'n gwahanfur, – ein gwinllan
   Dan genllysg didostur,
   Llwyni dail yn llawn dolur,
   A baw yn y ffynnon bur.

Alan Llwyd

1145.

CYMRU

Ei hiaith yw'r anesmwythyd – sy' ynof,
   Hi yw'r swyn a'r penyd;
   Ei daear hi ydyw'r hud
   Yn fy nghof; fy ing hefyd.

Ifor Roberts

1146.

CYMRU FYDD

Gwlad heb gardod na thlodi, – a'i heniaith
   Yn ogoniant ynddi;
   Gwŷr rhyddion yn gaer iddi,
   A Duw Iôr ei hangor hi.

Tîm Ymryson y Beirdd Sir Gaernarfon

1147.

CYMRU FYDD

Nid bydolrwydd a swyddi – na hagrwch
   Seisnigrwydd a ffwlbri,
   Nid addysg, ond y weddi,
   O'i harfer, a'i hadfer hi.

Tîm Ymryson y Beirdd Sir Ddinbych

1148.

CYMRU

Gweld golud gwlad y galon – yn ddarnau
   O dan ddwrn yr estron
   Yw'r her a'm cyffry'r awron
   I frwydr syth, i farw dros hon.

Tîm Ymryson y Beirdd Sir Forgannwg

1149.

BANER Y DDRAIG

Hen faner y baneri – heb goron
   A heb geriach arni;
   Chwifiwn hon a chofiwn hi –
   Luman cenedl – mewn cyni.

Tîm Ymryson y Beirdd Sir Ddinbych

CYMRU FYDD

1150.

Di fegi bendefigion, – oreugwyr,
   Uchelwyr, â chalon
   I'th garu, fy nglân fanon,
   A charu'th iaith, heniaith hon.

1151.

Ac fe ddaw it heirdd feirddion – i ganu
   Gogoniant y cyfion;
   Ac â newydd ganeuon,
   A thanbaid enaid y dôn'.

1152.

Gwŷr crefydd a geir, cryfion – yn nerth Duw,
   Wrth y dyn, yn ecn
   Gryf a lefair air yr Iôn –
   Ofni Duw'n fwy na dynion.

1153.

Ystryw ac anonestrwydd – celwyddog
   Gladdant mewn gwaradwydd;
   Rhagrith diafl a'i bob aflwydd,
   Gweniaith, ffug waith, ffy o'u gŵydd.

1154.

Ni bydd rhith lledrith anlladrwydd – drwot,
   Distrywir pob arwydd;
   Gwlad ry eurglod i'r Arglwydd,
   A thi'n wlad o faith iawn lwydd.

1155.

Ni thrig annoeth ddrygioni – ynod mwy,
   Na dim ôl gwrthuni,
   Nac anwybod na thlodi
   Yn wir, nid adwaeni di.

1156.

Ynod bydd pob daioni, – hoff bau deg,
   A phob digoll dlysni;
   Pob gwybod a medr fedri;
   Aml fydd dy ddrud olud di.

John Morris-Jones

1157.

HANNER CANMLWYDDIANT PLAID CYMRU

Y Chwech a fu'n ei chychwyn – yn eu tro,
   A'r Trioedd yn dilyn
   O wŷr glew: mae pentewyn
   Y tân llosg eto yn Llŷn.

Tîm Ymryson y Beirdd Dyfed

1158.

ETHOLIAD 1974

Ddoe cannwyll oedd y cynnydd, – a rhyddid
   Ond breuddwyd yr hwyrddydd;
   Heddiw gallaf, myn Dafydd,
   Weld y wawr a golau dydd.

Moi Parri

1159.

CYMRU HEDDIW

Awr y cwmwl a'r camwaith, – awr ei hing,
   Awr angof yr heniaith;
   Awr i'r ifanc roi'i afiaith
   Iddi mewn gweddi a gwaith.

Tîm Ymryson y Beirdd Sir Feirionnydd

1160.

CYMRU HEDDIW

Hen genedl fawr d'ogoniant – trwy oesoedd,
   Treiswyr a'th fygythiant,
   A blin yw gweled dy blant
   Yn ddall i'w hen ddiwylliant.

Tîm Ymryson y Beirdd Sir Ddinbych

GWEDDI DROS GYMRU

1161.

O! rho'n awr i werin hon – hyder gwell
   Yn dŵr gwiw rhag estron;
   O'i gelyn brad glanha'i bron
   A'i chywilydd o'i chalon.

1162.

Gwêl osgo ei gwael lesgedd, – at hen lwyth
   Estyn law trugaredd;
   Er ein hofn rho inni hedd,
   A chariad yn lle chwerwedd.

1163.

Hir a thost y gad drosti, – a dynion
   A daniwyd fo ynddi.
   Dyro nerth i'w dewrion hi
   Herio dwrn a roed arni.

1164.

Arfau helgwn rhyfelgar – a wna ddyn
   Yn ddiannedd, anwar.
   O! Dduw, er mwyn dy ddaear
   A dyn a'i hil, cadw hi'n wâr.

1165.

Rhag ei briw, pob rhwyg a brad, – dirion Iôr,
   Dyro nawdd dy gariad;
   I'n heniaith rho eneiniad
   A rho iawn lwydd i'r hen wlad.

1166.

Yna daw henfro Dewi – yn genedl
   Fo'n ogoniant iti.
  Boed yn awr i'n bywyd ni
  Rwyddhau dydd rhyddid iddi.

J. M. Edwards

1167.

LLYWELYN EIN LLYW OLAF

Dy gwymp a'n gwnaeth yn gaethion, – dy ryddid
   A roddaist i'n calon;
  O'r graith fawr, daw'r gwŷr o'th fôn,
  O dywysog, dy weision.

Waldo Williams

1168.

LLYWELYN EIN LLYW OLAF

O! ddewr lywydd ar lewion, – adwythig
   Fu'r dwthwn ger Irfon;
  Er colli'r maes i'r Saeson
  Erys ei her i'r oes hon.

Tim Ymryson y Beirdd Sir Gaernarfon

1169.

BRAICH LLYWELYN

Yn ei bôn mae byw ynni, – yn ei nerth
   Mae hen nwyd yn cronni;
  Ei gewynnau'n graig inni,
  A'i dwrn noeth yw'n hyder ni.

Donald Evans

❧

Y DEUNAW
(O'r Awdl 'Cilmeri')

1170.

Y rhewynt yn gareiau – ar y bont,
   A'r byd i'w hwynebau;
  Maen y cof yn miniocáu,
  Fel yr oerfel, eu harfau.

1171.

Fel un roedd deunaw o flaen – y cannoedd,
   Y cannoedd diadwaen;
  Roedd un mur o ddeunaw maen,
  Un noethfur o wenithfaen.

1172.

Yn adwy'r bont, dôr eu byd, – yn rhyfyg
   Canrifoedd yr ennyd
  Â deunaw gŵr, dyna i gyd,
  Safodd yr oesau hefyd.

1173.

Yr iâ ar Bont Orewyn – a redodd
   Yn ffrydiau eiriaswyn,
  Aeth deunaw yn naw, yn un;
  Môr o waed oedd mur wedyn.

1174.

A'r angau ar ei eingion – yn ieuo'u
   Haearn yn freuddwydion;
  Deunaw marwolaeth dynion,
  Deunaw greddf yn gadwyn gron.

1175.

Nid oedd ond enaid iddynt, – y deunaw
   Na roed wyneb arnynt;
  Deunaw gŵr dienw gynt
  Ym mreuddwyd Cymru oeddynt.

Gerallt Lloyd Owen

1176.

BEDDFAEN LLYWELYN EIN LLYW OLAF

YN ABATY CWM-HIR

Y garegog wrogaeth – i gofio
   Dy gyfiawn filwriaeth,
  Dy anfarwol farwolaeth
  Yn gwaedu dros Gymru gaeth.

Geraint Bowen

1177.

GWENLLIAN

Lleian o lin brenhinoedd, – un a'i bru'n
   Ddi-barhad drwy'r oesoedd;
   O'i chrud carcharor ydoedd
   Ond o'i chrud ein Dechrau oedd.

Gerallt Lloyd Owen

1178.

OWAIN GLYNDŴR

Teyrn Sycharth ac ail Arthur, – un â'i sawdl
   Ar y Sais didostur;
   Eilun beirdd, i Walia'n bur,
   A'i ffawd oedd troi'n ffoadur.

Tîm Ymryson y Beirdd Sir Aberteifi

1179.

NEUADD GLYNDŴR

Gwêl, Lyndŵr, mae gelyn dy iaith – â'i law
   Ar hen lys dy gyfraith.
   Rho o'i dderw heddiw araith
   A'n tyn i gyd at ein gwaith.

John Penry Jones

1180.

SYCHARTH

Rhannem yr hwyl ddechreunos ag Owain
   y sgwier ac aros
   wna syched dwys o achos
   ei win ef ar hyd y nos.

T. Arfon Williams

1181.

LLYS HYWEL DDA

Bu ei foes in drwy'r oesoedd – yn hawlfraint;
   Ein coll ddelfryd ydoedd
   Y llys na allai llysoedd
   Ei ddileu – nawdd Hywel oedd.

Donald Evans

1182.

CALEDFWLCH

Arf Arthur fawr, uthr ei fin; – i ba lyw
   Y bu lafn mor iesin?
   A drawai ef yn y drin
   Nid âi'r eildro i heldrin.

Evan Jenkins

1183.

MIERI

Daw rhwystrau o dir estron – i fygu
   Twf egin gwlad faethlon,
   Ac mae rhai o'r Gymru hon
   Â'n dew ar fwyar duon.

John Glyn Jones

1184.

Y FRO GYMRAEG

Nid Afallon mohoni, – nid tir hud
   Ond Bro'r tranc a'r edwi:
   Adfyd pob delfryd yw hi –
   Rhuddem yn y budreddi.

Alan Llwyd

1185.

ALLTUD

Gofid yw colli gafael – ar ddaear
   O ddewis ymadael,
   Ond â'n gwlad yn ein gadael
   'Does hid na gofid i'w gael

Ieuan Wyn

1186.

Y FRO GYMRAEG

Yn araf daeth sawl ploryn – ar rannau
   O'i chroen diamddiffyn,
   Erydwyd ei mêr wedyn
   Gan filoedd o gelloedd gwyn.

John Glyn Jones

1187.

I'M HYNAFIAID

'Run heddiw â'r hyn oeddynt, – diangof
    Er bod angof ynddynt;
    Minnau gaf eu cwmni gynt,
    Cyfoedion cyn cof ydynt.

Gerallt Lloyd Owen

1188.

Y DDRAIG GOCH

Echnos, a gwres y cochni – yn cydio'n
    Y coed gan ddifrodi
    Y tŷ haf, fe'i gwelwyd hi
    Yn esgyn heb ei llosgi.

Idris Reynolds

1189.

GWEDDILL

Yn dy g'wilydd digalon, – Gymro da,
    Gymri di air Garmon
    Mai gweddill, nid gweddillion,
    A saif mwy'n yr adwy hon?

Tim Talwrn Yr Wyddgrug

1190.

NODDFA

Un cof a roed i'n gofal – ac un graig
    I'n gwrogaeth ddyfal,
    Un hanes yn ein cynnal,
    Un darn o dir yn ein dal.

Ieuan Wyn

1191.

LLEIAFRIF

Ychydig lle bu digon, – darn o wlad,
    Rhan o wledd yn friwsion;
    Gwae'r iaith, lle bu cenedl gron,
    Yn ddiwylliant gweddillion.

Ieuan Wyn

1192.

NANT GWRTHEYRN

Lle mae'r iaith ar waith yn rhydd – o dristwch
    Yn harddwch ei hwyrddydd,
    Lle uniaith mewn cwm llonydd,
    Lle i ffoi rhag colli ffydd.

Tony Elliot

1193.

Y CYMRY CYMRAEG

Ni yw'r rhai sy'n barhaol – er ein trai,
    Er ein tranc beunyddiol,
    Y rhai sydd wastad ar ôl;
    Ni yw'r gweddill tragwyddol.

Alan Llwyd

1194.

TRADDODIAD

Inni fe roddwyd ffynnon – o ddŵr pur
    A ddarparai ddigon
    Ddoe i ni. A fydd yn hon
    Yfory ryw ddiferion?

John Glyn Jones

1195.

UWCH DRWS TŶ HAF
(wedi'i losgi)

Dialedd Heledd yw hyn; – hen ofid
    Yr amddifad grwydryn
    Yn tywys y pentewyn
    Liw nos i Gynddylan Wyn.

Ieuan Wyn

1196.

CLAWDD OFFA

Nid wal sy'n rhannu dwywlad, – na dwrn dur
    Rhyw hen deyrn anynad,
    Nid rhith o glawdd trothwy gwlad,
    Nid tyweirch ond dyhead.

Dic Jones

1197.

CROMLECH PENTRE IFAN

Cerrig ar gerrig geirwon, – y deall
 Rhwng duwiau a dynion;
 Ias hen hil sy'n ei holion,
 Hud hen fyd dan fwa hon.

Gerallt Lloyd Owen

AILDRWSIO

1198.

Naddwn yn y mynyddoedd – y gaer wen
 Er grym y drycinoedd;
 I ddiffeithle'r creigleoedd
 Rhown yn ôl yr hyn a oedd.

1199.

Ail-hadu'r tir, ail-doi'r to, – ailolau
 Aelwyd a'i moethuso,
 Creu ar fryn ein caer o fro,
 Yn y dryswch aildrwsio.

Peredur Lynch

TREFOR MORGAN

1200.

Dwed, iaith, pam nad ei dithau, – ac i beth
 Y gobeithiwn ninnau?
 Ym Morgannwg mae'r genau
 Ynghlwm; pa reswm parhau?

1201.

I'r fynwent dygwch fenter – yr enaid
 A brynodd yr amser,
 Rhowch amdo ar y chwimder
 A drws yr arch dros yr her.

1202.

Mae llygaid chwim y llogau – a manwl
 Ymennydd y dadlau
 A'r gonest Gymreig enau
 Oll ynghwsg, a'r llaw ynghau.

1203.

Nid arian ond ei wario; – nid y llog
 Ond y lles oedd ynddo;
 Tros ryddid rhoes yr eiddo
 A rhoi'n llwyr i'w ennill o.

1204.

Mawr gyfoeth a phrin foethau, – y gwirion
 Wladgarwr; boed eisiau
 Un ai arian neu eiriau
 Buan y'u ceid heb nacáu.

1205.

Fe'i gwawdiwyd ond fe gododd, – ei ddewrder
 A ddwrdiwyd, ond rhoddodd;
 Rhoi i wlad a'i herlidiodd,
 Rhoi'n ddrud, rhoi'i fywyd a'i fodd.

1206.

Nid llwch a gleddwch ond gwlad, – nid y wedd
 Ond iaith ein gwareiddiad,
 Nid pridd i'r pridd ond parhad
 Yr hil na wybu'r alwad.

Gerallt Lloyd Owen

J. E. TROS GYMRU

1207.

Dolur ei wlad a welodd, – a gwarthrudd
 Ei gorthrwm a'i clwyfodd;
 I'r frwydyr fawr (dewr o'i fodd)
 Am ei rhyddid ymroddodd.

1208.

Glendid ei gadernid o – roes i'w wlad,
 Rhoes lewder di-ildio;
 Rhoes ei ddeall diball, do,
 Rhoes ei enaid tros honno.

1209.

Pryderu tros Gymru gaeth, – ac er hon
 Gwario'i holl gynhysgaeth;
 Byw'n gyfan i'w gwasanaeth,
 Marw'n wir dros Gymru a wnaeth.

1210.

Er cur siom llawer crwsâd – llawen oedd
    A llawn hwyl yn wastad;
    Er clwyfo, brifo'i brofiad,
    Er cario o'i gorff farciau'r gad.

1211.

Un wnïad oedd ef â'i grefydd, – un darn
    Oedd y dyn a'r gwleidydd;
    Un ffurf ei weithred a'i ffydd,
    Diwahaniaeth eu deunydd.

1212.

Dros ei dud brwydr wastadol – fu'r eiddo
    'Ngrym ei freuddwyd ysol;
    Yn rhengau'r frwydr ingol,
    Glew iawn oedd – digilio'n ôl.

1213.

Ac yna, pan oedd ar ganol – y drin,
    Dod o'r wŷs derfynol;
    I'w deg fro enedigol
    Daeth o nych ei daith yn ôl.

1214.

Yn ôl i bridd ei fro ddiddig, – yn ôl
    Yn anorchfygedig
    Y dôi'r brodor briwedig,
    Yn ôl i Felin-y-wig.

1215.

O'r ddaear, er ysgariad, – daw eto
    Hyd atom ei alwad;
    'Ewch, bob gŵr, o un fwriad,
    Yn llu tros Gymru i'r gad.'

R. E. Jones

1216.

SAUNDERS LEWIS

Rhowch iddo swydd, arglwyddi. – Ein gwerin
    Nis gwared o'i gyni.
    Yntau ar herw heb chwerwi
    Chwysa waed o'i hachos hi.

R. Williams Parry

CYMRU A'R BBC
(Wrth wrando S. L. yn darlledu)

1217.

Wedi'i wrthod a'i dlodi, – mae'i genedl
    Am gynnig ei besgi.
    Pa beth arall a all hi?
    Fe rodd ei fara iddi.

1218.

Drwy awyr wedi rhewi – ei hadar
    Ehedant i'w borthi.
    Diolch i Dduw a Dewi
    Am gigfrain i'w harwain hi!

R. Williams Parry

1219.

D. J. WILLIAMS

Rhoddodd i brynu'n rhyddid, – rhoi ei ddur
    A'i ddawn yn ein gwendid;
    Rhoi'i gyfoeth er y gofid,
    Rhoi ei dân i'r rhai di-hid.

Tony Elliot

1220.

GWYNFOR

Er ein darnio â dyrnod, – ein prynu,
    Ein gwerthu a'n gwrthod,
    Safai un i ddangos fod
    Dewrder uwchlaw awdurdod.

Iolo Wyn Williams

1221.

SAUNDERS LEWIS

Cannwyll tan lach drycinoedd – a'i gwawr hi
    Yn rhy gryf i'r miloedd;
    I'r frwydyr, rhy fawr ydoedd,
    Rhy Gymreig i Gymru oedd.

Robin Llwyd ab Owain

1222.

I SAUNDERS LEWIS

Unwaith, rhoist ddarlith inni yn gerydd,
    Ond pob gair eleni
    A foddwyd dan donfeddi
    Anghymreig fy Nghymru i.

Ceri Wyn Jones

1223.

D. J. WILLIAMS, J. R. JONES, J. E. JONES

Lle bu'u safiad mae adwy, – a thranc iaith,
    Er ein cur, ar dramwy,
    A'r berth lle bu rhyferthwy
    Yn berth ddiymadferth mwy.

Alan Llwyd

☙

BRANWEN
*(sef Branwen Nicholas, ar ympryd dros hawliau'r
Gymraeg)*

1224.

Yng Nghymru dy alltudiaeth wyt yn un
    Â'r un ddisofraniaeth
    A dylinai'n chwedloniaeth
    Ei gwae hi'n y gegin gaeth.

1225.

Rwyt ti'n dy Erin o hyd, ac agos
    Ydyw'r gegin hefyd:
    Yr un Franwen dan benyd,
    A'r un gosb arni gyhyd.

1226.

Yn oesoedd o hen eisoes wyt ifanc,
    Wyt hefyd yn gyfoes;
    Wyt Franwen hŷn na'r un oes
    Yn Franwen fyr ei heinioes.

1227.

Un Franwen a ddifenwyd yn Erin;
    Yn un chwaer y gwnaethpwyd,
    Rhwng parwydydd llonydd, llwyd,
    Ddwy Franwen a ddifreiniwyd.

1228.

Mor wamal ein hymrwymiad drwy oesoedd
    Di-ras dy garchariad;
    Mor eiddil ein hymroddiad:
    Ymroi i osgoi maes y gad.

1229.

Yn ein Gwales y'n gwelid drwy'r oesoedd,
    A'r drws nid agorid;
    Gwales ddi-gof, ddiofid,
    Gwales ddihanes, ddi-hid.

1230.

Yfasom angof oesoedd, a'n hawddfyd
    Yn foddfa o winoedd;
    Gwin pêr difrawder ydoedd,
    Gwin yng nghawg ein hangau oedd.

1231.

Drws oesoedd ar dras ysig a gaewyd;
    Roedd ein gwae'n guddiedig;
    Nid oedd na gofid na dig
    O'i gadw yn gaeëdig.

1232.

Ond wynebaist ein Haber Henfelen
    Filwaith yn dy bryder:
    Y drws a gaewyd ar her
    A ledwyd gan dy lewder.

1233.

Hir oedwn mewn hyfrydwch; gwehelyth
    Mewn Gwales ddidristwch;
    Gwales o ddiogelwch
    Di-boen, a'n holl echdoe'n llwch.

1234.

Mae hawddfyd yn ein meddfaeth yn nhir hon,
    Ond doi'n rhith drychiolaeth
    O Erin y gegin gaeth
    I Wales ein marwolaeth.

1235.

Ddydd a nos, a'n gwleddoedd ni'n doreithiog,
    Daw dy rith i'n poeni;
    Ar afiaith ein cartrefi
    Tyr ysbryd dy ympryd di.

1236.

Trwy furiau tenau ein tai, yn ysgafn
    Doi i fysg ein mintai,
    Ac eistedd megis gwestai
    Uwch y wledd, yn rhith a chlai.

1237.

Ymwthi i'n hesmwythyd; i goethwledd
    Ar dy gythlwng hefyd
    Y doi â her; doi o hyd
    Yn newynfain i'n gwynfyd.

1238.

Tarfu â'th ysbryd hirfain, gan hyrddio
    Drwy gydwybod d'ubain,
    Arnom oll; doi'n esgyrn main
    I'n Gwales, ac yn gelain.

1239.

Aberthi pan ymborthwn; newynu
    A ninnau fel bolgwn;
    Rwyt ti ar yr ympryd hwn
    A'n bordydd dan eu byrdwn.

1240.

Ei'n ôl wedyn i lwydwyll y gegin
    At ryw gigydd erchyll,
    Lle mae'r wawr yn wawr o wyll,
    Dydd ein diwedd yn dywyll.

1241.

Dychwel i'r gwalch glustochi dy wyneb,
    A'th staenio â'i fryntni;
    Rhoi, er dy holl ddewrder di,
    Law arnat i'th ddilorni.

1242.

Ond i'th gell fe gymhelli aderyn
    A dyr i delori:
    Hwn yw drudwen direidi
    Dy iaith yn ei hafiaith hi.

1243.

Fe roi di na fynni faeth weithredoedd
    I'th ddrudwen yn lluniaeth;
    Ei phesgi'n y gegin gaeth
    Ar wala o farwolaeth.

1244.

Ei dofi yn d'ystafell, a rhwymo'r
    Llwyth trwm wrth ei hasgell,
    A'i rhyddhau rhag angau'r gell
    Ac amarch yn dy gymell.

1245.

Llythyr dy wewyr ar daith a welem,
    Ond heb falio unwaith;
    I Wales yr aem eilwaith,
    I haf mwyn ein hangof maith.

1246.

Disgyn; cadernid ysgwydd yn ei dal,
    Ond nid yw dy aflwydd
    Na drudwen dy waradwydd
    Yn ennyn gwarth yn ein gŵydd.

1247.

Ni hidiem dy genhadaeth; er hynny,
    Branwen, wyt dreftadaeth;
    Dros barhad, yr ysbrydiaeth
    Ydwyt ti'n dy gegin gaeth.

1248.

Ar dy gythlwng, rhwng bro wen ein gobaith
    Ac Aber Henfelen,
    Ti yw ein pont; ti, ein pen;
    Bu ympryd inni'n bompren.

1249.

Y bont oedd dy benyd di, a ninnau'n
    Cyndynnu rhag croesi
  Y ffin a bontiwyd inni,
  Ffin nad hawdd ei phontio hi.

1250.

Rwyt ti'n dy Erin o hyd yn wylo
    Uwch Gwales ein hawddfyd;
  Yr un Franwen dan benyd,
  A'r un gosb arni gyhyd.

Alan Llwyd

1251.

BOB OWEN

Hwn a ddaw at goed Awen – a'i nerfau
    Yn gynhyrfus lawen:
  Mae rhwyg llym ym mrigau llên
  Lle bu bwyell Bob Owen.

Monallt

∽
KYFFIN
('I paint in Welsh')

1252.

Fesul darn, oddi arnom y rhwygwyd
    tiriogaeth a gawsom
  yn rhodd, yn Gymru eiddom,
  pob carreg las, pob craig lom.

1253.

Ein tai a ladratawyd, ein traethau,
    hwythau, a anrheithiwyd;
  pob acer a gymerwyd,
  pob carreg las, pob craig lwyd.

1254.

Ond rhag difa'n hunaniaeth, â'i gynfas
    fel gwahanfur helaeth,
  rhoi'n ôl i Gymru a wnaeth
  dirweddau'i daearyddiaeth.

1255.

Ailennill â'i dirluniau ein daear
    rhag adwyo'n ffiniau:
  troi meysydd ein bröydd brau
  yn feysydd o gynfasau.

1256.

Ein gwlad, trwy'i waith, a glytiwyd yn un darn,
    yn dir a ailfapiwyd:
  pob acer a adferwyd
  fesul llun ar gynfas llwyd.

1257.

Mapio'i wlad â'i baentiadau; â phaent tew
    ffinio tir ei dadau;
  mapio'i iaith â'i gampweithiau,
  ailwreiddio'i hil i'w rhyddhau.

1258.

Dyfrlliwiau'n adfer lleoedd a gollwyd
    pan garthwyd ein gwerthoedd,
  a stiwdio'r artist ydoedd
  daear ei wlad; oriel oedd.

1259.

Mor Gymreig yw ei greigiau; mor Gymreig
    yw môr hwn a'i donnau;
  rhugl o uniaith yw'r glannau
  a'r ffin braff o ewyn brau.

1260.

Atodiad o dreftadaeth – a feddem:
    trwy'i gelfyddyd helaeth
  haenau tew o baent a aeth
  yn haenau o hunaniaeth.

1261.

Fesul creigle, ailgreodd ein holl wlad
    Yn llun, ac fe'i rhoddodd
  yn anrheg, yn gymynrodd:
  rhoi i ni Eryri'n rhodd.

1262.

CARCHAROR
(Ffred Ffransis)

Dianc o'th gell ni elli, – hawliau iaith
    Yw y clo sydd arni,
    Ein hanes yw'r cadwyni,
    A'r Gymraeg ei muriau hi.

Idris Reynolds

ANGHARAD TOMOS

1263.

Yr wyt yng ngharchar eto – drosof fi,
    Dros fy iaith, ond heno
    Wyt enaid nad wyt yno;
    Wyt rydd am y canfed tro.

1264.

Doi heno fel pe'n dannod – fy aelwyd,
    Doi filwaith fel cysgod
    I mewn i glydwch fy mod,
    Doi heibio yn gydwybod.

1265.

I 'mharlwr doi i'm herlyn; – wrth fy ngwaith
    Doi eilwaith i'm dilyn;
    Doi i'm nos ddiddos, ddi-hun;
    I'm dydd dedwydd doi wedyn.

1266.

Wyf y bardd sy'n dy arddel – â'i holl lais.
    Fore'r llys anochel
    Wyf ffrind distawa'i ffarwél,
    Wyf sedd wag, wyf swydd ddiogel.

1267.

Wyf flaenaf ymhob safiad – poblogaidd,
    Wyf weddaidd f'ymroddiad,
    Wyf ffyddlon gynffon y gad,
    Wyf flaenaf fy niflaniad.

1268.

Wyf ddewraf yn f'ystafell, – wyf eofn
    Yn f'awen anghysbell,
    Wyf ynghudd yng nghof fy nghell,
    Wyf y llwfrgi'n fy llyfrgell.

1269.

Wyf yng ngwely fy ngalar, – wyf yn glaf,
    Wyf yn glust hiraethgar
    I bob doe ac echdoe gwâr;
    Wyf i heddiw'n glustfyddar.

1270.

Wyf ddeulais ffafr; wyf afrad – glywadwy
    Er dy glod, Angharad;
    Ond o'th glyw, ac ar glyw gwlad,
    Wyf fesurwr fy siarad.

1271.

Angharad, troist fy ngeiriau – yn aberth,
    Wynebaist fy mrwydrau,
    Wyt gorff i'm corff sy'n nacáu,
    Wyt gnawd i'm datganiadau.

1272.

Angharad, yng nghywiredd – dy wewyr
    Rhoed i awen sylwedd;
    I'r dannod rhoed ewinedd
    A rhoed i gân bryd a gwedd.

1273.

Angharad, troist waradwydd – yn lewder
    A throist wlad ddidramgwydd
    Yn dir her, troist eiriau rhwydd
    Fy nagrau yn styfnigrwydd.

1274.

Angharad, paid â'm gwadu – am ennyd,
    A minnau'n llochesu
    Ynot, ond paid â'm tynnu
    I'r llys na'm tywys o'r tŷ.

1275.

Gad imi yn gydymaith – fy hen gof,
  Hen gof echdoe'r heniaith;
Gad imi ysgwyd ymaith
Y cof am heno fy iaith.

1276.

Yr wyt yng ngharchar eto – ynof fi,
  Ynof fi ddigyffro,
A llonydd yw'r gell heno;
Trwy'r clai hwn y troir y clo.

Gerallt Lloyd Owen

1277.

KATE ROBERTS

Gwerin gaeth geir yn ei gweithiau, – ei phoen
  A'i ffydd; i'w storïau
Mae'r caledi wedi'i wau –
Min y garreg mewn geiriau.

Gerallt Lloyd Owen

1278.

YR EISTEDDFOD

Gwledd Helicon! Llon fydd llais – y delyn,
  A dilwfr a'i hymgais;
Dawn odlau diniweidlais –
Dull y swydd nis deall Sais.

Jonathan Hughes

1279.

GORSEDD Y BEIRDD

Nid y cledd ond y weddi – a'i harddwch
  A rydd urddas arni;
Mae nodded tu mewn iddi
I'r Gymraeg rhag ei marw hi.

Tîm Ymryson y Beirdd Sir Aberteifi

1280.

MAES Y BRIFWYL

Roedd ei ddyddiau'n rhy ddiddos, – rhyw fröydd
  Rhy frau fu'n ein haros
A ni'n cefnu'n y cyfnos
Ar fro gelwyddog o glòs.

Huw Meirion Edwards

1281.

Y DDAWNS FLODAU

Drwy'r gwlith fel iaith ymrithiant – ar rostir
  Dechrau Awst yn basiant,
Ac fel iaith o'n gafael ânt,
Fel honno y diflannant.

Idris Reynolds

1282.

LLYN CELYN
(Adeg Sychder Mawr 1976)

Olion fy hil a welaf, – ac aelwyd
  A foddwyd 'ganfyddaf:
Ailagor craith i'r eithaf
A wnaeth Cwm yr hirlwm haf.

Elwyn Edwards

LLYN CELYN

1283.

Dy friwiau yw'r lliwiau llaith – a daenir
  Ar donnau dy artaith;
O'r argae rhed dŵr y graith;
Dy arw farw fu'n oferwaith.

1284.

Eithr heno, gwrando, O gryf – drugarog
  Dywysog, ein deisyf:
Trwy'r clawdd trawer y cleddyf;
Yn y ffrwd boed tân a phryf.

Geraint Bowen

1285.

AGOR LLYN CELYN

('a thywyllwch a fu')

Y bustl, a rhaib ei ystlys, – dŵr a gwaed
    Dyr o'i gorff diwregys;
    Llyn y grog, llieiniau'i grys,
    Chweched awr, awr a erys.

Geraint Bowen

1286.

TRYWERYN

I Lyn Tryweryn y trof, – ei weled
    A dry'n alar ynof:
    Y trais ddaw'n gynnwrf trosof,
    Y cam nad â fyth o'm cof.

Tîm Ymryson y Beirdd Meirion

1287.

1976 YN NHRYWERYN

Er rhoi arwydd yn Nhryweryn, – adfer
    Caledfwlch o furddun
    Arwr ni ddaeth o Ferwyn
    A'r llaw ddychwelodd i'r llyn.

T. Arfon Williams

1288.

LLUN O GAPEL CELYN

YN HAF SYCH 1989

Hen fro uniaith ein neithiwr – yn oriel
    Fy hiraeth yw'r pictiwr,
    Hen lun doe ar lan y dŵr,
    Hen echdoe yn y sychdwr.

Idris Reynolds

1289.

ARGAE LLYN STWLAN

Pe torrai â chlep taran – byddai braw
    Boddi bro yn gyfan:
    Hi a âi'n fedd yn y fan,
    Llanast' olaf Llyn Stwlan.

O. M. Lloyd

1290.

CYFEIRIO SAIS I'R PWLL NOFIO

Dos trwy glos, a thrwy dai'r glyn, – a gwledig
    Aelwydydd Llanwddyn,
    Trwy aur erwau Tryweryn,
    A chwala'u hiaith, a chei lyn.

John Gwilym Jones

1291.

CHWYN

Rhyw ddau, i ddechrau, a ddaeth – i wreiddio
    Ym mhridd fy nghymdogaeth;
    Erbyn hyn y rhain a aeth
    I hawlio'n daear helaeth.

Dai Rees Davies

EIN HIL

1292.

IWERDDON

Er hardded yr Iwerddon, – yn ei chân
    Mae ochenaid weithion
    Dros lew ryfygus ddewrion
    Yr ynys alarus, lon.

R. M. Williams

1293.

GARDD GOFFA DULYN

Nid blodau ond bwledi – a wnaeth hon,
    A'i thwf yw merthyri;
    Eu haberth yw ei pherthi,
    Gardd o waed, ond gwyrdd yw hi.

Gerallt Lloyd Owen

1294.

Yn bendrwm yn ei chwman – ym min môr
   Ym Mhenmarc'h hen wreigan
  Mor hen â'r môr ei hunan
  A werthai les wrth y lan.

1295.

Yn ei gweillen roedd gallu – ei llinach,
   Deall hen ei theulu;
  Hithau 'run fath â'r hyn fu
  Yn gwau hanes, a gwenu.

1296.

Aeth cur i'r plethau cywrain, – hir waedu
   Aeth i'r brodwaith mirain,
  A'r llaw a bwythai'r lliain
  Yn llunio cof mewn llun cain.

1297.

Hen wraig drist ar greigiau draw– yn gwarchod
   Wrth ei gorchwyl distaw
  Awen ei llwyth yn ei llaw,
  Llwydwyll gwareiddiad Llydaw.

Gerallt Lloyd Owen

1298.

MICHAEL COLLINS

Gwelodd fwledi'r gelyn – a'u hosgoi
   Ar y sgwâr yn Nulyn,
  Ond daeth un fwled wedyn
  O blith ei bobl ei hun.

John Glyn Jones

1299.

CERNYW

Ar fapiau'n dyddiau nid yw ond olion
   Hen dalaith anhyglyw
  Nad yw'n bod i undyn byw;
  Nid Cornwall ydyw Cernyw.

Idris Reynolds

1300.

SIARADWR GWYDDELEG

YN Y DAFARN YN SNEEM

Dyn â baw dan bob ewin; dyn diarth
   dan do ei gynefin;
  hen gob brith â'i Saesneg prin,
  Hen ŵr o baent Aneurin.

Ceri Wyn Jones

1301.

Y GWELY

Nid hawdd yw myned iddo – ar nos oer,
 Er cael cryn swm arno;
 Wir, mae hi'n dasg drom; ond O!
 Hanes y dod ohono!

Alafon

1302.

Y RHAW

Arf ddi-les i'r feddal law, – rhyw lwy fawr
 I lafurwyr difraw:
 Rhy greulon rhoi gwŷr hylaw
 Y bin a'r inc uwchben rhaw!

Edward Henry Evans

1303.

DIM

Hen hosan â'i choes yn eisie, – ei brig
 Heb erioed ei ddechre,
 A'i throed heb bwyth o'r ede –
 Hynny yw dim, onid e?

Gwydderig

FFRAETHINEB,
GWAWD A DYCHAN

1304.

Y TARW

Ar ddôl las beth sy' gasach – (drwy'r byd,
 A ruir bas oerach?) –
 Yn hagr rygnu a grwgnach? –
 Llew o beth yw tad llo bach.

Dewi Havhesp

1305.

MAWREDD MWY

Mae mewn byd i hyd ei hwy; – mae i drwm
 Ei drymach yn tramwy;
 Caffaeliad amhrisiadwy
 Yw dyn mawr yn gweld un mwy.

Gwilym Deudraeth

1306.

DYCHAN I'R TABWRDD,

Y BIB A'R FFIDLER

Ffei dabwrdd, dwmbwrdd, difwynder – canu,
 Ffei o'r cenau a'u harfer,
 Ffei o'r bib. nid offer bêr –
 Ffei o adlais y ffidler.

Siôn Mawddwy

DYCHAN I'R PIBYDD AC I'W BIB

1307.

Bibydd digelfydd, dew gilfoch – boerllyd,
 Lled ynfyd, llydanfoch;
 Selsigen, drogen dragoch,
 Garan greg a gria'n groch.

1308.

Rhuadlais, greglais o'r gruglwyn – crochoer,
 Crechwen ceiliog anfwyn:
 Cri gwyddau neu loeau o lwyn,
 Clegar adar y clogwyn.

Rhisiart Fychan

1309.

DYCHAN I'R PIBYDD

Pibydd dibibydd, bwbach – y bechgyn,
 Gyda bochgern afiach:
 Boeren bib, berrau oen bach,
 Blasgen na bu ei lesgach.

Lewis ap Siôn ap Siencyn

1310.

DYCHAN I'R BIB

Gormod yw ei chod a'i cheg – a'i chanol,
 Ni chwennych roi gosteg;
 Gŵydd ddirywiogrwydd, rygreg,
 Gŵydd groch yn rhoddi gwaedd greg.

Anhysbys

1311.

PIBYDDION

Pob llais a gerais, pob gwirion, – pob hen,
 Pob heini gerddorion,
 Pob celfyddyd byd lle bôn',
 Pob addysg ond pibyddion.

Wiliam Llŷn

1312.

PIBGOD

Mae gwyddau'n bynnau neu beunod – i fewn,
 Neu fyn yn breferod,
 A lleisiau'n ei genau, god,
 Naw gwaeth na mil o gathod.

Anhysbys

1313.

TWM TEGID

(*Crachfardd Meddw*)

Rhyw gnaf, un a gaf yn gi – wyt, Tegid,
 Nid hygar dy gwmni:
 Cnaf yn niwedd pob meddwi –
 Cyn yfed dafn cnaf wyt ti.

Bardd Nantglyn

1314.

MEDDWYN

Meddwi, mawr goegni, mae'r gŵr, – a meddwi,
 Nid moddau cwmnïwr;
 Meddwi 'mhob man fal anwr –
 E feddwai ped yfai'r dŵr!

Anhysbys

1315.

DYN AC ANIFAIL

Defod 'nifeiliaid yw nad yfon' – ddŵr
 Nac o ddim ond digon;
 Defod dyn ei hun yw hon:
 Yfed er yfed afon!

Anhysbys

1316.

Y MEDDWYN

Chwyrned tra fynned trwy na finio – 'i ddannedd
    Ar ddynion sy'n effro;
    Chwyrned fyth ei chwerwnad fo
    Draw'n ei froth drwy na fratho.

Anhysbys

1317.

CEGWM

Edrydd y gwledydd dy glod – oherwydd
    Dihirwch dy dafod;
    Derfydd y gwledydd â'th glod
    Wedi dofi dy dafod.

Anhysbys

1318.

CHWYRNWR

(i was a oedd yn rhincian dannedd yn ei gwsg)

Deffro, Dwm, gidwm gedyrn – ei ddannedd,
    Tyn oddi yna d'erddyrn –
    Dyn fal ci, dan weflau cyrn
    Drwy'i gwsg yn dragio'i esgyrn.

Anhysbys

1319.

Y CHWYRNWR

Iddo fo dysgodd y Fall – hen dric gwael,
    Hen dro cas, cyfrwysgall;
    Osgoi diffyg cwsg a all
    A'i beri i bawb arall.

R. E. Jones

1320.

TRWSIAD

Ni charaf forwyn ry chwerwaidd – ei gwên,
    Ag wyneb hen-ddynaidd,
    A phen hwch mewn ffa neu haidd,
    A phais lwyd a phas wladaidd.

Anhysbys

1321.

I FERCH HUAWDL, OND HAGR

Dy lais a garodd Duw lwyd; – dy eiriau,
    Dy araith a hoffwyd;
    O'th olwg, pan y'th welwyd,
    Ffoai ddiawl – mor ffiaidd wyd!

Huw Llwyd

1322.

Y DIWINYDD MAWR

Ar y blaen fel holltwr blew, – hwn lwyddodd
    I gloddio dwfn bydew;
    Cuddio'r byd dan niwl dudew,
    Lapio'r haul mewn talpiau rhew.

D. Miall Edwards

1323.

I WEINIDOG A HOFFAI'R DDIOD

Creadur cymysgryw ydoedd, – i ddiawl
    Ac i Dduw'n was cyhoedd:
    Angel a mul ynghlwm oedd
    Mewn afiaith am y nefoedd.

Cynddelw

1324.

EISIAU FFRWYN

Gorafiaith geiriau ofer – a fynych
    Ddifwynodd wedduster,
    A phurion fai rhoi ffrwyn fer
    Yn llyw yng ngenau llawer.

Pedrog

1325.

Y PIWRITAN

Cawr hen a fu'n creu hanes, – heriai farn,
    Carai fyw ei broffes,
    A'i rin llym yn rym di-wres
    A duwioldeb diheuldes.

Mafonwy

1326.

PREGETHWR Y PASTWN

Pastynau geiriau gerwin, – a'r Eglwys
    Yn arogli drycin;
    Grym ei wers yw gair â min –
    Bregethwr brigau eithin.

Roger Jones

1327.

DYN TENAU

Croen ac esgyrn a gwasgod, – a llodrau,
    Lledrith ar ddisberod;
    A'r lle'r oedd efe i fod
    Y mae gwisg am ei gysgod.

Mafonwy

1328.

TI A MINNAU

Rwyt ti, waeth sut bo'r tywydd, – yn huno
    Hyd hanner boreddydd;
    Rwyf innau fel iâr fynydd
    Yn godwr da gyda'r dydd.

Ioan Brothen

1329.

CLEFYD Y SUL

Fore Sul efe yw'r sala' – o bawb,
    A'r nawn bydd 'rhyw bethma';
    Hwyr y dydd 'dim hanner da' –
    Fore Llun ef yw'r llonna'.

Testyn

1330.

Y GŴR MOEL

Heblaw am ryw un blewyn – ar ei ben,
    Y mae'r boi fel nionyn,
    Ond cenfigen mae'n ennyn
    Yn y brawd sydd heb yr un.

Anhysbys

1331.

I FERCH IEUANC
(*Wrth anfon iddi, ar ei chais, bersawr yn anrheg*)

Pêr sawr? I ti? Prysurwn – i'w yrru
    I arall heb gwestiwn;
    Ond, f'annwyl, dweud a fynnwn:
    Pêr wyt ti oll. Pa raid hwn?

R. E. Jones

1332.

GENETHOD

Genethod, rhai od ydynt, – rhai gwyrthiol,
    Rhai gwarthus sy' ohonynt,
    Ond poeni hyd golli gwynt
    Y mae dynion amdanynt.

Thomas Parry

1333.

Y CHWEDLEUWRAIG

Ewch o adlais ei chwedlau – ar unwaith,
    Druanes y fflamau:
    Aed o gof ei bywyd gau,
    A chladder ei chelwyddau.

Anhysbys

1334.

CAWS POBI

Dowch, ar frys, i lys y wledd, – y coch gaws,
    Cewch gysur ond eistedd:
    Caws tawdd bras, yn wylltgras wedd –
    Enllyn hen ddyn heb ddannedd.

Iago Emlyn

1335.

Y DIOGYN YN YR ATGYFODIAD

Dau angel yn cydwingo, – a bachu
    Un bob ochor iddo;
    Rhy lesg fydd tri i'w lusgo –
    Yn ei fedd glynu wna fo.

Gwilym Hiraethog

1336.

Y DIOGYN

Dechrau fy ngwaith a dychryn, – a cheisio
    Tan chwysu y terfyn;
    Rhuthro, f'anghofio fy hun,
    Ochneidio; cychwyn wedyn.

Dewi Glan Dulas

1337.

ŴY

Graenus ddeorgell gryno – yw yr ŵy,
    A rhin bywyd ynddo;
    Gan yr iâr y genir o,
    A iâr enir ohono.

W. J. Williams

1338.

CEILIOG DANDI

Un talach na'i faintioli, – mae rhuddin
    Mawreddog mewn Dandi;
    Un dewr ei genadwri,
    A'i gloch fawr yw "Gwelwch Fi!"

Owen Parry Owen

1339.

Y DIAFOL

Oed gafodd gydag Efa, – â'i weniaith
    Y gwenwynodd Adda;
    Hudwr cyson dynion da,
    Cawn o eto'n cynuta.

Owen Parry Owen

1340.

DYN BYCHAN, BACH

Rhyw wehilyn ar waelod – bodolaeth,
    Heb dalent na chysgod;
    Ysbwriel ar ddisberod,
    Hynod fach – dim ond ei fod!

J. J. Williams

1341.

CHWAETH

Am un a gâr emynau – soniarus
    A gweddus gywyddau,
    Mae yna wyth yn mwynhau
    Anifeilaidd nofelau.

Trefîn

TAD Y BARDD A'R BLAIDD

1342.

Fy nhad oedd gachiad, guchiau – tylluan,
    Nid llawen ei ruddiau,
    Dyn a wŷl dan ei aeliau
    Wedi'i radd y dŵr o'i iau.

1343.

Bwriad a wnaethoedd y borau – o'r blaen
    Heblaw Alltygwinau;
    Blaidd a wnaeth, chwe blwydd neu iau,
    Fry â dant ei frad yntau.

1344.

Gwylied ei fantais ddydd golau – ddigon
    Ar ei ddwygaill gnapiau;
    Blaidd a gaiff, chwe blwydd ac iau,
    Fal y gleisiad fol gloesau.

1345.

Cyrchu'r oedd y pryf, ci o warchae – drwg,
    Wrth ei drwyn a'i ffroenau;
    Mae ôl dannedd, medd y mau,
    Hwnnw dan fy nhad innau.

1346.

Nid oedd ef deilwng, medd dau, – i'w farwn
    I'w fwrw ymysg bleiddiau,
    Neu at lew wedi'i wtláu,
    Neu at gŵn neu gat gwinau.

1347.

Ni bydd chwiorydd, chwarae – bwriadus,
　　Na brodyr i minnau;
Ni chair had o'r meddwdad mau,
Nis gall am nad oes geilliau.

Ieuan ap Tudur Penllyn

1348.

PAENT

Dy wyneb, rhaid dweud, Wenno, – nid yw ddel
　　Er dy ddawn wrth baentio,
Ac nid di-fai fyddai fo
Pe cawsit ddawn Picasso.

R. E. Jones

1349.

Y BARDD A'I LYFR

Ni ddaw o'i lyfr iddo les; – i ras bardd
　　Dyrys bwnc yw busnes:
Dim, druan, fydd ei hanes –
Dyn y print sy'n dwyn y pres.

Gwilym Deudraeth

1350.

Y PEDWAR BARDD YN Y GWRES

Dewi Grwst yn deg a rostiai, – a thor
　　Gwrtheyrn a ddiferai:
Cowlyd yn frydiog holai
Ai burum oedd Trebor Mai!

Gwilym Cowlyd

1351.

BARDD Y DE

Rhyddid yw iaith bardd y De, – a di-nerth
　　Gyda'i 'nawr' a'i 'dere';
Dienaid iawn ydyw e –
Dyn y tafod yn tefe!

Gwilym Deudraeth

1352.

TRWYN

Drwy'i dwnel nid eir dano, – ar ei bont
　　Ni theithir byth drosto;
Hen le tamp er cystal to,
A rhedwr na fedr rodio.

R. J. Roberts

1353.

Y FI FAWR

Rhyfedd ŵr a fydd o hyd – â'i fwyniant
　　Ar lwyfannau bywyd:
Hunan yw ei gân i gyd,
Fi enfawr y cyfanfyd.

Sarnicol

1354.

YR YMWELYDD HAF

Y person ddaw wedi pyrsio – i'r Rhyl
　　Yn yr haf gaiff groeso;
Yna'n hysb anfonwn o
Adref ar ôl ei odro.

Ellis Owen

1355.

DYN TAL, TAL

Pan fo gŵr yn llawn gwryd – i'w gorun,
　　Mae yn gawr dychrynllyd;
Ond aeth Ianto heibio'r hyd
A thyfodd byth a hefyd.

Isfoel

1356.

BONEDD

Mae'n wir y gwelir argoelyn – difai
   Wrth dyfiad y brigyn;
    A hysbys y dengys dyn
    O ba radd y bo'i wreiddyn.

Tudur Aled

1357.

BONEDD

Doeder a fynner am fonedd – i ddyn,
   Oni ddwg beth rhinwedd,
    Fo â'r gŵr afrywiog wedd
    Yn daeog yn y diwedd.

Anhysbys

1358.

MAM DDA

Rhoi o'i da heb gyfri'r doll, – rhoi cysur
   Cyson pan fai archoll:
    Bu'n ddiegwyl, bu'n ddigoll,
    A bu'n fam yn bennaf oll.

Derwyn Jones

1359.

MAM

Er i boen ei dihoeni, – er i'w graith
   Ar ei grudd ei gwelwi,
    Ni phair croes ei heinioes hi
    I'w chariad atoch oeri.

John Roberts

1360.

FY MAM

Un ddinam fu mam i mi, – ni chwerwodd
   Ei chariad mewn cyni;
    I'w holaf awr gwyliai fi,
    A hunodd wrth fy enwi.

Perthog

HEN GWLWM EIN GWEHELYTH

1361.

MAM

Rhyw angel ym mro'r ingoedd – a oedodd,
   Pan ehedai'r lluoedd
Glân adref, i greu nefoedd
Yma i mi, fy mam oedd.

Gwili

1362.

MAM

Nid â'i henaid ohonof – cans erys
   Tra consurir atgof,
A heno â'r nos ynof
Difesur yw cysur cof.

Megan Lloyd-Ellis

1363.

ER COF AM MAM

Er bod y fro'n fflachio'n fflam – y gwanwyn,
   Ac oenig ar garlam,
A'r cyfan yn dân dinam,
Heno mae yn oer heb Mam.

Donald Evans

1364.

BLODAU

Mae blodau di-wên heno – â'u gwawl moel
   Ar glai Mam yn pefrio
Yn oer eu gwrid ar y gro,
Rhosynnau di-wres yno.

Donald Evans

1365.

FY MAM

Gwên siriol oedd ei golud, – a gweini'n
   Ddi-gŵyn oedd ei gwynfyd;
Bu fyw'n dda, bu fyw'n ddiwyd
A lle bu hon mae gwell byd.

W. Rhys Nicholas

1366.

TÂL

Â'i hawydd am weld rhywun, yn ei gwên
   fe ddisgynnodd deigryn
   pan ddaeth merch at ei herchwyn
   i droi'n fam i'w mam ei hun.

Tudur Dylan Jones

1367.

FY NHAD

Un dewr o hil y cewri, – roedd yn dda,
   Roedd yn ddyn o ddifri;
'Nhad oedd hwn, ni wyddwn i
Y gallwn weld ei golli.

D. J. Jones

1368.

FY NHAD

Yn fore mewn llafurwaith – addolodd
   Â'i ddeheulaw filwaith;
Ei weddi ef oedd ei waith,
A'i glod oedd ei galedwaith.

Sarnicol

1369.

FY NHAD

Mab y tir ymhob toriad, – syml ei foes,
   Aml ei fawl i'w Geidwad.
Tarian ei dŷ, tirion dad,
A'i oes hir drosto'n siarad.

Dyfnallt

1370.

LLAIS FY NHAD AR DÂP

Llais nad yw yw'r llais sy'n dod i rannu
   Rhyw ennyd ddiddarfod;
   Ennyd o'n byw nad yw'n bod
   Yn dadweindio mudandod.

Gerallt Lloyd Owen

1371.

'NHAD

Oedais wrth gladdu'r hedyn – uwch dy arch
   a daeth ymhen blwyddyn
   drwy ryfeddod y blodyn
   aileni dy gwmni gwyn.

Nia Owain Huws

1372.

FY NHAD

Roedd henddawn y pridd ynddo – a mawredd
   Y tymhorau'n cilio,
   A byw a fydd ef tra bo
   Tyddyn yn gofiant iddo.

Tom Parri Jones

1373.

FY NHAD

Ni wyddai'r cynganeddion, – er, mae'n wir,
   Y mwynhai'r englynion;
   Ni allai greu penillion,
   Ond gwych am draed sych oedd Siôn.

John Penry Jones

1374.

FY NHAD

Â'r crydd di-fraw gerllaw'r llen, – hawdd oedd gweld
   Â'i ddydd gwaith yn gorffen,
   Ofalu o'i law felen
   Dynnu'r pwyth yn dynn i'r pen.

John Penry Jones

❧

MODRYB SIÂN

1375.

Pob cân a phob diddanwch – a garai,
   A gwirod digrifwch;
   Diferai mêl difyrrwch
   O sŵn llais yr hon sy'n llwch.

1376.

Aeth i'r bedd heb foethau'r byd, – i dŷ llwm
   'Stad y Llan dros ennyd;
   Nid daearol ei golud –
   Rhywle draw roedd ei pherl drud.

Gwilym R. Jones

1377.

FY MODRYB

O'i hir einioes da rannodd, – yn heulwen
   I'w haelwyd arhosodd;
   I ddyn a Duw byw o'i bodd
   A wnâi Modryb tra medrodd.

R. J. Huws

1378.

HEN EWYTHR

Gwybu groes a gwybu graith, – gwybu hwyl,
   Gwybu helynt eilwaith;
   Gwybu dirf fywyd hirfaith,
   A gwybu'n deg ben y daith.

Huw Roberts

❧

FY NHAID

1379.

Yn ei waed oerodd nwydau, – a darfu
   Cynnar derfysg hafau.
   Ei rin, â'i gam yn byrhau,
   Ydyw hedd llawnder dyddiau.

1380.

Mae'n edrych draw, draw i dref – lle ni wêl
   Na llwyn noeth, na dioddef.
   Dilwgr ei ddrud olud ef,
   A'i oedran fel yr Hydref.

1381.

Â'i hoen yn brin, rhyw nawn braf – a wêl ef
   Lle'r ymlusg yn araf.
   Yn y glyn, a'r blodau'n glaf,
   Heulog ei filltir olaf.

1382.

Daw tân mwyn y llwyn llonydd – i'w wyneb
    Fel gwawr einioes newydd;
Hen sant gwyn ar derfyn dydd
A'i ogoniant ar gynnydd.

1383.

Iddo ef ni bydd llefain – llwyndir moel,
    Ond llawnder maes mirain.
Ni bydd bedd ond cyntedd cain,
Rhyw fyrgam i Dref eurgain.

1384.

Rhoddwyd nerth pob prydferthwch – i'w hydref,
    Aeddfedrwydd hawddgarwch.
Yn ŵr llon y plyg i'r llwch,
A'i ddydd hen yn ddiddanwch.

Dewi Emrys

1385.

TAID

Er i'r tes impio'r fesen, – a'i noddi
    Yn nyddiau ei heulwen,
Rhyw fin hwyr, a'i hafau'n hen,
Roedd eira ar y dderwen.

Alan Llwyd

1386.

TAID

Pladur heb bylu ydoedd – yn ifanc
    Ar gynefin ffriddoedd,
Egni dur y gweundiroedd,
Ond cryman mewn oedran oedd.

Alan Llwyd

TAID

1387.

Athronydd anllythrennog – y ddaear,
    A'i ddeall mor finiog;
Darllenai, pan yrrai'r og,
Gystrawen y gŵys droeog.

1388.

Hen iarll y pridd yn darllen – yn gyflawn
    Goflyfr y ddaearen;
Gadael o'i ôl oesol lên
Ei gyfnod ar y gefnen.

1389.

Y pridd yn gymrawd iddo, – athrylith
    Yr hil yn ei ddwylo;
Onid oedd ei bennod o'n
Cloi hen gronicl yn gryno?

Alan Llwyd

1390.

FY CHWAER

Â'r unig mynnai rannu – ei helynt,
    A'i chalon yn gwaedu;
Nos a dydd ar dywydd du
Un o fil yn gofalu.

H. Ll. W. Huws

1391.

I GYFARCH NIA, FY WYRES, YN 40 OED

Cofio'r hwyl, cofio'r heulwen – yn ein lawnt,
    Cofio'r plentyn llawen;
Yma'n awr, a mi yn hen,
'Wy'n ddig fod Nia'n ddeugen.

T. Llew Jones

1392.

SIÔN ONWY

Un ennyd wen o anwes, – un goflaid
    Gyflym at y fynwes;
Un awr o Awst cyn i wres
Ein huniad oeri'n hanes.

Donald Evans

DELYTH
(FY MERCH)
YN DDEUNAW OED

1393.

Deunaw oed yn ei hyder, – deunaw oed
   Yn ei holl ysblander,
  Dy ddeunaw oed boed yn bêr,
  Yn baradwys ddibryder.

1394.

Deunaw – y marc dewinol, – dod i oed
   Y dyheu tragwyddol,
  Deunaw oed, y deniadol,
  Deunaw oed nad yw'n dod 'nôl.

1395.

Deunaw oed, – dyna adeg, – deunaw oed
   Ni wêl ond yr anrheg,
  Deunaw oed dy i'engoed teg,
  Deunaw oed yn ehedeg.

1396.

Echdoe'n faban ein hanwes, – ymhen dim
   Yn damaid o lances,
  Yna'r aeth y dyddiau'n rhes,
  Ddoe'n ddeunaw, heddiw'n ddynes.

1397.

Deunaw oed yw ein hedyn, – deunaw oed
   Gado nyth y 'deryn;
  Deunaw oed yn mynd yn hŷn,
  Deunaw oed yn iau wedyn.

1398.

Deunaw oed ein cariad ni, – deunaw oed
   Ein hir ddisgwyl wrthi,
  Deunaw oed yn dynodi
  Deunaw oed fy henoed i.

Dic Jones

1399.

ANNE FRANK

Taweled dyddiau'r teulu; caf fwynhad
   yn cofnodi'r rheiny,
  ac rwyf fi'n ysgrifennu
  i'n cadw oll, ag inc du.

T. Arfon Williams

1400.

I DAD
(yr aeth ei fab i drybini)

O'th fara cydfwytäwn, – o'r un gwydr
   Yr un gwae a yfwn;
  Nid ti biau'r penyd hwn,
  Yn rhieni fe'i rhannwn.

Gwynfor ab Ifor

1401.

HIRAETH

Toredig atgo'n trydar, – a'r enaid
    Dan driniaeth edifar;
    Wylo'i gŵyn mae'r sawl a gâr
    A'i nef yn ddarn o'i afar.

Richard Hughes

1402.

HYDREF

Daw hiraeth ar fy ngwaethaf – imi'n awr,
    Min hiraeth o'r tristaf,
    Hen hiraeth sy'n boen araf:
    Hiraeth ffôl ar ôl yr haf.

Donald Evans

1403.

HIRAETH AM GYMRU

Megis y llin sy'n mygu – yw'r hiraeth
    Yr awron am Gymru;
    Tywodyn o Gwmtydu
    Yn hollt y rhwyf ydwyf fi.

John (Tydu) Jones

1404.

HIRAETH Y BARDD AM EI FRAWD

Yn ddiddig wedd, ddyddiau gynt, – y rhodiem,
    Caem hyfrydwch ynddynt:
    Ond ffarwél i bob helynt –
    Cefnaist fel awel o wynt.

Dewi Glan Dulas

1405.

ER COF AM EI FAM

Yn fyw iawn yn fy nghof i – er y bedd,
    A thra bwyf y byddi;
    'Does dim yn gyfan imi
    Yn y byd hwn hebot ti.

Tommy Price

HIRAETH

1406.

DYMUNIAD

O! mae'r galon hon heb hedd – oherwydd
    Fy hiraeth diddiwedd;
    Iôr, fy Nuw, ar fy niwedd,
    Rho ein bod yn yr un bedd.

Anhysbys

1407.

PELLTER

Byd dicllon i'm bron, heb wres, – dy belled,
    Dibwyllodd fy mynwes;
    Byd rhyflin bod rhyw afles,
    Byd da'n wir pe baet yn nes!

Anhysbys

AR WAHÂN

1408.

Er sôn dynion gan dannau – is irwydd,
    Er siarad am gampau,
    Meddyliaid am f'enaid fau,
    Cadi fwyn, y ceid finnau.

1409.

Ond caeth, lloer odiaeth lliw'r ôd, – i minnau,
    O mynnwn gyfarfod;
    Lle'dd wyf ni elli ddyfod,
    Lle'dd wyt ti ni chaf i fod.

Anhysbys

1410.

HIRAETH

Pob mwynder, ofer afiaith, – pob meddwl,
    Pob moddus gydymaith,
    Popeth, yn wir, ond hiraeth,
    Yn gynnar iawn oddi genni'r aeth!

Anhysbys

1411.

HIRAETH

Fe rydd ef friw i weddw fron – â'i gyllell
    Ddydd y golled greulon;
    Yna tyr bob dydd fel ton
    I'r hollt yn ddagrau heilltion.

Ben Jones

1412.

HIRAETH

Ni dderfydd ei ddeunydd o – er ei oed,
    Nid â'n frau o'i wisgo;
    Hen, hen yw carthen y co',
    Ar ei hyd bu hir frodio.

Iwan Morgan

1413.

ATGOF

Rhyw hen utgorn yw Atgof; – â'i gref waedd
    Egyr feddau angof;
    Â'i utganiad dwg ynof
    Hen bethau gynt byth i gof.

Tudno

1414.

HIRAETH AR ÔL EI FERCH

Mae cystudd rhy brudd i'm bron, – 'rhyd f'wyneb
    Rhed afonydd heilltion;
    Collais Elin, liw hinon,
    Fy ngeneth oleubleth lon.

Goronwy Owen

1415.

AR ÔL EI UNIG FERCH

Ymholais, crwydrais mewn cri, – och alar!
    Hir chwiliais amdani:
    Chwilio'r celloedd oedd eiddi,
    A chwilio heb ei chael hi.

Robert ap Gwilym Ddu

1416.

HIRAETH MAM

Hiraethais, llesgeais, gwn, – O! fy mab,
    Yn fy myw ni pheidiwn;
O Dduw Iôr! Os bai oedd hwn
Imi maddau – mam oeddwn.

R. Dewi Williams

1417.

NYTH

Â nwyf yr haf yn y fro, – i'r hen goed
    Crwydrwn gynt i'w geisio,
A rhown heb bryder heno
Fyd aur o'i ailganfod o.

Tom Bowen Jones

1418.

PETHAU A AETH

Fy nhad mewn pêr funudyn – ym min hwyr
    Yn mwynhau ei fygyn,
A Mam yn hymio emyn,
Pethau aeth yw'r pethau hyn.

Tom Bowen Jones

1419.

Y CWPWRDD CORNEL

Ei le yw'r gornel o hyd, – eiddo mam
    Ydoedd ym mwth mebyd;
Weithian mae anesmwythyd
Ynof o'i weld, a hi'n fud.

Tom Bowen Jones

1420.

HEN DDRESEL

Awen goeth a fu'n gweithio – a rhoi camp
    Ar y coed yn gryno;
Daw sglein y dysglau heno
Â Mam ar garlam i go'.

Joseph Jones

1421.

HIRAETH

Hiraeth sy' helaeth am Siôn – a Marged
    A'u mawrgost a'u rhoddion:
Nid iach deutal fy nghalon,
Nid llawen byd lle ni bôn'.

Rhisiart Phylip

1422.

GOFID

Ydwyf brudd bob dydd, nid aeth – o'm calon,
    Coeliwch fi, fy hiraeth;
Ni chêl y grudd, cystudd caeth,
Y galon a ddwg alaeth.

Anhysbys

1423.

MAB Y MYNYDD

Minnau wyf fab y mynydd – a fagwyd
    Yn fugail ar foelydd,
A chri di-baid f'enaid fydd
O na bawn yno beunydd!

E. Aman Jones

1424.

HIRAETH

Dim môr, a dim myharen, – dim afon,
    Dim mefus, na mawnen;
Aberthwn aur byrth y nen
Am weld eira Moel Darren.

J. J. Williams

1425.

HEN BROFIADAU

Pererindod myfyrdodau – yn ôl
    I anwylach dyddiau
Yw fy nef, lle caf fwynhau
Briwfwydydd hen brofiadau.

J. G. Thomas

1426.

MEWN CWRDD COFFA
(Ar ôl claddu bardd adnabyddus)

Bydded afar, nid araith, – erddo ef,
    Gan mor ddwfn yr artaith.
    Heno huotlach ganwaith
    Hiraeth mud na thraethu maith.

Dewi Emrys

1427.

SIÔN Y GO'

Dim gwên a dim megino, – dim miwsig,
    Dim mesur nac asio;
    Dim hwyl a dim morthwylio,
    Dim sŵn gwaith, dim Siôn y Go'.

Anhysbys

1428.

Y GOFAINT

Wedi ffrwd y trafod ffraeth – ym min hwyr,
    A mwynhau cwmnïaeth,
    Gŵr hoff ar wasgar a aeth,
    A hir erys yr hiraeth.

W. Roger Hughes

1429.

HIRAETH

Dos ymaith hiraeth, orig, – o'm calon,
    Cilia i ffwrdd ychydig;
    Dywed i'm Gwen felenfrig
    Fod dyn ac arno fyd dig.

Anhysbys

COFIO

1430.

Oer yw haul yr heolydd, – y gaeaf
    Sy'n y gwyw wybrennydd,
    A'i wynt trwy goed palmentydd
    A boera'r dail: byr yw'r dydd.

1431.

Byr ddydd ehedydd yw'r haf, – ei ddiwedd
    Diddewis a welaf,
    A'r ddeilen farwaidd olaf
    Yn hyll a gwlyb, fel llaw glaf.

1432.

Llaw glaf ffarwél yr hafau, – pob mwyniant,
    Pob munud o'r heuliau
    A ddihengodd i'w hangau;
    Erys y cof fel drws cau.

1433.

Drysau cau ffiniau gorffennol – a'n ceidw
    Yn ein caeth bresennol,
    Ac i heddiw tragwyddol
    Ddoe a'i nef ni ddaw yn ôl.

1434.

Yn ôl i'r fron yr elwn – ac i'r grug,
    A'r haf ar y gwndwn,
    Ac o'r haf anesgor hwn
    Un awr fwyn a erfyniwn.

1435.

Erfyniwn o'r haf, ennyd, – yr unawr
    A rannwyd rhwng deufyd;
    O wyrthiau holl bethau byd
    Ni chawn fwynach un funud

1436.

Na'r funud a ddug o'r fynwes – oediog
    Sibrydiad ei chyffes;
    Ei henaid yn ei hanwes,
    Ac ar ei gwrid gwawr y gwres.

1437.

Lliw'r gwres fel llaw ar ei grudd, – yn dywyll
    Cyn y deuai'r hwyrddydd;
    Rhwymasom ar y meysydd
    Gymod cyn darfod y dydd.

1438.

Darfu'r dydd yn ei ludded, – o dŷ'r allt
    Deuai'r hwyr ar gerdded,
    A sêr wlith a roes ar led
    Y manwair cyn ein myned.

1439.

Ie, myned oedd rwym inni – o'r mynydd,
    Er mwyned oedd oedi;
    Mynd drwy'r brwyn, heibio'r llwyni,
    Caled oedd myned i mi.

1440.

I mi cyn duo'r mwyar, – un dydd dall
    Rhaid oedd dod o'i daear,
    A gwadu cwyn llygaid câr;
    Wedi dyfod, edifar.

1441.

Edifar llesg oedfa'r lloer, – a chofio;
    Mwy ni chaf ond, dioer,
    Hiraethu gwag a llugoer,
    A thrig sy'n unig, sy'n oer.

John Gwilym Jones

ATGOF AC ANGOF

1442.

Dug angof, er a brofais, – boenau gant,
    Er pan gynt y'th welais;
    Cofiaf, er hyn, lle cefais
    Weld dy lun, clywed dy lais.

1443.

Y dyddiau a fu diddan, – hwnt aethant
    Hwythau'n angof weithian;
    Cofiaf er hynny'r cyfan
    Fu, a'th eiriau fyth a'r fan.

1444.

Adeg y gwanwyn ydoedd – hi, a thân
    Yng ngwythiennau'r bydoedd,
    A daear hen, diau'r oedd
    Yn ifanc fal y nefoedd.

1445.

Ac ni allai fod na thlodi, – nac ofn,
    Gofid na thrueni,
    Nac anap na drygioni,
    Na dim ond d'anwyldeb di.

T. Gwynn Jones

1446.

COFLECH HEDD WYN YN FFLANDRYS

Hon yw'r garreg a irwyd – gan waedliw'r
    Genhedlaeth a gollwyd;
    Hiraeth pob mam a fferrwyd
    Mewn haenen o lechen lwyd.

Alan Llwyd

NOSON O AEAF

1447.

Mae adar storm dros y tir. – O ru'r gwynt
    Chwerw yw'r gŵyn a glywir:
    Ysbryd nos, a byrdwn hir
    Ei friwdant uwch y frodir.

1448.

Mae'n dwyn i'm henaid innau – o'r hwyrwynt
    Ryw hiraeth ac eisiau.
    Mae'i ddolef rhwng meddyliau
    O gof ac atgof yn gwau.

1449.

Ar gyfer bloedd Rhagfyr blin – mae gennyf
    Gof am gân a chwerthin.
    O na chawn hedd a chain hin,
    O am haf a Mehefin!

1450.

Yn dorf o'u cynefin dir, – od aethant,
    Fy nghymdeithion cywir,
    Trwy'r hyrddwynt arnynt yn wir
    Geilw f'enaid fel gylfinir.

1451.

Yn dorf i'r gad o Arfon, – ing hiraeth
   Yng nghuriad pob calon,
   Prudd gyrru, fel praidd gwirion,
   Ddiddan wŷr i'w hantur hon.

1452.

Draw o'u hendud i'r India, – i lannau
   Nil hen, a thir Libya.
   Un beunydd ni bo yna
   Heb gael o'i du'r Bugail Da.

1453.

A'r hogiau hyd li'r eigion, – y maent hwy
   Mewn tywyll dreialon.
   Rho, oerwynt, help yr awron
   I'w llongau, rho dithau'r don.

1454.

Och, ryfel, d'ochel nid oes. – Dy hanes
   A'm dihoenodd eisoes.
   Un ar ôl un, oriau loes,
   Ysbeiliant fwyniant f'einioes.

1455.

A chwynaf, mae haf ymhell. – O na ddôi
   Newydd aidd i'm cymell
   Oni wypwyf nad nepell
   Eurog wawr yfory gwell.

1456.

Awr hwylio adre o'r helynt, – ai teilwng
   Eu talaith ohonynt?
   Trwy'r fro ergydio wna'r gwynt,
   Twng na fydd tangnef iddynt.

1457.

Troi ofer o'u cartrefi, – a dychwel
   I duchan mewn tlodi,
   Neu ynteu'r llan hwnt i'r lli,
   Hedd y fynwent ddifeini.

1458.

Heno mae rhai ohonynt – yn dawel,
   Graean dieithr trostynt,
   A mwy ni welaf monynt.
   Tost yw'r awr. Tosturia wynt!

1459.

Eithr yn ei drais rhuthra'n drwm, – o'r ceufor
   Cyfyd ei alarwm;
   Daw gwaedd llid o wigoedd llwm,
   Anllywodraeth un llawdrwm.

1460.

Paid, wynt oer! Ped adwaenit ti – heno
   Hanner fy nhrueni,
   Sicr wyf yr ymlaesai cri
   D'alarnad dros dylyrni.

William Morris

1461.

COLLED

Pa hiraeth nad yw'n para yn lloerig
   trwy'r holl oriau dua'?
   Yr un yw sêr nos o ha'
   â sêr ar nos o eira.

Tudur Dylan Jones

1462.

YSGUB

Mae hud yr hau a'r medi, – a mawredd
    Y tymhorau ynddi;
    Deg ysgub! Daw'r ŷd gwisgi
    Â bara can o'i brig hi.

T. Llew Jones

1463.

YSGUB

Ysgafn, trwy firi'r esgair, – oedd ei si
    Ddyddiau sionc, a'u cellwair,
    Ond aeth y cwlwm ffraethair
    A hen grefft y medi'n grair.

R. J. Rowlands

1464.

YR ARADR

Lle tyr awch ei chwlltwr hi – groen y tir
    Bydd grawn teg yn tonni,
    A maes o aur trwm ei si
    Yma adeg y medi.

Alun Jones

1465.

YR ARADR

Aeres y cribgoch erwau – a si'r gŵys
    Ar ei gwar drwy'r oesau;
    O aredig gwerydau
    Lle bo'i rhych ceir llwybr i hau.

Dafydd Jones

1466.

LLIDIARD Y MYNYDD

Llidiard uwchlaw llidiardau – a godwyd
    I gadw'r terfynau
    Ar fynydd oer ei fannau,
    A'i werth i gyd wrth ei gau.

John Thomas

HWSMONAETH, AMAETH A THIR

1467.

CLAWDD TERFYN FY NHAID

Impiodd ei glawdd yn gampwaith, – ac erys
    Yr hen gaer, heb anrhaith,
    Yn gronicl o'i gywreinwaith,
    Yn epig mewn cerrig gwaith.

Alan Llwyd

1468.

CLAWDD

Hir a main rannwr mynydd, – neu union
    Derfynwr fforestydd;
    A dalied ffiniau dolydd
    Yn ddi-fwlch, a hedd a fydd.

John Penry Jones

1469.

CLAWDD

I ffinio maes, rheffyn main – o gerrig,
    Gwaith gŵr â llaw gywrain;
    Ac iddo rhoed gwe o ddrain
    I dorri gwynt y dwyrain.

Alun Jones

1470.

Y GORLAN

Dinod a hen ydyw hi – yn y cwm,
    A'r cen dros ei meini;
    Cell diadell y gelli,
    A'i phorthor yw Carlo'r ci.

Tom Bowen Jones

1471.

PLADUR

Mynnodd barch; mwy'n ddiberchen; – dyna'i rhawd.
    Dan y rhwd ar hoelen
    Y'i hongiwyd; 'does mo'i hangen;
    Fel finnau aeth hithau'n hen.

Owen Parry Owen

1472.

YR HEN BLADUR

Darfu'r dur. Ni thyr flaguryn; – mae'n gul,
    Mae'n gam; daeth i'r terfyn.
    Bladur glaf, gwawd blodau'r glyn,
    Gwledd i rwd ar glawdd rhedyn.

D. L. Eckley

1473.

PLADUR

Llafn hirfain llyfn ei arfod – yn nwylo
    Medelwyr ei gyfnod;
    Erfyn a'i ddydd ar ddarfod,
    Cans di-ludd yw'r dydd sy'n dod.

R. Goodman Jones

1474.

YR HEN GEFFYL

Hen a di-raen yn mynd i'w dranc, – ei rym
    A'i rwysg wedi dianc;
    Gadael hud bywyd y banc,
    Rhoi'i blwyf i'r ebol ifanc.

T. Llew Jones

1475.

YR HEN GEFFYL

Ei hir oes yn y tresi – a dreuliodd
    Hyd yr olaf egni;
    Lle bo'r wedd a'i llwybr hi
    Ni wêl wanwyn eleni.

Fred Williams

HEN GEFFYL

1476.

Ofer yw ei gyfrwyo, – a rhy drwm
    Yw'r drol yn awr iddo.
    Rhy ddall i'r briffordd yw o:
    Rhoes hirnych ei dres arno.

1477.

Od yw gloff, nid wy'n hoffi – ei werthu
   Dan forthwyl i'r sipsi;
  I ffair nid af â'm ffrind i;
  Ni fargeiniaf ar gyni.

G. Ceri Jones

1478.

Y BEDOL

Rhydodd yng nghwymp mawrhydi – er i gamp
   Loyw'r gof fod arni.
  Ei draw oedd fydrau iddi,
  A thân coch fu'n ei thinc hi.

R. J. Rowlands

YR AMAETHWR

1479.

Ac ef yw'r neb o'i febyd – fu'n gymar
   I'r ddaear werdd, ddiwyd;
  Y gŵr a arddo'r gweryd,
  A heuo faes; gwyn ei fyd.

1480.

Wynned ei fyd a fedo – y gronyn
   O'r grynnau a lyfno;
  Y gŵr a wêl gywiro
  Adduned yr oged, dro.

1481.

Dro ar ôl tro yn ymlid tres, – yn troi,
   Yn trin, â'i feirch cynnes,
  Ysgafndroed is y gefndres
  Y bydd, ar dywydd neu des.

1482.

Law a thes, clywch sŵn tresi! – daw'r aradr
   Gyda'r hwyr o'r cwysi;
  Gwêl linell ei hasgell hi,
  A brain, lle'r oedd tinbrenni.

1483.

Roedd bronnydd gwyrdd y bryniau – hyd orwel
   Yn dawel; a diau,
  Lle bu'r og a lle bu'r hau,
  Dôi'r oed i dorri'r ydau.

1484.

Mae ei ydau ym Medi – yn euraid
   Ar warrau'r llechweddi;
  Tonnau dŵr tan y deri,
  Grawn llawn fel graean y lli.

1485.

I gwr y lli gyr y llafn – ar hwian
   Yr awel benysgafn;
  A'i osgo fel blin ysgafn
  Ym min yr hwyr mewn rhyw hafn.

1486.

I dawel hafn lle dôi i lyfnu – y daeth
   Hen dymp yr aeddfedu;
  A thrwmlwythog feichiog fu
  Bronnau erwau'r braenaru.

1487.

Trin ef fraenar tirion fronnydd; – cywain
   O'r caeau a'r meysydd;
  A llunio, mewn llawenydd,
  A chodi'i deisi, liw dydd.

1488.

O ddydd i ddydd ar y ddôl, – yn gefnog
   Uwch corniog ych carnol,
  Pan dry'r haf yn aeafol,
  A'r gaeaf yn haf yn ôl.

Geraint Bowen

DAU FRAWD
(Huw ac Elis Edwards, Y Fedw Arian, Y Bala)

1489.

Dau frawd yn cydefrydu, – dau enaid
   Yn cydweini'n unfryd:
  Trin â balchder y gweryd,
  A'r hen oes i'w rhan o hyd.

1490.

Gwibiai gosgeiddig ebol – â hirnaid
    Yn ei garnau ysol;
  Ynni ar draed trydanol,
  A'i symud yn dyrnu dôl.

1491.

Ystwyth eu meingyrff hwythau, – y meistri'n
    Ei dorri hyd erwau;
  Dynion celf amdano'n cau,
  A phoen yn eu rheffynnau.

1492.

Ysgall y ddôl ar wasgar, – o'r erwau
    Dôi'i weryriad treiddgar;
  Ei garnau'n corddi'r ddaear,
  Ac ofn yn y llygaid gwâr.

1493.

Ym mhen y rhaff yn caffio'n – ei ewyn,
    A'r ewyn yn rhuddo;
  Yr oedd wrth ei wareiddio
  Li o waed ar ei wefl o.

Elwyn Edwards

❧

Y GWAIR

1494.

Arogli haul ar y gwlith – un bore
    Ar beiriant mawr, lletchwith.
  Heibio'r hwd mae perci brith
  Llangynog yn llawn gwenith.

1495.

Mae ym mherfedd cae Morfa'r – holl drefnu
    Draed hy pedwar teiar
  Yn derfysg od ar faes sgwâr,
  Arogl llwch ar gae llachar.

1496.

Pob peiriant yna'n tynnu – cwys am gŵys
    I'w gesail, cywasgu
  O lwyth i lwyth a phlethu
  Tannau croes y cortyn cry'.

1497.

O'r aceri eu cario'n – bynnau aur
    Bob yn ail, dadlwytho
  O gylla tyn a'r gwellt heno'n
  Pontio i'w top yn y to.

1498.

Cyd-eistedd yn niwedd prynhawn, – y gwair
    A'r gorwel yn gyflawn,
  Dan y llwch y siediau'n llawn
  A than eurwlith yn orlawn.

Eurig Salisbury

1499.

Y FFERMWR

Aer y pridd a châr preiddiau, – cyweiriwr
    Aceri ei dadau;
  Dan law Iôr y tymhorau
  Y try hwn i fentro hau.

Tîm Ymryson y Beirdd Maldwyn

1500.

JOHAN PHILLIPS

Ef oedd brig pendefigaeth – ei erwau,
    Barwn boneddigaeth;
  Hen ddur y mynydd a aeth
  I'w esgyrn yn gynhysgaeth.

J. M. Edwards

❧

ER COF AM JOHN ROBERTS
(Llidiardau, Penllyn. Amaethwr 95 oed a
gollodd ei olwg beth amser cyn ei farw)

1501.

I'w Lanycil yn acen – yr heniaith
    Rhoed Meirionnwr cymen;
  Anwylodd, wawl a niwlen,
  Sawyr a hud ei sir hen.

1502.

I'w anifail anafus – meddyg oedd,
    Meddai gamp dyn hysbys;
  Craff ei lygaid wrth reidus,
  Di-feth cyffyrddiad ei fys.

1503.

Mwyn a doeth gwmni dethol – a fwynhai
    Ar fin hwyr cymdogol;
  Na hud ffals newyddfyd ffôl
  Hoffai win y gorffennol.

1504.

Ei wledig ddiddig ddyddiau – a fu dirf
    A dewr, er pob croesau;
  Llariaidd mewn tywyll oriau,
  A'u diwedd oedd awr dyddhau.

Derwyn Jones

NATUR A'R CREAD

ADAR

1505.

Y DRYW

Hen go' bach y cilfachau, – a phinsied
    Cynffonsyth yn ddiau
    Yw'r un gwylaidd brown-golau,
    A'i dŷ i gyd wedi'i gau.

Ithel Rowlands

1506.

Y DRYW

Mawreddog er mor eiddil; – â'i gwmpawd
    Gwna'i gampwaith mewn encil:
    Nyth cain o grefftwaith cynnil,
    Iglw hardd i ddisgwyl hil.

Evie Wyn Jones

1507.

Y DRYW

Nid oes cân ddoniol ganddo, – na thŷ gwych,
    Na theg wisg amdano:
    Ei or-fawr fychandra fo
    Wnaiff un yn hoff ohono.

W. Eilir Evans

1508.

COCH Y BERLLAN

Twyll yw parchusrwydd tu allan – ei wisg –
    Mae'i wasgod yn aflan;
    Un garw am waed blagur mân
    Yw y sadist pensidan.

T. Arfon Williams

1509.

COCH Y BERLLAN

Bwli mawr yn ei blu mân – yn ystum
    Gloddesta'n y berllan.
    Wyneb iechyd, haul bychan
    Yw llun aderyn ar dân.

Ithel Rowlands

1510.

COCH Y BERLLAN

Y tewddyn bach, wyt lachar, – yn wychlym
    Wyt y machlud lliwgar:
    Rhaid mai trwm fu swm dy siâr
    Yn nos sadwrn y seidar.

Ithel Rowlands

1511.

COCH Y BERLLAN YN CHWEFROR

Hud o'r haf yn oedi'n drwm, – byw arlliw
    O'r berllan yn fwrlwm;
    Arlwy yn nyddiau'r hirlwm,
    Afal coch yng nghofl y cwm.

Ithel Rowlands

1512.

GLAS Y DORLAN

O gyfrinach cilfachyn – hy y teifl
    Tylwyth Teg y dyffryn
    Garreg las dros gaerog lyn,
    Ergydliw ar gaeadlyn.

Ithel Rowlands

1513.

GLAS Y DORLAN

Nid yw rhuddem y gemydd – na'i emrallt
    Ond amrwd eu deunydd
    O gael yn gwau drwy'i gilydd
    Liwus rwysg ei las-a-rhudd.

Norman Closs Parry

1514.

GLAS Y DORLAN

Rhyfeddais, sefais yn syn – i'w wylio
    Rhwng yr helyg melyn,
    Yna'r lliw yn croesi'r llyn –
    Oedais, ond ni ddaeth wedyn.

Trebor E. Roberts

1515.

GLAS Y DORLAN

Efallai, wrth sefyllian, – y gweli
    O geulan yn hedfan,
    Yn syth o dwll, saeth o dân
    A dery darged arian.

T. Arfon Williams

1516.

GLAS Y DORLAN
(Ger Pont Llangyndeyrn)

Yno fe'i gwelais unwaith, – am ennyd,
    Y man lle bûm ganwaith,
    Yn amau am oriau maith
    A welwn ei liw eilwaith.

Geraint Roberts

❧

Y CREYR GLAS GER LLYN TEGID

1517.

O'r golwg gerllaw'r geulan – y sefais;
    Yn ddisyfyd syfrdan,
    Safai ef ar bwys y fan
    Â'r wedd drist ar ddwy drostan.

1518.

Ar ungoes, y creyr hengall, – un main, hagr
    Yn miniogi'i ddeall;
    Aderyn mewn byd arall
    Ar flaen y dŵr fel un dall.

1519.

Mewn trans, hen blismon trwynsur – yn gwylio'r
    Geulan fel cysgadur:
    Pellen ar ddwy weillen ddur,
    Dwy nodwydd dan wniadur.

1520.

Oedi'r haf gan gysgu'n drwm, – a'i war main
    Yn cromennu'n hirgrwm:
    'Styllod dan swp o gotwm,
    Dau blanc dan sachaid o blwm.

1521.

Ar bwys y basddwr y bu – am hydoedd
    Fel pe'n mud ryfeddu:
    Rhyw Gatwg yn cilwgu
    Wrth dremio; Plato mewn plu!

1522.

Ac ar gyffes, mewn llesmair – yr oedai'r
    Hen ymprydiwr diwair,
    Heb ddatgan nac yngan gair
    O'i gafell yn Llangywair.

Alan Llwyd

1523.

Y CREYR GLAS

Genwair o big yn nŵr bas – yr afon,
    Digrifwch mewn urddas;
    Y doethyn digymdeithas
    Â'i heglau hir, y clown glas.

Gerallt Lloyd Owen

1524.

Y CREYR GLAS

Hen wyliwr godre'r geulan – a'i olwg
    Yn ddrychiolaeth syfrdan;
    Ei war crwm fel tro cryman,
    A'i bwysau ar goesau gwan.

James Nicholas

1525.

YR HEBOG

Hed hebog fel dart heibio, – a'i wgus
    Lygaid yn tanbeidio:
    Drwy y drain y dyry dro –
    Nid oes gân lle disgynno.

Eifion Wyn

1526.

Y BIODEN

Er bod lliw'r cyfnos drosti, – oni cheir
    Trwch o eira arni?
    Ar ddadmer mae'i hanner hi,
    A'r rhelyw heb feirioli.

Alan Llwyd

Y BIODEN

1527.

Nid hoeden orbaentiedig – mohonot
    Ym mhinwydd y goedwig;
    Ni bu i neb yn y wig
    Goluro dy ŵn glerig.

1528.

Ei diwyg fel Blodeuwedd, – yr amhur
    A'r mirain yn unwedd;
    Pechod a phurdeb buchedd
    Yw du a gwynblu ei gwedd.

1529.

Ai Dyddgu wyd, weddw y goedwig, – ynghudd
    Draw yng nghôr y glasfrig,
    Lleian y winllan a'r wig
    A'th ddeuliw yn gatholig?

Alan Llwyd

1530.

YR EOS

Ochenaid leddf a chân dlos – anadlant
    Yn odlau yr eos;
    Gwae ei phigyn gaiff agos
    Alw'r nef i lawr y nos.

Tudno

YR EOS

1531.

Miwsig min coedwig mewn ceudawd – llwyn,
    Llawenydd hyd Ddyddbrawd;
    Mae'r eos feindlos, fwyndlawd,
    Min y gwŷd, yn mwyn weu gwawd.

1532.

Pulpudwraig, coedwraig caeadros, – glasliw,
    Eglwyslais diweddnos:
    Awen a roed i'r eos –
    Chwiban ei phwnc uwchben ffos.

Edward Morris

1533.

YR EOS

Eos braint coednaint caeadnerth, – gwiw bwnc,
    Dda driphwnc ddidrafferth;
    Clyw ei chwiban, cloch aberth,
    Gwiw irgan pig, organ perth.

Wiliam Cynwal

1534.

YR EOS

Blaengar sŵn claear, clywais – win awen,
    Sôn eos felyslais;
    Bryd oslef baradwyslais,
    Berw o goed lwyn, bragod lais.

Anhysbys

YR EOS

1535.

Cerddgar dlos Eos, uwch sail – Tŵr Cedwyn,
    Tor coedallt ac adail:
    Clywch gywydd cloch y gwiail –
    Crechwen tad awen tŷ dail.

1536.

Call bynciau'n amlhau ymhlith – y pillgoed,
    Pebillgerdd cyfeddwlith:
    Cu ar ganol cae'r gwenith,
    Chwibanogl aur uwchben gwlith.

Wiliam Llŷn

1537.

YR EOS

Mesurol garol dan geyrydd – glasberth,
    Gogleisbwnc llawenydd:
    Miwsig mwyn ymysg manwydd,
    Eos hyd y nos dan wŷdd.

Anhysbys

1538.

Y GOG

I degwch ein cymdogaeth – dau nodyn
    Ydoedd ei cherddoriaeth,
    Ond yn ei hôl mynd a wnaeth
    Aderyn codi hiraeth.

Roger Jones

1539.

Y GOG

Dwyn hyder â dau nodyn – nid yw'n hawdd
    Hyd yn oed i delyn,
    Ond hen arfer aderyn
    Fo gennad haf yw gwneud hyn.

John Penry Jones

1540.

Y GOG

Daw ar rwygiad yr egin – i aros
    Hyd oriau Mehefin;
    Ym more'r haf mawr ei rhin,
    Grythor y grug a'r eithin.

Ellis Owen

1541.

HWYADEN

Rhociad, dynn seliad dan iselwydd, – wlyb,
    Oer lais grec foreddydd;
    Chwilio mêr y goferydd
    Yn fanwl am benbwl bydd.

Anhysbys

1542.

HWYAID GWYLLTION

Had yn hwyaid a daen heuwr – y wawr
    Yn yr ardd dawelddwr;
    A'r hwyr ar ro'n gyffröwr,
    Codant, blodeuant o'r dŵr.

Euros Bowen

1543.

CNOCELL Y COED

Ni rydd gyngerdd o gangen, – ni fwyty
    Ond pryfetach rhisglen;
    Y gwyrdd bwt, â gordd ei ben
    Ergydia'i dŷ o'r goeden.

R. Ithel Williams

Y GNOCELL FRITH FWYAF

1544.

Ai bys yw'n curo pob sill – o'i eiddo,
    Gynganeddwr seithsill,
    Neu ai bardd yn llunio'i bill,
    Naddwr pîn, nyddwr pennill?

1545.

Y saer bach prysur ei ben, – arwerthwr
    Wrthi'n taro bargen;
    Wybedwr, ai'r bioden
    Biau'r wisg eiddot ar bren?

1546.

Ond daeth yng ngwig y brigau, – a'i ergyd
    Fel pe'n argoel angau,
    Ryw ias fain drosof innau,
    A chnoc hwn fel arch yn cau.

1547.

Ar gaead arch, ergyd yw, – a hoeliwr
    Ein holaf siwt ydyw;
Saer bach sinistr ein distryw,
Eiliwr eirch y ddynol-ryw.

Alan Llwyd

1548.

CNOCELL Y COED

I fan y pryf yn y pren – y myn ffordd,
    Main ei phig, fronfelen;
Yn ddiball bydd ebill ben
Yn ergydio ar goeden.

O. M. Lloyd

Y CEILIOG

1549.

Clywais, nid gwaglais gwiwgloch, – y bore
    Bereidd-lawn blygeingloch –
Wawch o'i benglog, chwibangloch
Mab iâr, mawl claear, mal cloch.

1550.

Copor glog geiliog celfydd, – praff awdur,
    Proffwydwas boreddydd;
Gwybodwr heb gael bedydd,
Garw geg flin, dewin dydd.

Edward Morris

1551.

Y CEILIOG

Ysgafn y disgyn dwy esgair – gyson,
    Gesyd byst ar gyfair;
Dysgled o fanblu disglair,
Ysgub rawn, esgob yr ieir.

Anhysbys

1552.

Y CEILIOG

Estynnodd ei ben ysblennydd – i'r haul,
    Yna'r eiliad lonydd;
Ias o urddas y wawrddydd
Cyn bwrw'i gân dân i'r dydd.

R. J. Rowlands

1553.

Y ROBIN GOCH

Nesáu ar goesau gosod – wna Robin
    Yn rheibus at gardod;
Unig flodeuyn manod,
Dafn o waed yn y dwfn ôd.

Ithel Rowlands

Y ROBIN GOCH

1554.

Newyn, a ni'n ciniawa, – yw ei ran,
    Ymgreiniwr am fara;
Colsyn ar ewyn yr iâ
Â'i big oer yn begera.

1555.

Ar fergoes araf, wyrgam – y nesâ
    Yn swil ac yn wenfflam;
Coch y gwin yw'r un dinam
A phlu ei fynwes yn fflam.

1556.

Un glew er gwaethaf rhewynt – y gaeaf,
    Ac er gwae'r dwyreinwynt;
A'i goesau ef, bregus ŷnt,
Dwy nodwydd dano ydynt.

1557.

Er y Nadolig a'i ddigon, – ni ddaw
    Iddo ef ddanteithion;
Ni roir i'r fflamgoch ei fron
Seigiau bras ymysg briwsion.

1558.

Ef y dewraf aderyn – adwythig,
    Rho dithau rhag newyn
    Dy fara i'r diferyn
O goch ar yr eira gwyn.

Alan Llwyd

1559.

YR ALARCH

Ail yw i long ar loyw lyn, – neu lili
    Oleulan y dyffryn;
    Ei wedd sydd yn berffaith wyn,
A wnaed eira'n aderyn?

Isnant

1560.

ADERYN CLWYFEDIG

Er ein nawdd, mor anniddig – y gwingai
    Heb ei gangen lasfrig:
    Y fraich ni fynnai yn frig,
Na'r un gadair yn goedwig.

J. Arnold Jones

❧
YR ADAR EIRA

1561.

I'r fan werdd sydd ger fy nôr – fe hedodd
    Torf o adar tramor;
    Newynog haid yn un côr –
Naw ar hugain a rhagor.

1562.

Byr oes a fu i'r briwsion – a daenwyd
    Hyd wyneb y lasfron;
    Arlwy dda a fu'r wledd hon
I gôr y pigau hirion.

1563.

Ond yn dâl ni chafwyd un dôn – o fain
    Ylfinau'r hen ladron –
    Brysio hwnt heb air o sôn
Am gysur yma gawson'.

1564.

Yn ddiau trais oedd y tro – a difoes
    Fu dyfod i sglyfio
    Briwfwyd a daenwyd yno
I frain ac adar y fro.

1565.

Ai da rheibio tamaid robin, – a'r binc
    A'r dryw bach a'r bwlffin
    A'u gado mewn bro mor brin
O reidiau byw cyffredin?

W. Gilbert Williams

1566.

Y PAUN

Llewych y wawr fu'n lliwio – yr unfath
    Â'r enfys wisg iddo,
    Neu afradus gydfrodio
Aur a phiws ar ei gorff o.

Isnant

1567.

Y BRAIN

Hen adar bras ydyw'r brain, – adar gwawd,
    Adar gwyllt, amhersain;
    Ond er mor ddu a thruain,
Ei adar Ef ydyw'r rhain.

Robin Gwyndaf

1568.

YR ADERYN DU

Yn ei fydrau ni fedrwn – nodi bai:
    Gwawdio'i bill ni feiddiwn;
    Ei hoff fesur na phwyswn:
Onid Duw yw beirniad hwn?

Elfyn

1569.

YR WYLAN

Lliw eira mewn mantell arian – ar don,
    Hwyr y dydd, yn cwynfan;
Ewyn môr yn y marian,
A chwaer i luwch ar y lan.

Cenwy

GWYLAN UWCH CAE GWENITH

1570.

Ai si lleddf y tywys llaes – a'i hudodd
    I fro'r cnydau hirllaes?
Morwyn y môr yn y maes
Yma'n hedfan mewn ydfaes!

1571.

Sudda'i hesgyll. Cais ddisgyn – ar wynllif
    Arianlliw, troi wedyn;
Yna deall nad ewyn
Yw lledrith y gwenith gwyn.

Dewi Emrys

1572.

GWYLAN FARW

Du ei phig gan waed a phoer, – 'deryn strae
    Yn y stryd yn llugoer;
Lleian lwys y lli'n lasoer,
Gwylan wen yn gelain oer.

J. Arnold Jones

1573.

Y WENNOL

Er troi'n alltud a mudo – hithau'n awr
    Ddaeth yn ôl i'r bondo;
O! mor braf uwch muriau bro
Ei 'thwit' 'thwit' unwaith eto.

Iorwerth H. Lloyd

1574.

FFLAMINGO

Ac yntau'n cymryd ei gyntun â'i wddw
    ynghudd, nid aderyn
    yn y llaid ar fin y llyn
weli di, ond blodeuyn.

T. Arfon Williams

1575.

ADERYN Y TO

O adar fil dewraf wyd, – yn daeog
    Ar doeau y'th wnaethpwyd;
Ehedi i'r llawr yn lleidr llwyd
I ryfel ymysg briwfwyd.

William Morris

1576.

ADERYN Y TO

Edn llwyd anniwall yw o, – a'i deg wâl
    Dan do gwellt y bondo;
Treisiwr nad yw'n petruso
Ond mynnu bwyd man y bo.

J. Lloyd Jones

Y DYLLUAN

1577.

Mae coel mai yng Nghwm Cowlyd – y trigit,
    Wreigan orfusneslyd;
Dy gorff yn llygad i gyd
Yn wincian bob rhyw encyd.

1578.

Y chwaer hŷn na charw henoed – Rhedynfre,
    Yr adeinfrown, fyrdroed;
Dywed im, beth ydyw d'oed
Hengall edn y cringoed?

1579.

Oged o big, llygad byw – ar agor
    Rhwng y brigau lledfyw;
Ar ei choeden gwrach ydyw,
A dwys ei myfyrdod yw.

1580.

Fe ŵyr hon bob cyfrinach, – mae'n wincian
    Mewn encil neu gilfach;
  Â'i hoyw bib, hi yw bwbach
  Y coed, a'i byrdroed fel bach.

1581.

Hen ddwster dan hen ddistiau – yn llechu
    Gan hel llwch o'r conglau;
  Brenhines lloches y llau,
  Aeres yr ysguboriau!

1582.

Y doethaf oll, ai d'Athen – yw'r teisi,
    Socrates y goeden?
  Tydi'r baganwraig hirben
  Yw pwyll pob doethineb hen.

Alan Llwyd

1583.

SIGL-EI-GWT

Hwsmon cyson ei ffonnod – ar y gyr,
    A'i gorff yn llawn cryndod;
  Diwyd iawn ei fynd a dod
  Yw'r bychan yrrwr buchod.

Dafydd Williams

1584.

GWENOLIAID
(rhwng polion teleffôn)

Heidio maent fel nodau mud – a swatio'n
    Grosietau disymud,
  Ond clywaf ymhen ennyd
  Y gwifrau'n gwafrau i gyd.

T. Arfon Williams

1585.

Y NYTH

Ni fu saer na'i fesuriad – yn rhoi graen
    Ar ei grefft a'i drwsiad;
  Dim ond adar mewn cariad
  Yn gwneud tŷ, heb ganiatâd.

Roger Jones

1586.

Y NYTH

Rhawn a chlai yn grwn a chlyd, – yn ei grefft
    Y mae graen celfyddyd,
  Ac o'i hafan fe gyfyd
  Adar bach uwch dwndwr byd.

Moses Glyn Jones

1587.

Y NYTH

Er holl firi'r llafurio, – ac aros
    Y gori a'r bwydo,
  Wedi llymhau brigau bro
  Hen grinddail a geir ynddo.

Evan R. Davies

1588.

Y NYTH

Tŷ i denant adeiniog – y coetir,
    Un ciwt a chawellog;
  Deildy crwn, adeilad crog
  A drain ar hyd ei riniog.

R. Glyn Jones

1589.

NYTH Y DRYW

Gwâl o blu, mwswgl a blewiach, – hendre
    Undrws dryw a'i linach;
  Campwaith y taer bensaer bach
  Ym môn colfen mewn cilfach.

Alun Jones

❧

ANIFEILIAID

1590.

Y DYFRGI

Heliwr glwth yng nghiliau'r glyn, – craig ei ford,
    Carreg fawr y llynclyn:
  O'i arswydol herw sydyn
  Daw lliw gwaed hyd y lli gwyn.

John Evans

1591.

CARW

Doe gwelais cyd â gwialen – o gorn,
　　Ac arno naw cangen;
　　Gŵr balch ac og ar ei ben,
　　A gwraig foel o'r graig felen.

Dafydd ap Gwilym

1592.

YCHEN

Onid pêr clywed pori – yr ychen?
　　Hir iechyd i'r rheini.
　　Gwledd ni cheid i arglwyddi,
　　Na baich ŷd oni bai chwi.

Anhysbys

1593.

Y CARLWM

Fel picell drwy wellt y rhos – y gwanodd,
　　A'r geinach ddechreunos
　　Yn llugoer, i'w dwll agos:
　　Fflach mellten wen yn y nos!

Alan Llwyd

1594.

DYN A'I GI

Ha! Deis bach, nid oes bechod – na du frad
　　Yn dy fron ddidrallod;
　　Da i fil f'ai clywed fod
　　Dy reswm di 'ar osod'.

Alafon

1595.

Y CI DEFAID

Deil ei brawf ar dyle bro, – i archiad
　　Ei berchen mae'n effro;
　　Daw yn araf dan wyro,
　　Â chall drem ni chyll ei dro.

Gruffydd Jones

1596.

Y CI DEFAID

Rhwydd gamwr hawdd ei gymell – i'r mynydd
　　A'r mannau anghysbell;
　　Hel a didol diadell
　　Yw camp hwn yn y cwm pell.

Thomas Richards

JOCK

1597.

Ni wn o ble yr hanoedd, – ai isel
　　Neu uchel ei achoedd;
　　Ond o waed pur nid ydoedd,
　　Hanner brid ond odid oedd.

1598.

Tŷ-wyliwr pennaf talaith, – a gorau
　　Hawddgaraf cydymaith;
　　Da gennym ein dau ganwaith
　　Fu rhoi dydd i ddifyr daith.

1599.

Ni roddai dro drwy'r ffriddoedd – ar y Sul,
　　Rhyw sant felly ydoedd;
　　I mi ei fai mwyaf oedd
　　Ysu am ysgarmesoedd.

1600.

Mynnai gael rhai mwy nag o, – a chryfach
　　Rhai hefyd, i frwydro:
　　Di-os y gwn nad oes go'
　　I gi arall ei guro.

1601.

Yn frysiog, dalog ar daith – rhusiai cŵn
　　I'n drws cefn am anrhaith;
　　Deuai pob un ryw un waith –
　　Ni ddeuent yno ddwywaith.

1602.

O oesi'n hir troes i wanhau, – a rhaid
   Fu ei droi o'i boenau.
  A hyn sydd yn fy nwysáu –
  I fyned yr wyf innau.

W. Gilbert Williams

MILGI

1603.

Cyrch gwiber, hyder ehedydd, – melyn cawn,
   Ymlaen cŵn y gwledydd;
  Corff hir-fain, craff ar fynydd,
  Ci perl a ŵyr cipio hydd.

1604.

Cryfdwr llew hylew, lliw heulwen – wybr frig,
   Llithiedig, lle'th adwen;
  Cyflym wyllt, ci fel mellten,
  Cei draw gylch aur, cadw'r gloch wen.

Rhys Cain

1605.

MILGI

Cawr ei hil mewn cwrddle crwn, – heriwr gwynt,
   Concwerwr gweilch filiwn;
  Pan êl, ei ddull ni welwn –
  Lled troed yw milltir i hwn!

Dewi Emrys

1606.

CI LLADD DEFAID
  (*Y ci'n cyfarch y ffermwr*)

Ar alwad fe'm rheoli– yn dy waith
   Drwy'r dydd, ond ni chlywi
  Draw o'r rhos ar ôl nosi
  Alwad hŷn na'th alwad di.

Tîm Talwrn Bro Myrddin

1607.

CI LLADD DEFAID

Pen annwyl yn fy nwylo – am anwes
   A minnau'n ei fwytho
  Yn dyner heb weld yno
  Waed oen yn ei lygad o.

Rhys Dafis

1608.

Y DAEARGI

Y mileiniaf am lwynog, – y gwanwr
   Â'r genau tra bachog;
  Yma'n ffau y creigiau crog,
  Dienyddiwr danheddog.

Gruffydd Griffiths

1609.

Y LLWYNOG

Ai ysgub a hardd lusgi, – ystryw hen
   Nad oes draul i'w deithi
  Nac i'r syndod, o godi
  Ei flewyn coch o flaen ci?

Ithel Rowlands

Y MÂN GREADURIAID

1610.

Y PRY COP

Ei we mor fain â'r awel, – ond er hyn
   Mae ei droed yn ddiogel,
  A'i gampau ar furiau fel
  Tensing ar reffyn tinsel.

Gerallt Lloyd Owen

1611.

Y PRY COP

Hy yw ef; â hoyw afiaith – gwea'n gylch
   Ei gain gamp o rwydwaith,
  A'i nod yw na edy'i waith
  Heb ei orffen yn berffaith.

J. H. Griffiths

1612.

Y PRY COP

Hen leiddiad anfarchnadol – a'i wythgoes
    Ymwthgar, syfrdanol;
    Dannedd â brath dirdynnol.
    A'i edau fain lond ei fol.

Aled Jones

1613.

I'R PRYFYN AR WE PRY COP
(ar lawnt y bore)

Tarth hud rhyw wyrth o edau a welaf,
    ond fe weli dithau
    garcharwisg y frodwisg frau
    yn gadwynog o denau.

Ceri Wyn Jones

1614.

PRY'R GANNWYLL

Ni ddychwel drwy'r tawelwch – o olau'r
    Aelwyd i'r tywyllwch;
    Herio fflam â chorff o lwch
    Oedd ei farwol ddifyrrwch.

John Penry Jones

1615.

PRY'R GANNWYLL

Er huno rhyw fer ennyd, – â'i asgell
    O'r plisgyn y cyfyd;
    Garan holl wybed gweryd,
    A'i gorff brau yn goesau i gyd.

Charles Jones

1616.

CEILIOG Y RHEDYN

Byw'r haf wna'r hynod bryfyn: – e wna sŵn,
    Yna saif – cân wedyn:
    A throedia ymhlith rhedyn
    Fel yn ffoi ar flaenau'i ffyn.

Iolo Trefaldwyn

1617.

GWENYN

Cwning, can' nwsing, cywion isel – cainc,
    Cyrff ifainc craff afel,
    Cnwd o wybed cnawd Abel,
    Cario y maent cwyr a mêl.

Bleddyn Ddu

1618.

CWCH GWENYN

Yn dorf feddw, daw'r fyddin yn enw'r
    Frenhines, a throsti'n
    Hela'r aur, mae'i milwyr hi'n
    Anrheithio blodau'r eithin.

Emyr Davies

1619.

YR YSTLUM

Bu'n hir â'i ben i waered – yn gwisgo'i
    Esgyll megis blanced;
    Ac o'i bendro heno hed
    I wyll fel un â cholled.

Cyril Jones

1620.

YR YSTLUM

Pan hed i waered o wyll – yr hafnos,
    Cronna'r ofnau erchyll;
    Ai rhith rhyw balfalwr hyll,
    Ai llaw ydyw'n y llwydwyll?

Cyril Jones

1621.

GWAS Y NEIDR

Wrth glywed y trwmpedi – yn galw
    A gweled baneri
    Haf a'u her, ysgydwaf i
    Fy nerfuslafn ar fasli.

T. Arfon Williams

1622.

BLODAU'R DRAIN

Gwynion genhadon ydynt – hwy i'r haf,
   A drain yn nawdd iddynt;
  Ond ym Mai llafn ysgafnwynt
  A'u tyr oll, a'u troi i'w hynt.

Gerallt Davies

1623.

BLODAU'R GRUG

Tlws en tw, liaws tawel, – gemau teg
   Gwmwd haul ac awel,
  Crog glychau'r creigle uchel,
  Fflur y main, ffiolau'r mêl.

Eifion Wyn

1624.

BLODAU'R GRUG

Trwy Awst y mae'r hud drostynt – yn fy nwyn
   I fwynhau trem arnynt:
  Gloyw eu gwedd er glaw a gwynt,
  Dagrau gwaed y graig ydynt.

William Morris

1625.

Y RHOSYN A'R GRUG

I'r teg ros rhoir tŷ grisial – i fagu
   Pendefigaeth feddal;
  I'r grug dewr y graig a dâl –
  Noeth weriniaeth yr anial.

Pedrog

1626.

'GWELD RHOSYN GWYLLT ...'

Fel alltud ar foel wylltir, – yn gynnil
   Ogoniant diffeithdir;
  Mwyn ei wedd ar gomin hir,
  Byw anwyldeb anialdir.

John Llewelyn Roberts

1627.

Llyma berth, yn llwm o bu, – a rhewynt
   Yn rhuo o'i deutu,
  Odani caf flodyn cu,
  Mewn crinwellt y mae'n crynu.

1628.

Trwy weryd daear oerias – y beiddiodd,
   A byddin o'i gwmpas;
  Ddewred, hardded ei hurddas,
  Man y tyf ei gleddyf glas.

1629.

Ar waethaf gaeaf a'i gŵyn, – ymhob ing,
   Cryma'i ben yn addfwyn.
  Dawnsia'i gloch dan ysig lwyn,
  Gennad anwyla'r gwanwyn.

1630.

Oni cheir gwanwyn a'i chwa, – onid oes
   Cân o dawch y gaea',
  Neu leufer haul, ni lwfrha
  Cennad irwyn cnwd eira.

1631.

Mwyn drigo mewn darogan – y daw'r Mai
   Drwy y maes a'r goedlan.
  Beth mor wiw a'i liw mor lân?
  Wynned â'r ôd ei hunan.

1632.

Ac o'i weld, er noethni gwŷdd, – daw i mi
   Dwym ias o lawenydd;
  Ton o wrid, hwnnw a rydd
  Haf, yn awr ar fy neurudd.

1633.

A dymuno byd mwynach – i rai llwyd,
   Drylliedig, o'm cilfach;
  Fy mywyd yn dirf mwyach
  Dan boen, fel y blodyn bach.

William Morris

1634.

EIRIN GWLANOG

Melfed yr haf ar dafod, – a phêr ias
    Blas ei ffrwyth ar daflod.
    Fferf a gwyrdd a phorffor god
    Y daeth gwaed Awst i'th geudod.

Saunders Lewis

1635.

Y LILI WEN FACH

Aeres ystormydd eira, – a chennad
    Fach annwyl yr hindda;
    Lili'r rhew yn galw'r ha',
    Ai dameg ei dod yma?

R. Goodman Jones

1636.

BOTWM GŴR IFANC

Yn haul Mawrth yn loyw y myn – gwr cynnes
    Ger y cennin melyn;
    Manblu adar mewn blodyn,
    A chain ei goch yn y gwyn.

O. M. Lloyd

1637.

Y PABI

O geisio'r haul a'i gusan – daw i'w gwrdd
    Gyda gwin ei gwpan:
    Dyfod mewn gwrid o sidan
    O'r llwch, a'i degwch ar dân.

William Morris

1638.

Y PABI COCH

Ifanc yn nrama'r cofio, – dwfn ei wrid,
    Dyfnha'r ing lle byddo;
    Y mae barn Ypres arno,
    A dafn o waed o'i fewn o.

Ithel Rowlands

1639.

CENNIN PEDR

Dacw hi'r gatrawd cariad a'i hutgyrn
    yn datgan yn llygad
    y Diawl ei hun fod i wlad
    ac i fyd atgyfodiad.

T. Arfon Williams

1640.

CENNIN PEDR

I'r goedlan fe syrthiodd canwy – o'r brig
    Lle mae'r brain yn dodwy,
    A heno tan eu coed hwy
    Mae lôn o liw melynwy.

W. J. Arwyn Evans

1641.

GWYDDFID

Â'u gwyleiddiwch ar gloddiau – a llwyni,
    Llenwir yr holl ddyddiau
    Hir o haf, a hi'n hwyrhau,
    Â sawr atgofus oriau.

Norman Closs Parry

1642.

EIRLYSIAU

Cawsom heddiw, o'r diwedd, y newydd
    i'r gaeaf o'i lesgedd
    garw farw, ac ar ei fedd
    wele fale gorfoledd.

T. Arfon Williams

1643.

EIRLYSIAU

Yn ddihalog ddiogel, yn gynnar
    bob gwanwyn, fe ddychwel
    ar lawnt ir leianod del
    a diwyd blygu'n dawel.

T. Arfon Williams

1644.

EIRLYSIAU

Hogiau mewn ffrogiau, a'u ffril – yn glaerwyn
    Ar goleri cynnil,
    Yw'r côr angylaidd, eiddil,
    Cantorion yn swatio'n swil.

Alan Llwyd

1645.

YSGALL

Yn eu hetiau glas, iasol, am warchod
    mae'r merched atebol
    gwrywaidd hyn sgwâr y ddôl
    â phinnau amddiffynnol.

T. Arfon Williams

1646.

DANT Y LLEW YM MAI

Gynnau roedd tarianau'r rhain – yn felyn,
    Hwythau'n filwyr milain;
    O'u cilio mae pob celain
    Yn benglog ar fidog fain.

Alan Llwyd

1647.

MIERI

Rhoddant sêl ar dawelwch – hen fwthyn,
    A difetha'i degwch;
    Treisio'i lawnt, drysu ei lwch,
    A'i roi'n ôl i'r anialwch.

T. Llew Jones

1648.

MIERI

Er y mynych grymanu – ac er rhew,
    Deil y gwrych i dyfu:
    Mae'r had ry hen i'w wadu,
    Mae'r gwraidd â gafael mor gry'.

Gwynfor ab Ifor

1649.

YR HELYGEN

Main a chlaf ym min afon, – yn ei phlyg
    A phlwm yn ei chalon;
    Y bêr ias ni ddaw i'w bron
    Na nyth i'w brigau noethion.

Roger Jones

1650.

YR HELYGEN

Naiad ŵyl glyn a dyli, – gwerdd ei gwisg,
    Hardd ei gwedd, yn oedi
    Uwch ei llun yn nrych y lli,
    A'i nwyd trist yn hud trosti.

Ifano Jones

1651.

Y PREN AFALAU

Tegwch Mai, to gwych y mêl, – llewych hoff,
    Lluwch o win ac armel;
    Y deg wyrth! Gwyn fyd a'i gwêl
    Ym mhyngau Gŵyl Mihangel.

D. J. Davies

1652.

Y PREN AFALAU

Ernes yw'r blodau arno – y daw Awst
    Gyda'i wên i'w hulio;
    A'i arlwy brid yn gwrido,
    At ei frig dring plant y fro.

Myfyr Môn

1653.

Y PREN CRIAFOL

Onnen deg a'i grawn yn do, – yr adar
    A oedant lle byddo;
    Wedi i haul Awst ei hulio,
    Gwaedgoch ei brig, degwch bro.

Eifion Wyn

1654.

YR YWEN

Yr Ywen! Nosbren ysbryd, – fe'th alwyd
   I fytholi tristyd:
   O'th wylfan, ym mhorth eilfyd,
   Rhyngi dy fodd rhwng dau fyd.

Hywel Tudur

1655.

YR YWEN

Fel nos rhwng coed yn oedi – y saif hon,
   A'r dwysaf faes dani;
   Mae cwsg y bedd i'w hedd hi,
   A'i gaddug yn frig iddi.

Dewi Emrys

1656.

YWEN LLANGYWAIR

Du fynyddoedd mewn dwfn heddwch – a'r llyn
   Gerllaw yn ei degwch;
   Ywen wylaidd a welwch;
   A mur y llan lle mae'r llwch.

Geraint Bowen

1657.

COED NANHORON

Yma'r awn ym more oed – yn llawen
   Â lliaws o'm cyfoed;
   Fy hun yn oedfa henoed
   Mor unig im yw'r hen goed.

Pedrog

1658.

Y FANHADLEN

Y fanhadlen ysblennydd, – unbennes
   Ein bannau a'n moelydd;
   Ei gwrid aur fel gwawr y dydd,
   A'i gwallt yn tanio'r gelltydd.

Thomas Davies

1659.

Y PREN CRIN

Pren crin, pren wedi blino – ar ei draed,
   A'i rwysg wedi cilio:
   Di-raen gyff, druan ag o –
   Mwy, pa gamp yw ei gwympo?

Cledlyn Davies

1660.

COEDEN DAN EIRA

Ail angel yw hi yng ngloywedd ei gwisg
   â'i hosgo'n ddiomedd,
   ond gau addewid ei gwedd:
   mae hi'n grin mewn gwirionedd.

T. Arfon Williams

1661.

HEN BREN

Yma o hyd mae'r pren mawr, – er henaint
   Nid yw'n crino nemawr;
   Yn chwyrn o gylch yr hen gawr
   Cynhennodd pum can Ionawr.

R. Lloyd Jones

1662.

Y FESEN

Hi ddeorodd o dderwen – i gwympo
   Yn gampwaith o goeden.
   Wedyn o bridd y daw'n bren
   A fuasai yn fesen.

Geufronnydd

1663.

MES

Ni thyfai derwgoed coedwig – oni bai'r
   Rhai bach gostyngedig;
   Y drom mewn mymryn a drig,
   A chadarn mewn ychydig.

T. Arfon Williams

1664.

MESEN

Mae oesau yng nghraidd mesen, – o'i mewn hi
　　Y mae nerth brenhinbren;
　　Bychander ar frig derwen
　　Yw cuddiad parhad y pren.

Ieuan Wyn

1665.

Y DDERWEN

Ir lydan deyrn coedlannau, – her hefyd
　　I'r canrifoedd hwythau;
　　Byw gofeb ei gaeafau,
　　Barwn o bren i barhau.

Tomi Evans

1666.

DERWEN YR HYDREF

Chwithig gweld pendefiges – fu'n yr haf
　　Yn rhwysg o unbennes
　　Yn yr hydre'n ddirodres;
　　'Nawr y moch a bawr ei mes.

T. Arfon Williams

1667.

Y DDERWEN

Ym mis Ionawr mae'n gawres – yn herio'r
　　Ddrycin hir â rhodres;
　　Yn y gwanwyn mae'n gynnes
　　Â gwên mam yn geni mes.

Donald Evans

1668.

YR HEN ALLT

(a dorrwyd ac a aileginodd)

Marw nid yw ond tymhorol, – mae hen rym
　　Yn yr allt sy'n wyrthiol;
　　Er y trais ceir eto ar ôl
　　Ei hegin anorchfygol.

T. Llew Jones

1669.

Y DDRAENEN

Morwyn brydferth y perthi – a'i gwenwisg
　　Fel gŵn ddydd priodi;
　　Â'n filain os gafaeli
　　A chwarae ffŵl â'i chorff hi.

Berllanydd

COED DAN EIRA

1670.

A'r gaeaf o'r ffurfafen yn feddw
　　Ei luwchfeydd ar gefnen,
　　Dros y gwŷdd dyry wisg wen,
　　Sialcio'i ôd ar sawl coeden.

1671.

Masgarêd ymysg yr ynn, hen ywen
　　Newydd yn y dyffryn
　　Yn dal ei hysbryd yn dynn,
　　Pinwydd dan binwydd penwyn.

1672.

Yn briodas ysbrydol, rhith derwen
　　Dros dderwen ddaearol:
　　Onid un â bedwen dôl
　　Y fedwen arallfydol?

1673.

Dwy onnen wedi uno'n efeilliaid,
　　Afallen yn gwisgo
　　Afallen arall heno,
　　Ai deufwy rhif coed y fro?

1674.

Yn unlliw, dros frig henllwyd llarwydden,
　　Llarwydden a roddwyd,
　　Ac, o sidan, gosodwyd
　　Delw wen dros gelynnen lwyd.

1675.

Ywen lwyd yn ei chofleidio'i hunan,
　　Dau hanner yn uno;
　　Ac o dan farugog do
　　Eithinen a'i rhith yno.

1676.

Onnen ar onnen unwedd, â derwen,
  Derwen yn cydorwedd,
  Un ddu ar ei newydd wedd
  Â'i hunan yn gynghanedd.

Alan Llwyd

Y TYMHORAU A'U TREIGL

1677.

Y GAEAF

Helygen dan benglogau – o farrug
  Ar fore'r angladdau;
  Gwern a brwyn yn esgyrn brau,
  A'r bedw'n ysgerbydau.

Gerallt Lloyd Owen

1678.

Y BARRUG

Yn oer drwch ar dir uchel – daw â'i gen
  Wedi Gŵyl Fihangel;
  A daw i'r coed fel lleidr cêl
  Gan eu diosg yn dawel.

Evan Jenkins

1679.

YR EIRA

Cwrlid gwynnach na'r carlwm, – y gaeaf
  Yn gweu rhyfedd batrwm;
  Ac wele dan ei gwlwm
  Unlliw'r coed â llawr y cwm.

Alun Jones

1680.

Y LLWYDREW

Hyd waun a dôl ymdaena – y llwydrew,
  Lledrith gwelw'r gaea';
  Lleidr holl ddilladau'r ha',
  Brodor oer, brawd yr eira.

Dafydd Jones

1681.

BORE GAEAF

Tew glog sydd hyd dai y Glyn, – gwêr awyr
  Yn go-rewi'r dyffryn;
  Cnwd barrug hyd gnawd Berwyn
  Yn hulyn â gwedd halen gwyn.

Huw Morys

EIRA

1682.

Gwynflawd, daeargnawd, oergnu – ym mynydd,
  Manod wybren oerddu;
  Eira yn blât, oer iawn blu,
  Mwthlan a roed i'm methlu.

1683.

Eira gwyn ar fryn oer fry – a'm dallodd,
  A'm dillad yn gwynnu:
  O! Dduw gwyn, nid oedd genny'
  Obaith y down byth i dŷ.

Gwerfyl Mechain

1684.

RHEW

Meistr y ffos, maestir a phant, – a'i anadl
  Yn rhynnu y gobant;
  Mae ei ddwrn oer am ddŵr nant
  A'i farrau am lifeiriant.

Alun Jones

1685.

HUD Y RHEW

Pwy fu'n cerfio llun glöyn – ar y gwydr,
  Dulliau'r gwŷdd a'r cregyn,
  Ffurf esgyll rhyw gudyll gwyn,
  Brodwaith a rhwydwaith rhedyn?

Dewi Emrys

1686.

Y LLWYDREW

Haen o wynder dros weryd, – Anian lom
   O dan len o dristyd;
  Arianlliw bore rhynllyd,
  Oer ias y bedd dros y byd.

Dewi Emrys

1687.

EIRA MAWR

Y llan dan amdo llonydd, – a'i degwch
   Yn dagwr heolydd;
  Ei wen faneg am fynydd
  A'i lendid yn gwrlid gwŷdd.

Rhys Wyn Parry

1688.

Y BARRUG

Lleidr y glas, llwydwr y glyn, – a dofwr
   Dihafal aderyn;
  Dilëwr oes dail yr ynn
  A rhydwr brig y rhedyn.

Ben Jones

1689.

COEDWIG DAN EIRA

Ysgaw'n loywdres gan lwydrew, – a'r gaeaf
   Ar frig ywen fondew;
  Llwyni drain â'u llond o rew
  Ddoe'n farflaes, heddiw'n fyrflew.

Alan Llwyd

1690.

EIRA

Maluriodd cwmwl eira, – plu filoedd
   Sy'n palfalu'n ara'.
  Nis gwn sut y disgynna
  Na phle'r wyf yn y fflŵr iâ.

Isfoel

1691.

LLWYDREW

Ar lain oer eilun eira – yw'r swynwr
   Sy' heno yn difa;
  Â'i liaws sêr o lys iâ
  Daw fel hun, a diflanna.

R. H. Gruffydd

1692.

YR HIRLWM

Diluniaeth yw'r ydlannau, – ac nid oes
   Gnwd ir ar y caeau;
  Trist dymor llwm 'sguboriau,
  A bwyd un ym mhreseb dau.

James Jones

1693.

YR HIRLWM

Adeg dysgub ysgubor, – hir gyni,
   A'r Gwanwyn heb esgor;
  Y trist wynt yn bwyta'r stôr
  Hyd y dim – rhwng dau dymor.

Alun Jones

1694.

MEIRIOLI

Daeth awr ailactio'r stori – hyna' 'rioed,
   Haenau'r rhew'n meirioli,
  A thlws wyrth a welais i –
  Glaw mân yn treiglo meini!

T. Llew Jones

1695.

FFARWÉL I'R GAEAF

Y mae'r Gwanwyn fel morwynig ifanc
   yn chwifio'n ddeheuig,
  fel *adieu* i'r oerfel dig,
  ffunen wen cynffon oenig.

T. Arfon Williams

1696.

DADMER

Gwenwisg sidanwych a wisgwyd gynnau
　　ond y gŵn a dreuliwyd,
　　a rhacsen o wlanen lwyd
　　oedd y wisg a ddiosgwyd.

T. Arfon Williams

1697.

COED NANHORON YN YR HAF

Yn hir yng Nghoed Nanhoron – oedai'r haf
　　Gyda'r hen gyfoedion;
　　Hwythau blethasant weithion
　　Rwyd o liw ar hyd y lôn.

Charles Jones

1698.

BOREDDYDD HAF

O we'r nos y rhos â'n rhydd, – daw i'r coed
　　A'r cwm iasau newydd;
　　Dyry gwybren ysblennydd
　　Ei chnwd aur wrth gychwyn dydd.

Morgan Price

1699.

BORE O HAF.

Cerddais fin pêr aberoedd – yn nhwrf swil,
　　Nerfus wynt ar ffriddoedd,
　　A braich wen yr heulwen oedd
　　Am hen wddw'r mynyddoedd.

Hedd Wyn

1700.

YR HAF

Er ei lond o ryw lendid – dihafal,
　　A'i dyfiant cynhenid,
　　Ni bu haf heb ei ofid,
　　Edwina rhai dan ei wrid.

Pedr Brothen

1701.

MWYNDERAU'R HAFNOS

Glaswair llawn clychau gleision – ar fin hwyr
　　A fu'n nef i'm calon;
　　Goludog liw gwledig lôn,
　　A gelltydd o ros gwylltion.

Derwyn Jones

1702.

CWM PENNANT
(*Haf 1989*)

Roedd heulwen a Chwm Pennant – o dan hud
　　Yn ei holl ogoniant;
　　Cnwd ifanc yn ei dyfiant
　　A pharadwys eglwys sant.

Donald Evans

1703.

FFARWELIO Â'R HAF YN GWBERT

Yn wyn, wyn, wrth ganu'n iach i'r hen haf
　　drwy'r niwl a'r mân lawiach,
　　'does galarwr disgleiriach
　　na haul hydre'r bore bach.

Ceri Wyn Jones

1704.

YN YR HYDREF

Rhaid gwenu ar y duedd i gochi
　　cans os gwych yw delwedd
　　haf o hyd mae'r wisg a fedd
　　i'w diosg yn y diwedd.

T. Arfon Williams

1705.

LLIWIAU'R HYDREF

Liwgar deg lygredigaeth, – gwyar haf,
　　Gwrid darfodedigaeth,
　　Tywyn ôl y tân a aeth,
　　Amryliw wisg marwolaeth.

Ap Hefin

1706.

DEILEN GRIN

Mewn cwter ar ddisberod – tegan trist
    Gwynt y rhew a'r gawod;
    Ddoe yn hardd, heddiw'n ddi-nod,
    Ddoe yn dirf, heddiw'n darfod.

T. Llew Jones

1707.

YR HYDREF

Hydref yn teimlo'i oedran – yn y cwm,
    A'r coed yn eu cwman;
    Hen wŷr yn rhannu arian
    Hyd y dŵr, a'r dŵr ar dân.

Gerallt Lloyd Owen

1708.

CWYMP Y DAIL

Wyla gwlad, pob dôl a glyn – alar hir
    Ar ôl yr haf dillyn,
    A rhagor nis gall brigyn
    Na wylo dail wedi hyn.

Thomas Nicholson

1709.

YR HYDREF

Gwaedlif ddifera'r goedlan, – rhed i'r ffrwd
    Aur a phres ac arian,
    A'r haf dall, wrth fynd allan,
    A ddyry'i dŷ hardd ar dân.

Ap Hefin

1710.

LLIWIAU'R HYDREF

Ar ddôl a gwaun harddliw gwyll, – ac ar ros
    Y grug porffor, tywyll;
    Mae aerwy coch am war cyll,
    Aur edafedd ar defyll.

J. J. Evans

1711.

HYDREF 1923

Bu i'r haf gwlyb a rhyfedd – oer wyro
    I weryd o'r diwedd;
    Ond wele'n llawn hudoledd
    Hydref aur yn crwydro'i fedd.

Gwilym Deudraeth

1712.

LLIWIAU'R HYDREF

Gwrid y rhos ar frigau'r drain, – dail y coed
    O liw cefn yr elain;
    Y mieri'n aur mirain,
    A'r perthi'n goelcerthi cain.

J. J. Williams

1713.

HYDREF YN ARFON

Haul ar Fôn, hwyl ar Fenai, – ing hiraeth
    Yng nghyrion y deildai,
    Eiliw'r oerfel ar Wyrfai,
    A'r gwynt a rwyg ewyn trai.

J. E. Thomas

1714.

DAGRAU'R HYDREF

Mae wylo ar y moelydd, – mae'r hydref
    Ym mrwydrau'r storm beunydd.
    Wyla'i wae yn hidl o wŷdd,
    Wylo'r dail ar y dolydd.

William Morris

❧

ENGLYNION Y MISOEDD

1715.

IONAWR

Mae Ionawr ar y mynydd, – a gwelwach
    Yw golwg y meysydd;
    Ond daw yn newid tywydd,
    Ac yn y fan, Gwanwyn fydd.

John Penry Jones

1716.

IONAWR

Ionawr, mis y cawr corwynt – a mis oer,
    Mis eira a rhewynt.
    Mis meingledd y gogleddwynt,
    Mis araf gaeaf a gwynt.

S. B. Jones

1717.

IONAWR

Y lloi yn cnoi cynhaeaf – y llynedd,
    A'r llwyn ar ei arwaf,
    Y gwiail yn llawn gaeaf
    A'r bustych yn chwennych haf.

Tîm Talwrn Rhigymwyr Sir Gâr

1718.

CHWEFROR

Mis hir a fai'n gymwys hwyrach – i'w alw,
    A welwyd un meithach?
    Araf ei ddyddiau afiach,
    Oes o boen ydyw'r Mis Bach.

Dafydd Williams

1719.

CHWEFROR

Mae'n wir na chaf faith areithiau – i'w dweud,
    Ond Awdur yr Oesau
    Ddyry i mi'n ei ddramâu
    Ran fechan mewn cromfachau.

T. Arfon Williams

1720.

CHWEFROR

Caraf Chwefror y corrach – o'i fesur
    Â'i gydfisoedd hirach,
    Oherwydd, os yw'n fyrrach,
    Fel yntau, rwyf finnau'n fach.

D. Gwyn Evans

1721.

Od yw'r Iôr yn Dad a rif – Ei rai bach
    Ym merw byd a'i genllif,
    Ei law fo heno ar lif,
    A'i ddeheulaw ar ddylif.

1722.

Rhoed i'r twyn anadl fwynach – na'r mawrwynt,
    Rhoed i'r morwr gilfach,
    Hyder hefyd i'r afiach,
    A thirion berth i'r oen bach.

Dewi Emrys

1723.

EBRILL

Mis parod ei gawodydd, – mis y tes,
    Mis y tawch aflonydd,
    Mis oriog y gog a'r gŵydd,
    A mis gwyrddlasu'r meysydd.

Ithel Davies

1724.

EBRILL

Bwrw i'r llawr bu Ebrill oriog – ei had
    Yn gawodydd gwresog;
    Lle bu'r glaw mae llwybr y glog
    Yn fach, a'i gloddiau'n feichiog.

T. Arfon Williams

1725.

MAI

Hen fuwch y borfa uchel – heb aerwy
    A bawr heddiw'n dawel,
    A dail Mai fel diliau mêl
    Wedi rhoswellt y rhesel.

J. Ieuan Jones

1726.

MAI

Gwelaf goelcerth drwy'r perthi, – ond eira
    Sy'n dirwyn amdani,
Ac ar hyn rwy'n gwirioni –
Mis di-fai yw Mai i mi.

T. Arfon Williams

1727.

MAI

Cilio'n ôl wna marwolaeth, – oherwydd
    Mai'r forwyn ry'n helaeth
Yn ffiol y ddynoliaeth
Yn rhad gyflenwad o laeth.

T. Arfon Williams

1728.

MAI

Oesoedd bu'n bwrw'i phrentisiaeth, – er hyn
    Ar riniog dynoliaeth
Colli galwyni o laeth
Mae Mai heb ddim amheuaeth.

T. Arfon Williams

1729.

MAI

Daw haul â'i hud-wialen, – ac wele
    Mae'n galw'r eithinen
I'r ffair, gan roi ar ei phen
Ysgyfala wisg felen.

T. Arfon Williams

1730.

CAWOD MAI

Diod win y dadeni, – o'i dyfod
    Afiaith sy'n y llwyni.
Ymlid ofn â'i mil defni,
Ac ail oes sy'n ei glaw hi.

Evan Jenkins

1731.

GLAW YM MAI

Cnufau cymylau fel mur – adwyog
    Rhwng daear ac asur.
Dioglyd fôr nad eglur,
Llyfn oedd ef fel llafn o ddur.

T. Gwynn Jones

1732.

MEHEFIN

Mis swcro haf, nid mis crin; – chwery'r tawch
    A'r tes ar yr eithin;
Awel â mêl ar ei min;
Mae hafal mis Mehefin?

Anhysbys

1733.

GORFFENNAF

Trymhau mae'r oriau araf, – daw i'r brig
    Neithdar brwysg Gorffennaf;
A'r hirddydd ar ei harddaf,
Llwyni'r rhos sy'n llawn o'r haf.

Derwyn Jones

1734.

AWST

Mis teg, adeg i oedi, – Awst annwyl,
    Awst a'i wenau'n poethi;
Nef y tes, llawn haf wyt ti,
Dy gymydog yw Medi.

Roger Jones

1735.

MEDI

Perffaith ei liwiau porffor, – a melyn
    Hyd ymylau'r oror;
Mis teg a thrwm ei ystôr,
Mis gobaith am ysgubor.

John Llewelyn Roberts

1736.

MEDI

Mis y cnau, mis cynhaeaf, – mis gwair rhos,
    Mis y grawn melynaf,
    Mis gwiw cyn gormes gaeaf,
    Mis liw'r aur, mis ola'r haf.

Gwilym R. Tilsley

1737.

MEDI

Adeg y melyn ydau, – a'r rhedyn
    I droi'n rhwd ar lethrau;
    Daw'n nes y briglwyd nosau,
    Oer hin, a'r dydd yn byrhau.

R. W. Jones

1738.

TACHWEDD

Mis di-raen, mis dirinwedd, – llwyd ei wisg,
    Mwll di-haul yw Tachwedd;
    Mis gwynnu maes ac annedd,
    Mis caddug, barrug a bedd.

William Griffiths

1739.

RHAGFYR

Y mis y gwelsom Iesu – yn ei grud,
    A gwawl gras o'i ddeutu;
    Mis gwyn, a mis i ganu
    Carolau a chlychau lu.

Anhysbys

❧
NATUR A'R CREAD

1740.

HAF BACH MIHANGEL

Paid bwrw heibio bob gobaith,– cei, hwyrach,
    Y cariad aeth ymaith
    O'r wlad gyda llygad llaith
    Yn ôl i wenu eilwaith.

T. Arfon Williams

1741.

HAF BACH MIHANGEL

Nid arglwydd haf a gafwyd – a'i rodres
    Ar dir hydref briglwyd,
    Ond ei ffydd nas diffoddwyd
    Yn galw'i was i gau'r glwyd.

Ieuan Wyn

1742.

HAF BACH MIHANGEL

Dyddiau braisg o dywydd braf – cyn dyfod
    Cno deifiol y gaeaf;
    Ail bwt o haul, bitw haf,
    Yn niwedd y cynhaeaf.

J. Lloyd Jones

1743.

HAF GŴYL MIHANGEL

Ar drofan oer hydrefoes – wele wên
    Ffarwél haf rhwng dwyoes;
    Rhyw fwyn awr cyn terfyn oes,
    Diddanwch diwedd einioes.

L. T. Evans

1744.

Y DYDD BYRRAF

Dydd â min i'w dywydd mawr, – dydd eira,
    Dydd oerwynt echrysfawr;
    Tywynnodd gwta unawr,
    A'i nos yng nghynffon ei wawr.

R. H. Watkins

1745.

Y MACHLUD

Teyrn y dydd yn torri'n dân, – yn lliwio'r
    Gorllewin â thrydan;
    Cwrel ar orwel arian,
    Rhaeadr mellt ar wydrau mân.

Llewelyn Boyer

1746.

Y MACHLUD

Ar wely'r dŵr wele'r dydd – yn marw draw,
    Mor drist yw'r fforestydd;
    Rhyw drem sobr i drumau sydd,
    A lliw gwaed ar bell goedydd.

Dewi Emrys

1747.

DYCHWELYD I BENLLYN

YM MACHLUD HAUL

Hiraeth fy ymysgaroedd – yn waedrudd
    Ar wydrau'r cynteddoedd;
    A thân aur 'ngwythiennau oedd
    Yn neuaddau'r mynyddoedd.

Geraint Bowen

1748.

Y MACHLUD

Hen draeth melyndw'r eithin – yn athrist,
    Dieithria'r cynefin;
    A thraw gerllaw'r gorllewin
    Darn o haul, a'r dŵr yn win.

Derwyn Jones

1749.

GOGONIANT ANIAN

Gwawr aur ar frig Eryri, – hudoliaeth
    Ar dawelwch Enlli;
    Gem o fyd, mor gam wyf fi,
    Estron i'r fath artistri.

Roger Jones

1750.

ARENIG FAWR DAN EIRA
    (*Nadolig 1965*)

Clog drugarog sy'n gorwedd – yn freiniol
    Ar fronnau tangnefedd.
    Rho i ni gyfran o hedd
    Dilychwin ôd dy lechwedd.

Geraint Bowen

1751.

Y LLYNNAU

Y llynnau gwyrddion llonydd – a gysgant
    Mewn gwasgod o fynydd,
    A thyn heulwen ysblennydd
    Ar len y dŵr lun y dydd.

Gwilym Cowlyd

1752.

YR ENFYS

Cadwyn o seithliw cydiol, – aur rwymyn
    Yr amod tragwyddol,
    Neu fodrwy yr Anfeidrol
    Yn dal nerth y dilyw'n ôl.

Isnant

1753.

GWAWN

Ysgafn gwrlid o sidan – a luniwyd
    I ddiflannu'n fuan;
    A dirym edau arian
    Ar hyd y foel yn rhwyd fân.

Alun Jones

1754.

Y SÊR

Clyw, Asur – Dy sêr clysion, – beth ydynt?
    Bathodau angylion,
    Neu lewyrch oddi ar loywon
    Lestri aur ym mhlasty'r Iôn.

Alafon

1755.

Y NOS

Y nos dywell yn distewi, – caddug
    Yn cuddio Eryri,
    Yr haul yng ngwely'r heli,
    A'r lloer yn ariannu'r lli.

Gwallter Mechain

1756.

SEREN Y GOGLEDD

Llusern wyt uwch holl sêr y nos – am arwain
 Morwyr yn y cyfnos;
 Mirain dy liw, morwyn dlos
 Yn nôr y Pwnc yn aros.

Carnelian

1757.

Y SÊR

Dysglau arian disgleirwych, – neu flodau
 Fel adar yr entrych;
 Tarianau aur tirionwych,
 Meillion nef – mae'u lliw yn wych.

Siôn Powel

1758.

Y DWYREINWYNT

Gwich finiog uwch afonydd, – ei oer hin
 Ddaw â'r iâ i'n bröydd;
 Mae'i ias yn rhewi'r meysydd,
 A thrwy y berth rhuo bydd.

Robert Jones

1759.

Y DWYREINWYNT

Gwynt rhynnawg yn trywanu – hyd y mêr
 Gyda min heb bylu
 Yw'r ias fain o'r dwyrain du –
 Lem, oer anadl i'm rhynnu.

Eifion Wyn

1760.

Y GWYNT

Gwae y fedwen pan gyfodo, – gwae'r môr,
 Mae grym aruthr ynddo;
 Y cawr yw, ond mae'n crio
 Yn null clown yn nhwll y clo.

Roger Jones

1761.

Y GWYNT

Daw i oeri daearen, – a'i antur
 Fel gwyntyll y fellten;
 Chwa'r ddolef, chwery ddeilen,
 A dŵr chwyth yn un dorch wen.

Thomas Jones

1762.

GWYNT Y DWYRAIN

Hen orawen y rhewynt – yw achos
 Gwanychol fy helynt;
 Mae eirth yng nghôl y Mawrthwynt
 Deifiol, oer. Diafol o wynt.

Derwyn Jones

1763.

GWYNT Y DWYRAIN

Du oerwynt, gwae aderyn, – oer ei fin
 Ar fy wyneb glaswyn,
 Oer ei gri ym mrigau'r ynn,
 A'i floedd uwch beddau'r flwyddyn.

T. Llew Jones

1764.

GWYNT MEIRIOL

Mae rhyw ias mwy arhosol – na phob gwynt
 Ym mawrwynt y meiriol:
 Meistr rhew – trwm stŵr rhuol –
 Clyw ei nerth yn troi'r clo'n ôl.

Trebor Mai

1765.

DOLEF Y GWYNT

Toredig ffun yn trydar, – trymaf loes
 Storm flin, floesg ei llafar;
 Trystiog gŵyn, pob trist a'i câr –
 Daer lef anfeidrol afar.

Dewi Morgan

1766.

Y GWYNT

Myn ruo mewn oer aeaf – hyd eigion
    A choedwigoedd noethaf,
    A chwery mewn chwa araf
    Ar donnau'r ŷd yn yr haf.

John Evans (Pencloddiau)

1767.

GWYNT Y GAEAF

Oer ei gân uwch môr a gwig – yw gwywol
    Wynt y gaeaf ffyrnig;
    Derwen gadarn y goedwig
    A hyllt yn ddellt yn ei ddig.

T. Morris-Owen

～
Y MÔR A'R MARIAN

1768.

EWYN

Pan chwery chwa oddi uchod – â'r môr
    Mae hen angenfilod
    Y dwfn i'r wyneb yn dod
    I'w haileni'n wylanod.

T. Arfon Williams

1769.

EWYN

Duw'r môr wrth grwydro marian – a rannodd
    Odre'i wenwisg sidan
    I dorri'n edau arian
    Ar wely oer creigiau'r lan.

Rolant Jones

1770.

EWYN

Fe'i rhannodd môr-forynion – o fuddai
    Yr anfoddog eigion,
    Fel llefrith gwartheg blithion
    Yn hufen tew ar fin ton.

Isnant

1771.

Y MÔR

Dan glo oesol, edn glaswyn, – a'i gân cog
    Yn y caets mawr, melyn;
    Anwylid yr hen elyn
    Oni bai cur ei big gwyn.

Tom Parri Jones

1772.

Y MÔR

Collai hwn yn ei ddicllonedd – ei bwyll
    Pan ballai'i amynedd,
    Yna cnoi yn wallgo'i wedd,
    Cnoi ei ddur mewn cynddaredd.

Alan Llwyd

1773.

DUN NA NGALL
(Hydref 1980)

Enfys y gorllewinfor – anwesai
    Ynysoedd y goror
    Un noswaith berffaith, borffor
    A thi a mi wrth y môr.

Geraint Bowen

1774.

PORTSALL, PENN AR BED, LLYDAW

Obry mae yr aber mud – yn waedrudd
    Ym mhelydrau'r machlud,
    Y geulan yn ei golud
    A'r môr draw yn farmor drud.

Geraint Bowen

1775.

Y CEI YN ABERTEIFI

Fel glaw hallt, fel awel glyd, fel hiraeth,
    fel y wawr a'r machlud,
    mae ffarwél a dychwelyd
    yn yr afon hon ynghyd.

Ceri Wyn Jones

1776.

GOLEUNI'R HARBWR

Ar y gorwel fe'i gwelaf, – a'r ingoedd
   Rhyngom a anghofiaf;
   Am ei lewych mi lywiaf –
   O fewn ei gylch hafan gaf.

J. Alun Jones

1777.

YR OGOF

Dacw lygad cilwgus – hyd y gro'n
   Dagreua'n wylofus
   I'r hen fôr drywanu'i fys
   Brigwyn i'w ganol bregus.

Dic Jones

1778.

Y GRAGEN

Annedd hardd a drefnodd Iôr – i'w rai bach
   Ym mro bell y dyfnfor;
   Yn ei thrwsiad a'i thrysor
   Gwelir mwyn firaglau'r môr.

Dewi Morgan

1779.

Y CRANC

Crafaglach cryf ei heglau, – o'i amgylch
   Mae ymgyrch y tonnau;
   O dan gêl mewn cisten gau –
   Gyw mantellog mewn tyllau.

Owain Lleyn

1780.

YR EOG

Gwibiad gemog byd gwymon, – arian byw'r
   Hen aberoedd mawrion;
   Druan llesg, o'i droeon llon
   Ar dryfer daw o'r afon.

Waldo Williams

1781.

Y GORWEL

Wele rith fel ymyl rhod – o'n cwmpas,
   Campwaith dewin hynod;
   Hen linell bell nad yw'n bod,
   Hen derfyn nad yw'n darfod.

Dewi Emrys

1782.

ENLLI

I'r llong a hir ollyngwyd i'r môr mawr
   a mirain gwahoddwyd
   y llu pererinion llwyd
   i wireddu'r fath freuddwyd!

T. Arfon Williams

1783.

Y GRAIG

Ym merw llid y môr llydan – hi a chwâl
   Donnau chwyrn heb wegian,
   Ond uwch twrf y cynnwrf can
   Dyry aelwyd i'r wylan.

Dewi Emrys

1784.

Y LLONG

I'r hafan daw, a rhyfedd – ei gweled
   Ag olion dialedd
   Tonnau a gwynt yn ei gwedd
   Yn nofio i dangnefedd.

Glan Llyfnwy

1785.

DINISTR Y *ROTHSAY CASTLE*

Ymroliodd drwy'r môr heli; – ac eilchwyl
   Golchodd yntau drosti:
   Ail ydoedd yn ei ch'ledi
   I flewyn llesg o flaen lli.

Caledfryn

1786.

YR ENGLYN

Cywreiniaf gawell cryno – a rhyw hedd
    Gwell na rhyddid ynddo.
      Yr edn glwys roir dan ei glo
      Ni thau er ei gaethiwo.

Wil Ifan

1787.

YR ENGLYN

Blwch-drysor balch ei drwsiad, – gemau'r iaith
    Gymraeg dan ei gaead;
      Hithau'r Awen a'i throad
      Yn swn ei glo'n swyno gwlad.

William Morris

1788.

YR ENGLYN

Cywrain yw, cryno'i wead, – caeth ei air,
    Coeth ei wisg a'i drwsiad,
      A'i fydr o a'i fyw drawiad
      A sain ei glec yw swyn gwlad.

J. H. Griffiths

1789.

YR ENGLYN

Di-wall we'r deall a'i waith, – dil moddus
    Yn dal meddwl perffaith;
      Cain lurig cynnil araith,
      Enaid byw cywreindeb iaith.

T. Gwynn Jones

1790.

GOFYNION ENGLYN DA

Boed teg lun, boed tw glanwaith, – boed i'r llawn
    Bedair llinell effaith;
      Rhoed cynghanedd wedd ar waith,
      A boed ergyd bedeirgwaith.

R. J. Roberts

'O'R UN WAED Â'R
AWEN WIR'

1791.

Y GYNGHANEDD

Oherwydd nad oes mo'i thorri, na modd,
　　mi wn, i'w meistroli,
　　pan ganaf fe weithiaf i
　　adenydd o'i chadwyni.

Ceri Wyn Jones

1792.

Y GYNGHANEDD

Ei phlant cyfoes ac oesol – a enir
　　Ohoni'n dragwyddol
　　Fel dail hen dderwen y ddôl
　　A hi'n ifanc hynafol.

Robin Llwyd ab Owain

1793.

Y GYNGHANEDD

Hen wraig yw'r iaith a'r wegil – ar oleddf,
　　Ond mae ffriliau cynnil
　　Gŵn hardd a frodiwyd gan hil
　　Yn addurn i'w chorff eiddil.

Alan Llwyd

1794.

CELFYDDYD

O boen daw campwaith i'n byd, – o aberth
　　Obaith, nid o hawddfyd;
　　O ddioddef daw hefyd
　　Y gân bereiddiaf i gyd.

O. M. Lloyd a Meuryn

1795.

YR AWEN

Ieuanc yw ei chaneuon – hynafol;
　　mor nwyfus ei chrychion;
　　iaith gyfoes pob oes yw hon
　　na heneiddia'i newyddion.

Ceri Wyn Jones

1796.

BARDDONIAETH

Crefftwaith sy'n gampwaith i gyd, – weithiau'n lleddf,
　　Weithiau'n llon ei hysbryd;
　　A feddo y gelfyddyd
　　A'i eni'n fardd, gwyn ei fyd!

Tim Talwrn Mynytho

1797.

NOD CYMDEITHAS BARDDAS

Ennill yn ôl gwinllan werdd – y llinach
　　Fu'n llunio'r flodeugerdd,
　　Hau ar ungwys yr Hengerdd,
　　Cyfannu'n cof yn ein cerdd.

Gerallt Lloyd Owen

1798.

Y BARDD

I lennyrch tu ôl i anian – ehed
　　A chlyw, mewn pêr syfrdan,
　　Sŵn rhyw li'n cusanu'r lan,
　　A thonni wrtho'i hunan.

W. Nicholson

1799.

Y BARDD

Pan welodd yr Awen 'r awenau'n – dynn,
　　Estynnodd gusanau,
　　A'i gŵr, Houdini geiriau,
　　Gymrodd hwynt – ac ymryddhau.

T. Arfon Williams

1800.

Y BARDD

Ar ruthr fyth wrth yrru ei fen, – â'r bardd
　　I'r berth yn dindraphen;
　　Nid heb ambell linell wen
　　Tragwyddol heol Awen!

T. Arfon Williams

1801.

Y BARDD

Datguddiwyd y teg iddo, – dieithr hud
    A thrydan y cyffro,
    Ac wedi ei saernïo
Gyr fellten drwy'i awen o.

Iolo Wyn Williams

1802.

AWENYDD

Awenydd a adwaenir – wrth ei gwedd,
    Ac wrth y gwaith wnelir:
    Nid yw pob peth a blethir
O'r un waed â'r awen wir.

Caledfryn

1803.

Y BABELL LÊN

Diwylliant pob ystyllen – ohoni,
    Camp llenor pob hoelen;
    Rhan o'i haearn yw awen
A phŵer iaith yw ei phren.

Emrys Roberts

1804.

WEDI'R EISTEDDFOD

A'r beirdd fu'n llenwi'r byrddau eleni'n
    hael iawn eu cywyddau
    yn yr haul, a hi'n hwyrhau,
mae'r Llys yn fflamau'r lleisiau.

Dafydd John Pritchard

1805.

DAFYDD AP GWILYM

Prifardd a'i lan yn llannerch, – a'r adar
    Oediog yn gôr traserch;
    Ei gymun win oedd min merch
A'i grefydd oedd goreuferch.

D. Idwal Lloyd

1806.

DAFYDD AP GWILYM

Am Ddafydd gelfydd, goelfin, – praff awdur,
    Proffwydodd Taliesin
    Y genid ym Mro Gynin
Brydydd a'i gywydd fel gwin.

Hopkin ap Thomas ab Einion

1807.

TUDUR ALED

Pan ddarfu am Dudur, pan dderfydd – ei waith,
    Pwy weithian yn brydydd?
    Pawb â'i garol ffôl yw'r ffydd;
Nid oes un dwys awenydd.

Anhysbys

1808.

YR EGLWYS A GORONWY OWEN

Diau braster dibristod – oer iddo
    A roddaist yn gardod;
    Gwelaist, heb ysgog aelod,
Ei gefn gwael a'i ysgafn god.

G. H. Humphrey

1809.

GORONWY OWEN

Trwy benyd y trybini – ti gipiaist
    Gwpan chwerwaf tlodi:
    Cenaist yng nghanol cyni
A gweld Duw'n ei gwaelod hi.

J. Arnold Jones

1810.

PANTYCELYN

Ein rhwymo a wna'r emyn yn ei we;
    o hyd mae'r edefyn
    fel y'i ceir o fol corryn
dyfal yn ein dal ni'n dynn.

T. Arfon Williams

1811.

ANN GRIFFITHS

Neidio rhag penllanw'r Duwdod – a wnaf
   Rhag ofn ei adnabod,
  Ond Ann, â'r ymchwydd yn dod,
  A foddodd mewn rhyfeddod.

T. Arfon Williams

1812.

ANN GRIFFITHS

O'i dawn a'i thanbaid ynni – hi rannodd
   Fêr ei henaid inni;
  Erys dros fyth heb oeri
  Farworyn ei hemyn hi.

Collwyn

1813.

RUTH

Enw Ruth fo mewn aur weithian – yn hanes
   Ffyddloniaid y winllan
  Am roi y ddigymar Ann
  Ar gof i Gymru gyfan.

Ronald Griffith

1814.

LLWYD O'R BRYN

Heddiw, ymhen blynyddoedd – o'i golli,
   Fe gollaf ei werthoedd;
  Teledu'n teulu ydoedd,
  Llond tŷ o ddiwylliant oedd.

Gerallt Lloyd Owen

1815.

LLWYD O'R BRYN

Ei fyd oedd eisteddfode, – a'i orchest
   Oedd gwarchod y Pethe;
  Gwron yr ymrysone,
  Mae'n chwith. Pwy lenwith ei le?

Trefor Jones

1816.

W. J. Gruffydd

I'w oes fyddar amharod – fe roddes
   Ei freuddwyd heb ddannod;
  Heb lais na pharabl isod
  Gorwedd clust o gyrraedd clod.

R. Williams Parry

1817.

T. H. PARRY-WILLIAMS

Ar rawd bell rhodio y bu, – rhodio taer,
   Do, tu hwnt i Gymru;
  O'i hir einioes, er hynny,
  Ni rodiodd awr o Ryd-ddu.

R. E. Jones

1818.

T. ROWLAND HUGHES

Pwy y gŵr piau goron – ei henwlad
   Wedi anlwc greulon?
  A phwy o Fynwy i Fôn
  Yw'r dewra' o'i hawduron?

R. Williams Parry

1819.

WALDO WILLIAMS
  (Adeg ei garchariad)

Bardd hyder a breuddwydion, – a'i urddas
   A'i harddwch mewn cyffion;
  Mawr yw'r gŵr, yn enw'r Iôn –
  Nodda'i wlad â'i ddyledion.

Rhydwen Williams

1820.

SBECTOL WALDO

  *(Englyn a luniwyd mewn ymryson, gyda W. R.
Evans, cyfaill Waldo Williams, yn beirniadu,
ac yn gwisgo sbectol a fu'n eiddo i Waldo)*

Wil annwyl, a weli heno – oes aur
   Y saint drwyddi'n pefrio?
  Nid yw'r byd i gyd o'i go'
  O'i weld drwy sbectol Waldo.

Tim Ymryson y Beirdd Sir Aberteifi

1821.

MAEN COFFA WALDO

Ar faen oer ein canrif ni, ar golofn
   mor galed â'r bryntni
rhwng dyn a dyn, d'enw di
a dorrwyd gan Dosturi.

Alan Llwyd

1822.

WALDO

Beth sydd ar ôl? Hen gyfrolau o rew
   yn drwch hyd y muriau
diderfyn; a dyn, rhwng dau
glawr, yn ffaglu ei eiriau.

Tony Bianchi

1823.

IORWERTH C. PEATE
   *(Ar achlysur ei ymadawiad ag Adran
   Lenyddiaeth Gymraeg Coleg Prifysgol
   Cymru, Aberystwyth, 1922)*

O'n canol oll er colli – Iorwerth hir
   A thorri'r hen gwmni,
Ei wên hael, fyth cofiwn hi,
A'i ddofn dôn addfwyn dani.

T. Gwynn Jones

1824.

YN ANGLADD GWENALLT

Ddoe, e baentiodd â'i bwyntil – yn gignoeth
   Goegni dyn a'i epil,
Cawr y Ffydd â'r corff eiddil,
Heddiw'r aeth i ffordd yr hil.

Dic Jones

1825.

AELWYD Y CILIE

Mynnaf nad fferm mohoni, – ei hawen
   Yw'r cynhaeaf ynddi,
A blaenffrwyth ei thylwyth hi
Yw y grawn geir ohoni.

Gerallt Lloyd Owen

1826.

TEULU'R CILIE

Os hen yw'r haearn heno eingionau'r
   gynghanedd sydd eto
yn tincian cân yn y co'
a theulu'n ei morthwylio.

Gerallt Lloyd Owen

1827.

ALUN JONES, Y CILIE

Etifedd hen oes weddus – y fedel
   A'r hen fyd rhamantus;
Oes c'ledi a cholli chwys,
A'i hoffter at waith crefftus.

T. L. Stephens

❧

ALUN, MAE'R NOS YN OLAU
(Er cof am Alun Jones, y Cilie)

1828.

Wele Wanwyn eleni – o'r hirlwm,
   Drwy'r eirlaw daw'r lili;
Lle bu cur rhew, lle bu cri
Gelynwynt, mae goleuni.

1829.

Her goleuni rhagluniaeth – a'i berw hi
   Drwy bridd dy farwolaeth;
Dilyniant dy olyniaeth
Yn gerdd fyw yn y gwyrdd faeth.

1830.

Ias maeth yr hen amaethu – yn y cwm
   Megis cerdd yn tyfu,
Yr haidd a'r hen fydryddu –
Bywyd y gelfyddyd fu.

1831.

Doe bu ffrwythlondeb awen – yn y tir
   Yn un twf anorffen;
Roet yn Gynfardd y gardden –
Llewyrch o hil Llywarch Hen.

1832.

Llywarch yr haul a'r lleuad – ar y Foel
  A'th arf oedd yr arad';
  Gwae hirlwm yn faes sgarlad –
  Her dy frwydr adfywio'r had.

1833.

Had craswyn yr hen luniaeth – yn egin
  Rhwygwyrdd o gynhaliaeth:
  Eu swae o'r trum fel su'r traeth –
  Su Cwmtydu'r dreftadaeth.

1834.

Cerdd gaeth treftadaeth y twyn – heno'n lamp
  Yr ailimpio'n addfwyn
  Yn wawr las o âr i lwyn –
  Eleni wele Wanwyn.

Donald Evans

1835.

TI

*(i gyfarch James Morris James, Cilie
Hwnt, Blaencelyn, ar achlysur dathlu
ei ben-blwydd yn 80 oed)*

Ti ŵr llên, traw llawenydd, – ti'r cyfaill,
  ti yw'r cof dihysbydd;
  am oes, oet aer y meysydd,
  teyrn yr og, ti'r awen rydd.

Jon Meirion Jones

1836.

D. GWYN EVANS

Cana'r adar o bob rhyw – arïau
  Sy'n cyffroi dynolryw;
  Er hwyl y cân y rhelyw
  Ond o raid y cân y dryw.

T. Arfon Williams

1837.

DYLAN THOMAS

Cynaeafodd frig cynefin – y gerdd
  Nes troi'n goch ei ddeufin;
  Gwirionodd ar y grawnwin
  Nes syrthio'n feddw. Gweddw yw'r gwin.

Euros Bowen

1838.

R. S. THOMAS

Er mor aflan ei alanas erioed
  er mor groch yw'r anras,
  ni lwyddodd eto i luddias
  cri Morfran ar greiglan gras.

T. Arfon Williams

1839.

W. H. DAVIES

O'r haul ewn, daeth arlunydd i'r dorlan,
  yn dân o adenydd,
  i lywio, drwy'r cawodydd
  gwatwarus, yr enfys rydd.

Tony Bianchi

1840.

Y GŴR DISTAW

Yr encil, nid y miloedd, – hoffai ef,
    A ffoi rhag y cyhoedd;
    Rhyw dawedog frawd ydoedd,
    Mor ddi-stŵr, mor ddistaw oedd.

Anhysbys

1841.

TRUGAREDD

Fy Nuw, gwêl finnau, Owen; – trugarha
    At ryw grydd aflawen
    Fel y gwnawn pe bawn i'n ben
    Nef, a thi o fath Owen.

Anhysbys

1842.

OFEREDD

Ofer pan hanner hunwyf, – a hefyd
    Ofer pan ddeffrowyf;
    Afradus, ofer ydwyf,
    Fe ŵyr Duw ofered wyf.

Siôn Dafydd Las

1843.

CYSGOD

Yn haul y pnawn, ni welaf – ei hyd ef
    na'i dwyll, am na fynnaf;
    ond yno'n cuddio, fe'i caf
    yn yr hwyr ar ei hiraf.

Karen Owen

1844.

BETH A DDAW?

Heddiw yn wir ni wyddom – yr adeg
    Y daw pryder arnom;
    Ceisio gobeithio tra bôm
    Yw hanes pawb ohonom.

Elwyn Evans

Y NATUR DDYNOL

1845.

Y DAUWYNEBOG

Clod ac anghlod yn gonglog, – a digon
   O degwch celwyddog:
   Haws troi'r frân 'run gân â'r gog
   Na 'nabod Dauwynebog.

Siôn Tudur

1846.

BAI ARALL

Pobl y byd, ennyd, adwaenan', – o fâr,
   Fai arall yn fuan;
   Ni wŷl neb yn ôl a wnan'
   Hanner ei feiau'i hunan.

Rhisiart Abram

1847.

Y GRWGNACHWR

Dyn bach a rwgnach ei ran, – o rwgnach
   A rhygnu, beth bychan,
   Daw clwy naw mwy yn y man,
   A daw achos i duchan.

Ehedydd Iâl

1848.

FY HUNAN

Wyf o'r Nef, a'r ddaear hefyd; – o Dduw
   Ac o ddyn brycheulyd;
   Aer dufedd, ond gŵr deufyd:
   Yn y Mab rwy'n wyn fy myd.

W. Parri Huws

1849.

Y CEFFYL BLAEN

Hen nag sy'n hoff o nogio, – 'thyn o byth
   Yn y bôn, ond cicio;
   Yn y blaen nid yw'n blino,
   Tyn yn ddarnau fryniau'r fro.

Anhysbys

1850.

CWYN YR HEN WEINIDOG

Annedwydd fy niadell, – hi a gâr
   Hen gyrrau anghysbell:
   Mynnu bwyta'r borfa bell,
   Mynnu'r comin er cymell.

Trebor E. Roberts

1851.

NATUR DDRWG

Odid dydd y bydd heb wg – a chwmwl,
   Ni chymyd yn ddiwg:
   Nid da ymladd tew, amlwg,
   Nid hardd ar ŵr natur ddrwg.

Anhysbys

1852.

Y RHAGRITHIWR

Llawn dichell, hynod wachul – ei enaid
   A'i hanes rhwng deusul:
   Hwn, ŵr nwydgar eneidgul,
   Sy'n troi yn sant ar nos Sul.

Meuryn

1853.

Y PHARISEAD

Gad iddo dwf ei frodwaith – yn fendith,
   A'i gyfiawnder perffaith;
   Ei afrwydd wên, a'i gyfraith,
   Ei rodd fer, a'i weddi faith.

Dewi Emrys

1854.

DYN

Gall, fel y myn ysgallen flodeuo,
   fel dyhead heulwen
   am law, yr un mor llawen
   dollti gwaed a lledu gwên.

Rhys Dafis

1855.

Y MAB ALLTUD

Daw i holi wedi'r dilyw; holi
 wrth weled y distryw,
 am ei fam, a ddeil yn fyw,
 ond holi di-hid ydyw.

T. Arfon Williams

1856.

HARRY PATCH

*(Y milwr Prydeinig olaf i ymladd yn y Rhyfel
Mawr; bu farw yn 111 oed ym mis Gorffennaf 2009)*

Yn iach, â chwiban uchel, – yr est ti
 I'r storm dros y gorwel;
 Dŵad yn ôl yn dawel
 A sôn dim am Basiondêl.

Twm Morys

1857.

OFN

Fy un ofn wrth dyfu'n hŷn – yw colli
 Cellwair y bachgennyn
 O'm gwaed, a magu wedyn
 Enaid ffôl difrifol dyn.

Donald Evans

1858.

GREDDF

Yn aml, mi gaf y teimlad – yn y mêr
 Fy mod yn rhyw ddirnad
 Y Dilafar yn siarad
 Â grymuster tyner Tad.

Donald Evans

NODIADAU

BYRFODDAU'R LLAWYSGRIFAU

P	Peniarth
NLW	Llawysgrifau Ychwanegol y Llyfrgell Genedlaethol
M	Mostyn
CM	Cwrt Mawr
CC	Cefn Coch

ANGAU AC ANFARWOLDEB

1. Englyn cyffredin iawn ar gerrig beddau. Brodor o Lanwennog, Dyfed, oedd Dewi Hefin (David Thomas; 1828-1909).

2. Copïais yr englyn hwn oddi ar garreg fedd Mary Jones ym mynwent Capel Allt-wen, Pontardawe. Yn ôl y garreg, bu farw ym 1893 yn 27 oed.

4. Mae'r fersiwn a geir yn *Y Flodeugerdd Englynion Newydd* yn wahanol i'r fersiwn a gynhwyswyd ym mlodeugerdd 1978. Gan y diweddar T. Llew Jones y cafwyd fersiwn 1978. Ymddangosodd y fersiwn cywir yn *Englynion Beddau Ceredigion*, M. Euronwy James (1982). Evan Thomas, Bardd Horeb, a luniodd yr englyn er cof am ei blant ei hun, pump o feibion, sef, yn ôl y garreg fedd: 'Benn., m. 27. Ion. 1828 (wythnos)/Baban, m. 26 Chwef. 1829 (diwrnod)/Baban, m. 3 Ion. 1839 (diwarnod)/John, m. 2 Awst 1844 (pythefnos)/Charles, m. 27 Hyd. 1844 (5)'. Ceir yr englyn canlynol hefyd ar y garreg fedd:

Mewn agwedd fonedd i fynu – i gyd,
    Hwy godant gan lamu
O garchar y ddaear ddu,
Ryw oes pan alwo'r Iesu.

Ym mynwent Eglwys Sant Tysul, Llandysul, y claddwyd plant Evan a Margaret Thomas, ac yn yr un fynwent ceir yr englyn canlynol, gan 'D. T.', ar garreg fedd Evan Thomas, Horeb, a fu farw ar Hydref 2, 1867:

Un hawddgar iawn, llawn callineb, – oedd ef,
    O ddawn a duwioldeb;
Teimlir chwithdod hynod heb
Beraidd eiriau Bardd Horeb.

5-6. Lluniwyd yr englynion hyn er cof am Geraint Edwards, 'Athro, Gwerinwr, Gwladgarwr' yn ôl ei garreg fedd. Cafodd ei ladd mewn damwain ar Dachwedd 17, 1970, ac yntau'n 47 oed ar y pryd. Trawodd ei gar yn erbyn coeden ar ymyl y ffordd fawr, ac mae'r ffaith hon yn egluro'r llinell 'Gwaed a fu ar y goeden'. Claddwyd Geraint Edwards, un o deulu Tyddynyronnen, Llanuwchllyn, ym Mynwent Gyhoeddus Llanuwchllyn.

7. *atebud, gwahoddud*: atebit, gwahoddit. Hen derfyniad yr ail berson yn yr amser amherffaith oedd *-ut, -ud*, yn cyfateb i *-it* heddiw.

8. Ceir trydedd linell arall i'r englyn hwn, sef 'Dau arwr roed i orwedd', ond fel y'i ceir yma y mae'r esgyll fwyaf adnabyddus. Ymddangosodd y fersiwn canlynol ym Mhabell Awen Dewi Emrys yn *Y Cymro*, Ebrill 13, 1945, dan y teitl 'Y Ddau', a rhwng cromfachau, 'Claddu Prydeiniwr ac Almaenwr yn yr un bedd':

Dau elyn yn llawn dialedd – y ddoe;
  Heddiw'n ddau llawn rhinwedd:
Dau arwr yn cydorwedd
I rannu bai'n yr un bedd.

Y mae'n amlwg fod Dewi Emrys wedi ymyrryd â'r englyn. 'Credaf fod y cyfnewidiad bach yn grymuso'r effaith,' meddai, heb nodi'n union pa beth oedd y 'cyfnewidiad bach'. Ar wahân i'r drydedd linell, y fersiwn a geir yng nghyfrol R. J. Roberts, *Clychau'r Gynghanedd* (1965), a geir yma.

9. Englyn yn coffáu tri o feibion Tirdyrus (nid Llwyn Dyrus, Rhoshirwaun, fel y dywedir yn y nodiadau ar y cerddi a geir yn *Cerddi'r Gaeaf*), Bryncroes, Llŷn. Collasant eu bywydau wrth bysgota ym Mhorth Gwidlyn ar Fehefin 17, 1933. Ar y garreg fedd ceir y manylion canlynol: 'Er cof am John Roberts, 1907-33, Ellis David Jones, 1912-33, Richard Jones, 1914-33, Annwyl feibion, Humphrey ac Ellen Jones, Tirdyrus, Bryncroes. Bu'r tri foddi Mehefin 17, 1933, Claddwyd Mehefin 21, 1933', gydag englyn R. Williams Parry yn dilyn. Ar gais ewythr i'r tri y lluniwyd yr englyn. Nid oedd R. Williams Parry yn adnabod y teulu yn bersonol. Cynigiodd ddwy linell gyntaf wahanol i fam y bechgyn ddewis rhyngddyn nhw, 'Y tri physgotwr eon' ac 'Y tri llanc ieuanc eon', sef y llinell a ddewiswyd. John Roberts Jones oedd enw llawn yr hynaf o'r brodyr, ond nid oedd digon o le ar y garreg i gynnwys ei enw yn gyflawn.
    Yn ôl adroddiad yn y *Western Mail*, Mehefin 19, 1933, t. 7: 'Three brothers were drowned on Saturday when lobster-catching near the famous whistling sands at Aberdaron, on the Caernarvonshire coast … The three brothers went out in a 15ft rowing boat at nine o'clock on Saturday morning to set lobster pots. The sea was boisterous … The three brothers were big men and powerful swimmers. The two youngest were sailors, having just secured berths after being out of employment for a considerable time. The eldest, who lost his leg when a boy, had an artificial leg. It is assumed that the boat capsized in the rough sea.'
    Dyma'r englyn fel y ceir ef ym mynwent Hebron yn Llŷn:

Y tri llanc ieuanc eon – sydd isod,
  Soddasant i'r eigion:
Obry ni chynnwys Hebron
Na physg na therfysg na thon.

Dylid cymharu'r llinell gyntaf â llinell agoriadol y bardd gwlad Gwaenfab yn ei englyn 'Y Tri Llanc yn Babilon':

Y tri llanc ieuanc eon, – yn Babel
  Fu'n bybyr wŷr cryfion
Roed i ddal anrhydedd Iôn
Trwy holl adeg trallodion.

    Lluniodd Gwaenfab (Robert Roberts; 1850-1933) ei englyn ef ym 1895, ac ymddangosodd yn ei gyfrol *Blaguron Awen* (1901), yn ogystal ag yn *Y Geninen Eisteddfodol*, Awst, 1910.

10. Mae'r englyn hwn yn coffáu Owen Jones (Glyn Hefin). Ar y garreg fedd ym Mynwent Eglwys Betws Garmon ceir yr arysgrif canlynol: 'Er Serchog Gof am Owen Jones, (Glyn Hefin), annwyl fab John a Jane Jones, Liverpool House, Waun-fawr a fu farw Rhagfyr 31, 1911 yn 34 mlwydd oed'. Cyflawni hunanladdiad a wnaeth Owen Jones.

11. Ceir yr englyn hwn, ynghyd ag o leiaf 17 o englynion eraill o waith yr un awdur, ym mynwent Tai Duon, Pant Glas, Garndolbenmaen, yn Eifionydd. Y mae'n coffáu dau frawd a chwaer, plant Owen a Mary Williams, Nant Cwmbrân, Pant Glas, sef William O. Williams, a fu farw ar Hydref 27, 1918, yn 23 oed, Richie Williams, a fu farw ar Hydref 24, 1922, yn 21 oed, a Mary Williams, a fu farw ar Dachwedd 14, 1924, yn 28 oed. Yn yr un fynwent y claddwyd

yr awdur, a cheir y manylion canlynol ar ei garreg fedd: 'Er Cof am J. Roger Owen Bryn Bwlchderwin Cymwynaswr mawr a diacon ffyddlon ym Mwlchderwin am 67 mlynedd. Hunodd Chwefror 28ain 1960 yn 88 mlwydd oed', ac yna'r englyn hwn:

Iddo rhoed dawn prydyddu – selog oedd
    Sul a g[ŵ]yl i'n dysgu;
    Helpodd arall heb ballu;
    Mae bwlch yn y Bwlch lle bu.

12. Un o Phylipiaid Ardudwy oedd Gruffudd Phylip (bu farw ym 1666), mab Siôn Phylip (1543?-1620), gwrthrych yr englyn hwn. Yr oedd Siôn Phylip, ei frawd Rhisiart Phylip (bu farw ym 1641), a Gruffudd ymhlith y clerwyr olaf yng Nghymru. Galwyd Gruffudd, pan fu farw, 'y diweddaf o'r hen feirdd'. Yr oedd brawd Gruffudd, Phylip Siôn Phylip (bu farw tua 1677) hefyd yn fardd. Boddwyd Siôn Phylip ar Chwefror 13, 1620, ym Mhwllheli, pan oedd ar fin croesi oddi yno i Fochres ar ôl bod yn clera yn Sir Gaernarfon a Sir Fôn, ac fe'i claddwyd yn Llandanwg, yn ymyl ei gartref. Gw. hefyd englynion Geraint Bowen iddo (rhifau 129-30).

13. Yn ôl y nodyn a geir yn y gyfrol gyfunol, *Cerddi Cerngoch, Gyda Detholion o waith 'Amnon II', 'Hywel' ac 'Aeronian'* (Golygyddion: Dan Jenkins ac Ap Ceredigion), a gyhoeddwyd ym 1904, lluniodd Cerngoch yr englyn enwog hwn ym 1873. Cadarnheir hynny gan L. Haydn Lewis, yn *Penodau yn Hanes Aberaeron* (1970), tt. 147, 160, lle y dywedir i'r englyn gael ei lunio ar gyfer cystadleuaeth yn Eisteddfod Aberaeron ym 1873 ar y testun 'Cofio am forwr a gollwyd ar y môr'. Ym 1874 dodwyd yr englyn ar garreg fedd ym Mynwent Eglwys Henfynyw ger Aberaeron. Ar y garreg ceir y manylion canlynol: 'Er Cof am Jenkin Davies, Llyswen a fu farw Tachwedd 8, 1874 yn 70 mlwydd oed. Hefyd am Thomas, ei fab yr hwn a gollodd ei fywyd trwy suddiad y brig

'Pilgrim', Aberystwyth, yn y Bay of Biscay, Chwefror 3, 1874 yn 30 mlwydd oed'. Collodd Cerngoch yntau fab ar y môr. Boddwyd David Jenkins yn Helvotsluis, ger Rotterdam, ar y llong ager *Augusta* o Newcastle, ac fe'i cofféir ym mynwent Rhyd-y-gwin, Dyffryn Aeron.

    Y mae'n ddiddorol nodi bod ganddo englyn arall sydd yn lled-debyg i hwn, sef 'Y Morwr', a geir yn yr un gyfrol:

Y morwr wna gymeryd – ei daith
    Hyd eithaf yr hollfyd;
    Y gwalch bach, o gylch y byd,
    Iach hwylia nes dychwelyd.

    Dywedir bod Cerngoch (John Jenkins; 1825-1894) yn ŵr anllythrennog.

14-15. Tom Elwyn Jones, mab y Parch. S. T. Jones, Y Rhyl, oedd 'Y Tom gwylaidd' hwn.

15. Mae'r llinell gyntaf yn gynghanedd bendrom. Diddorol sylwi ar yr hyn a ddywedodd Saunders Lewis am englynion R. Williams Parry yn *Y Llenor*, Cyf. I, Rhif 2, Haf 1922, tt. 147-8, gan gyfeirio at yr englyn hwn yn arbennig:

Y gynghanedd sicr, y cyfoeth dychymyg, nerth digynnwrf y geiriau a'r darluniau, – o ble y daethant? Digon yw ateb bod canrifoedd o ddisgyblaeth y tu ôl iddynt, a llymder traddodiad y bu meistri ein barddoniaeth yn falch o'i wasanaethu ac ufuddhau iddo. Fe roes pob bardd da a ganodd erioed yn Gymraeg rywbeth o'i gyfoeth i harddu'r englyn hwn.

17. Ceir yr englyn ar garreg fedd ym Mynwent Eglwys Llanfrog, Môn. Yn ôl Griffith Thomas Roberts yn *Llais y Meini* (paratowyd ar gyfer y wasg gan Bedwyr Lewis Jones a Derwyn Jones, 1979), t. 116:

    Nid oes dim ond yr englyn ar y garreg, ac mae honno bellach wedi hollti. Golchwyd cyrff y ddau longwr i'r lan yn Llanfrog yn Ionawr 1884.

Rhoddwyd y garreg ar eu bedd yn 1893.

Gwilym Berw oedd y Parch. William Lewis (1846-1917), offeiriad a fagwyd ym Mhentreberw ym Môn. Lluniodd yr englyn ar gais ficer Eglwys Llanfwrog, y Parch. R. Hughes Williams. Roedd Gwilym Berw yn ficer Abergynolwyn ar y pryd.

Ceir yr englyn hefyd ym Mynwent Eglwys Cei Newydd yng Ngheredigion.

21. Ceir fersiwn arall o'r drydedd linell, sef 'Nid gwaith llaw dyn oeddyn nhw'.

24. Ceir paladr gwahanol i'r englyn hwn ar fedd Laura Evans, Ysgo, a fu farw ym 1862 yn 88 oed, ac a gladdwyd ym mynwent Eglwys Llanfaelrhys, Llŷn:

Lowry oedd fwyn lariaidd fenyw – huno
Er henaint mae heddyw …

Y mae'n amlwg oddi wrth y ddau fersiwn fod Owain Lleyn (Owen Owen; 1786-1867) wedi newid y paladr yn ôl y gofyn, ac er mwyn cynnwys enw'r ymadawedig ynddo, ond, ar yr un pryd, yn cadw'r esgyll epigramatig heb newid dim arno.

33. Dyma'r fersiwn a geir yn y casgliad amrywiol o englynion a cherddi yn *Bywgraffiad Llew Tegid* (1931; Golygydd: W. E. Penllyn Jones), dan y pennawd 'Lloffion o Feysydd Lawer':

Wele ni, gwedi pob gwaith, – yn dri llesg,
A wnaed o'r llwch unwaith;
Mewn bedd (on'd dyrnfedd fu'r daith),
Lle chwelir ni'n llwch eilwaith.

Argraffydd oedd Pyll Glan Conwy (John Jones; 1786-1865), er mai fel gof y prentisiwyd ef yn wreiddiol, mewn gefail yng Nglan Conwy. Yr oedd yn fab i Ismael Davies, Trefriw, hwnnw wedyn yn fab i Dafydd Jones, Trefriw, yr argraffydd a'r cyhoeddwr o'r ddeunawfed ganrif. Cyhoeddodd John Jones

gyfrol o farddoniaeth o waith amryw feirdd o dan y teitl *Blwch Caniadau* ym 1812, a cheir peth o'i waith ef ei hun ynddi.

Yn ôl *Mynwenta*, Gomer M. Roberts (1980), ceir yr englyn ar garreg fedd 'William Jones, Bryn-rhyg (m. 1791 yn 88 ml. oed) ac Eleanor ei briod (m. 1797), a'u cynfab (m. 1827), ym mynwent yr Eglwys, Dolgellau'. Dyma'r fersiwn a geir yn *Mynwenta*:

Wele ni, gwedi pob gwaith, – yn dri llesg,
A wnaed o'r llwch eilwaith,
Mewn bedd (on'd dyrnfedd fu'n taith),
Lle chwelir ein llwch eilwaith.

Mae'n sicr mai gwall yw 'eilwaith', o ran ystyr a rheolau'r englyn, yn yr ail linell, ac mai 'unwaith' sy'n gywir.

37-38. Cambriodolwyd yr englyn cyntaf i Ddafydd Ionawr yn *Gwaith Dafydd Ionawr* (1851) gan y Parch. Morris Williams (Nicander), a chan W. J. Gruffydd yn *Blodeuglwm o Englynion*. Fodd bynnag, nid oes amheuaeth mai Edward Richard (1714-1777) yw'r awdur. Ceir y ddau englyn yn NLW 5487 B, sef *Diaries of the Rev. Timothy Davies*, mab Dafydd Dafis, Castellhywel, lle y dywedir hyn amdanynt: 'Upon the tomb of an infant by Edward Richards of Ystrad Meurig Cardiganshire sent by Father to me Nov. 4th. 1819'. Gw. *Blodeugerdd o'r Ddeunawfed Ganrif*, Golygydd: D. Gwenallt Jones (1936), tt. 121-2. Argraffwyd y ddau englyn, gyda'r cyntaf yn ail a'r ail yn gyntaf, yn *Gwaith Prydyddawl Edward Richard. O Ystradmeurig, Yn Sir Aberteifi* (1856), ac o dan y teitl 'Beddargraff', ceir y nodyn hwn: 'Ni ymddangosodd yr Englynion hyn yn yr argraffiadau blaenorol (1856). Dywedir mai Edward Richard a'u cyfansoddodd'.

Yn y llawysgrif a grybwyllir uchod, NLW 5487 B, fel hyn y ceir y llinell gyntaf: 'Drygau a beiau bywyd – ni welais'. Y mae Gwenallt yn dyddio'r englynion hyn tua diwedd 1764 neu ddechrau 1765.

39. Priodolir yr englyn hwn i Iorwerth Elwy ar garreg fedd ym mynwent Llannefydd, Clwyd. Y mae'r garreg fedd hon yn coffáu Hannah (merch Robert a Hannah Williams), a fu farw ar Ionawr 18, 1878, yn 21 oed. Yn ôl *Mynwenta*, Gomer M. Roberts, t. 31, ceir yr englyn 'Ar garreg fedd Thomas Hugh, blaenor gyda'r M.C. yn Nhrawsfynydd (tad 'Glan Pherath'), (m. ym 1840 yn 80 ml. oed), a Margaret ei briod (m. 1855 yn 97 ml. oed); ym mynwent Trawsfynydd ym Meirionnydd'. Fe'i rhagflaenir gan englyn arall ar y garreg fedd ym mynwent Trawsfynydd:

Er calon a'i blinion bla, – ac ofnau,
  Mi gefnais fy ngyrfa;
Lle tawel i'm lletya,
Nes daw dydd, rhof iwch nos da.

A 'Hir noswaith ddaeth arnaf' a geir ar y garreg yn Nhrawsfynydd.
  Yn ôl *Blodeuglwm o Englynion*, W. J. Gruffydd, ceir yr englyn ar garreg fedd ym mynwent Llangar.

40. Ceir yr englyn hwn ar garreg fedd ym mynwent Llanycil ym Mhenllyn. Ar fwy nag un achlysur, enwodd R. Williams Parry hwn fel ei hoff englyn yn yr iaith. Gw. 'Fy Hoff Englyn' gan Gwilym R. Jones, *Barddas*, Rhif 5, Chwefror 1977. Claddwyd Tegidon (John Phillips; 1810-1877) hefyd ym mynwent Llanycil.

42-43. Bardd o Feddgelert (fl. 1385-1448) oedd Rhys Goch Eryri. Ceir fersiwn arall o'r ail englyn, fel a ganlyn:

Y maen ddarn, cadarn y cedwi – brifardd,
  Ba ryfedd fai'th godi:
Gorweddaist lle toaist ti
Ar war Rhys Goch Eryri.

Lluniodd Wiliam Llŷn (1534/1535-1580) dri o englynion i Rys Goch Eryri i gyd, ond y ddau hyn yw'r ddau orau efallai.

nen: to

44. 'Beddargraff Merch' a roir uwchben yr englyn hwn ym Mlodeuglwm W. J. Gruffydd, ac meddai'r golygydd amdano:

Trueni bod gwall cystrawen, 'daear' yn lle 'ddaear', yn yr englyn campus hwn. Gellid ei newid, pe bai werth, a darllen – 'A du oer lawr daear wleb'.

Fodd bynnag, awgrymodd J. T. Jones, yn ei golofn 'Mentraf Awgrymu …', yn *Y Faner*, Medi 2, 1971, mai fel hyn y dylai'r esgyll fod:

Mae du-oer lôm daear wleb
Trawsfynydd tros fy wyneb.

Dyma'i sylwadau:

Wrth gwrs, Cymreigiad yw "lôm" o'r gair Saesneg *loam* – a diau nad yw'r gair hwn, ac na fu erioed, ar arfer yn ardal Trawsfynydd; ond y mae'n eithaf posibl y bu'r gair unwaith, onid yw eto, ar arfer ym mro Llangwyfen, Dyffryn Clwyd, lle'r oedd David Jones yn byw.
  Ac wrth gofio mor fynych y clywir sôn am 'fawnog Trawsfynydd', diddorol dros ben yn y cyswllt presennol yw'r hyn a ddywedir dan y gair *loam* yn *Webster's New International Dictionary* (1924):

"In popular use loam implies the presence of considerable organic matter."

Mentraf awgrymu, gan hynny, ynglŷn ag englyn David Jones, a'r gwall cystrawen sydd ynddo, ddarfod i gerfiwr y beddargraff, trwy esgeulustod, adael allan yr hirnod uwchben yr 'o' yn y gair "lom". Adferer yr hirnod a dyna bopeth yn iawn!

45. Yr oedd Edward Lhuyd (1660?-1709) yn naturiaethwr, yn ddaearegwr, yn hynafiaethydd ac yn ieithydd, ac yn un o brif ysgolheigion ei oes. Yr oedd John Morgan (1688-1733?) yntau yn ysgolhaig, yn ogystal â bod yn llenor. Bu'r ddau ohonynt, Lhuyd a Morgan, yn aelodau o Goleg Iesu, Rhydychen, ac yno y daeth John Morgan i adnabod Edward Lhuyd. Lluniodd John Morgan nifer o englynion er cof am Edward Lhuyd, ac fe'u cynhwyswyd yn ei lyfr *Myfyrdodau Buchedol ar y Pedwar Peth Diweddaf* (1714).

47. Nid yw'r cyrch yn gwbl foddhaol o safbwynt cywirdeb cynganeddol. Dylid ateb y gytsain 'c' yn 'ac' gydag 'g'.

48. Tadogir yr englyn hwn ar Edmwnd Prys fel arfer, ond fe'i priodolir i Huw ap Ieuan (a flodeuodd tua diwedd yr unfed ganrif ar bymtheg a dechrau'r ail ganrif ar bymtheg) yn *Noddwyr Beirdd ym Meirion* (1974), Glenys Davies, ac yn ôl y fersiwn a ddyfynnir yn y gyfrol hon, sef darlleniad NLW 672, 183, 'Holl gampau' a geir yn y llinell gyntaf, ac nid 'Pob campau'. Yr oedd Huw Llwyd, a oedd yn filwr ac yn fardd, yn byw yng Nghynfal Fawr, plwyf Maentwrog, Gwynedd. Yn ogystal â bod yn fardd-filwr yr oedd yn feddyg hefyd, ac yn ôl traddodiad gwlad, yn 'ddyn hysbys'. Cyfeirio at yr holl ddoniau hyn ac at ei gymeriad amryddawn, amlochrog a wneir yn y llinell gyntaf. Ni wyddys hyd at sicrwydd ddyddiadau geni a marw Huw Llwyd, ond tybir iddo gael ei eni ym 1568, ac iddo farw ym 1630. Yr oedd Edmwnd Prys (1543/4-1623) yn gyfoeswr iddo, a Huw ap Ieuan, fel y gwelir, yn oesi ychydig yn ddiweddarach. Fodd bynnag, gan fod Edmwnd Prys wedi marw cyn Huw Llwyd, fe faentumir, y mae'r ddadl o blaid Huw ap Ieuan yn un gref.

50. Ni phriodolir yr englyn hwn i Iolo Goch yn *Gwaith Dafydd ap Gwilym*, Golygydd: Thomas Parry (ail argraffiad, 1963), ac fe erys peth amheuaeth ynghylch ei awduriaeth. Yn ôl *Gwaith Dafydd ap Gwilym* (t. 431), ceir llinell glo wahanol hefyd, sef 'Diddawn ynn bob dydd a nos'.

51. Claddwyd Dafydd Ionawr (David Richards; 1751-1827) yn Nolgellau. Y ddwy gerdd y cyfeirir atynt yma yw 'Cywydd y Drindod', cywydd o ryw 13,000 o linellau, y bwriedid

iddo fod yn rhyw fath o epig fawr Gristnogol, a hefyd 'Y Mil-Blynyddau', cywydd hirfaith arall. Bernir nad oes llawer o werth llenyddol iddynt erbyn heddiw.

52. Yr oedd gan T. Gwynn Jones (1871-1949) ddiddordeb mawr yn Llydaw, a chydymdeimlad â'r wlad yn ei dioddefaint a'i gorthrwm. Bu'n gyfaill agos i'r bardd Llydewig Taldir, a chyfieithodd nifer o'i gerddi i'r Gymraeg. Claddwyd T. Gwynn Jones ym mynwent gyhoeddus Aberystwyth.

53. Englyn er cof am Einion Morris Jones, mab bychan William Richard a J. E. Jones, a nai Syr John Morris-Jones. Bu farw ar Ragfyr 2, 1905, yn ddeunaw mis oed, ac fe'i claddwyd ym mynwent Llanfair Pwyllgwyngyll, Môn.

56. Claddwyd Alafon (Owen Griffith Owen; 1847-1916) ym mynwent Bryn'rodyn, Arfon. Yr oedd yn gyfaill mynwesol i T. Gwynn Jones. Gw. ysgrif T. Gwynn Jones arno yn *Cymeriadau* (1933).

70. Ceir y nodyn canlynol ar yr englyn hwn yn *Yr Haf a Cherddi Eraill*: 'Ym Mhen-y-groes a Bethesda. Cyflwynedig i'r Uch-gapten Hamlet Roberts, DSO, Ceidwadwr a gwladgarwr, o barch i'r ddynoliaeth a ddangosodd tuag at "yr hogiau".'

71. Ceir hanes cefndir yr englyn enwog hwn yn *Gwae Fi fy Myw: Cofiant Hedd Wyn* (1991), Alan Llwyd. Ar Chwefror 12, 1916, lladdwyd Is-gapten D. O. Evans, Llys Meddyg, Blaenau Ffestiniog, mab Dr R. D. Evans. Deio'r Meddyg oedd hwn i'w gydnabod a'i gyfeillion, ac roedd Hedd Wyn yn un o'r rheini. Yn ôl pob tystiolaeth, bachgen golygus, hoffus, a llawn anwyldeb oedd Deio Evans, fel yr awgrymir yn englyn Hedd Wyn.
   Ar Ebrill 24, 1916, cynhaliwyd eisteddfod yng nghapel Seion, Blaenau Ffestiniog, gyda J. D. Davies, perchennog y papur lleol, *Y Rhedegydd*, yn beirniadu'r adran lenyddiaeth. Dwy o gystadlaethau'r eisteddfod honno

oedd llunio penillion coffa i Lieut. D. O. Evans a hefyd llunio englyn er cof amdano. Cerdd gan Bryfdir (Humphrey Jones) a ddyfarnwyd yn fuddugol yn y gystadleuaeth gyntaf, gyda Hedd Wyn, dan y ffugenw *Narcissus*, yn ail iddo. Ceir nodyn yn *Y Rhedegydd* (Ebrill 22, 1916): 'Llongyfarchwn Hedd Wynn yn enill ar yr Englyn Coffa i'r diweddar Lieut. D. O. Evans yn Seion, Bl. Ffestiniog, nos Iau diwethaf. Clywsom mai efe oedd yr ail ar y Penillion Coffa hefyd. Well done, Hedd.'

Cyhoeddwyd cân fuddugol Bryfdir yn yr un rhifyn, a beirniadaeth J. D. Davies yn ogystal. Ond nid 'Nid Â'n Ango" oedd yr englyn hwnnw, ond yr un y rhoddwyd 'Yr Aberth Mawr' yn deitl iddo yn *Cerddi'r Bugail* (1918). Ar ôl yr eisteddfod, galwodd Hedd Wyn heibio i swyddfa J. D. Davies. Dyma beth a ddigwyddodd wedyn, yn ôl tystiolaeth J. D. Davies ei hun ('Y Meirw Anfarwol', *Cymru*, Cyf. LVIII, Rhif 346, Mai 1920):

Ymgeisiodd Hedd Wyn mewn cystadleuaeth arall yn yr un cyfarfod, sef ar englyn i'r un gwrthrych. Ei ffugenw yn y gystadleuaeth hon oedd "Pro Patria." Yr oedd amryw yn ymgeisio, ond efe enillodd. Dywedid am dano, – "Mae gan Pro Patria englyn newydd, a thrawiad ynddo o wir ynni barddonol. Er nad yw ei gynghaneddion cyn gryfed a rhai yn y gystadleuaeth, na'i darawiad mor union i'r pwynt ag eiddo eraill, y mae ei englyn yn fwy ffresh na'r un o'r lleill." Dyma'r englyn hwnnw, –

"O'i wlad aeth i warchffos lom – Ewrob erch
    Lle mae'r byd yn storom,
    A'i waed gwin yn y drin drom
    Ni waharddai hwn erddom."

Y tro nesaf y gwelsom ef ar ôl y dyfarniad hwn dywedodd ei fod wedi bwriadu anfon englyn arall i'r gystadleuaeth ond iddo fethu a'i orffen. "Mae'r esgyll fel hyn," meddai, –

"Er i'r Almaen ystaenio,
    Ei dwrn dur yn ei waed o."

Atebwyd fod y cwpled yna yn anfarwol ac y dylai orffen yr englyn ar bob cyfrif. Gorffennodd ef y pryd hwnnw trwy chwanegu –

"Ei aberth nid el heibio, – a'i wyneb
    Anwyl nid â'n angho;"

ac er ei fod yn rhy hwyr i'r gystadleuaeth ni chyll ei wobr.

Yr oedd hyn un ai tua diwedd Ebrill neu yn hanner cyntaf Mai, 1916, oherwydd fe ymddangosodd yr englyn yn gyfan ar gerdyn coffa a gyhoeddwyd er cof am Tommy Morris, o Drawsfynydd, a laddwyd yn Ffrainc ar Fai 11, 1916.

Ceir yr englyn ar gofeb Hedd Wyn yn Nhrawsfynydd.

73-74. Thomas Jones, Cefnddwysarn, Meirionnydd, oedd y milwr hwn.

80. Potsiar adnabyddus yn ei ddydd oedd 'Now'r Allt'. Fe'i llosgwyd i farwolaeth mewn tas wair yn agos i Flaenau Ffestiniog. Bardd o Faentwrog oedd Iestyn, sef John Benjamin Williams.

83-84. Lladdwyd David Hughes yn ddamweiniol wrth helpu cymydog iddo adeg dyrnu.

85. Ceir yr englyn ar fedd Isaac Davies, a fu farw ar Awst 4, 1975, ym Mynwent Pen-y-cefn, Trawsfynydd.

89. Ceir yr englyn enwog hwn ar garreg fedd y meddyg W. E. Hughes (Cowlyd), a fu farw ar Orffennaf 28, 1870, ym Mynwent Eglwys Llanrwst. Fe'i rhagflaenir gan dri englyn arall.

105. Y mae'r llinell glo yn gynghanedd bendrom.

106. Thomas Roberts, Borth-y-gest, Arfon.

107. Timothy Davies Williams.

108. Joseph Richard Joseph, Garndolbenmaen, Arfon.

111. Un o feirdd Penllyn oedd 'Bob Cloddiau' (Robert Richard Thomas; 1881-1977), ac ef yw awdur englyn Rhif 537.

119-123. Er cof am briod Dr Roberts, Gwyddfor, Pen-y-groes, y lluniwyd yr englynion coffa hyn.

121. Ceir cynghanedd bendrom yn y llinell olaf.

122. Cymharer y llinell olaf â llinell gan Dewi Havhesp (David Roberts; 1831-1884), sef y llinell olaf yn y darn canlynol, o'i gywydd 'Iechyd':

Gwron crwn esgyrnog cry'
Iachus, hoenus pryd hynny,
Oedd Adda, yn byw'n ddiddig
A mwyn ei drem yn ei drig …

124-125. Englynion coffa i Mrs John Evan Thomas (Mary Ivey), Pen-y-groes. Dywedodd R. Williams Parry hyn am yr englyn cyntaf hwn o'r ddau yn Yr Haf a Cherddi Eraill:

Nid cyffyrddiad ystrydebol mo'r cyfeiriad a geir yn yr englyn cyntaf. Ym marwolaeth Mrs Thomas collodd y diweddar fyddar fardd dall Tryfanwy un o'i gyfeillion cywiraf.

Y mae'n ddiddorol sylwi hefyd ar y defnydd campus a wneir o'r ddwy gynghanedd Lusg yn yr englyn cyntaf.

125. Y mae'r llinell gyntaf yn gynghanedd bendrom. Nid yw cyfatebiaeth y llinell olaf, wedyn, yn gwbl foddhaol. Dylid ateb y gytsain 'c' yn 'ac' gydag 'g'.

126-127. Englynion er cof am briod Dr Owen, Pen-y-groes, Arfon. Mae esgyll yr englyn cyntaf gyda'r godidocaf a luniodd R. Williams Parry erioed.

127. Nid yw cyfatebiaeth y cyrch, unwaith yn rhagor, yn gwbl foddhaol.

128. Englyn er cof am fodryb y bardd, Catherine Evans, Y Drenewydd, priod D. J. Evans, a chwaer hynaf mam R. Williams Parry. Bu farw ar Fawrth 6, 1916, a chladdwyd hi yn ystod storm o eira. Dyma englyn enwocaf R. Williams Parry, ac eithrio ei englynion er cof am Hedd Wyn.

157. Ceir yr englyn hwn ym mynwent Macpela, Pen-y-groes. Bu farw'r gwrthrych, gwraig o Dal-y-sarn, ym 1926 yn 54 oed. Ni chynhwyswyd yr englyn yn Cerddi'r Gaeaf.

161. Bu farw Robert Williams ym 1917, a'i briod, Catherine Williams, ym 1922. Ceir yr englyn hwn hefyd ym mynwent Macpela.

166. Ceir nodyn ar yr englyn hwn yn Englynion Beddau Ceredigion:

Yn Y Greal, 1805, t. 72, dywedir i Robin Ddu gyfansoddi englyn tebyg i hwn pan oedd yn un ar bymtheg oed. Os felly, fe'i cyfansoddwyd tuag 1760. Yn ei englyn ef, y drydedd linell oedd

Bawaidd fu oll o'm bywyd

ac 'yn gyfan' oedd ganddo, yn lle 'a gofid'. Efallai mai Dafydd Ddu Eryri a gyfansoddodd y drydedd linell …

167. Ceir yr englyn ar garreg fedd John Roberts ym Mynwent Beddgelert. Bu farw ym 1869 yn 57 oed.

168. Ceir dau englyn hefyd i Ellen Owen, priod Dr Robert Owen, yn Yr Haf a Cherddi Eraill, sef englynion rhifau 126 a 127 yn y casgliad hwn. Bu farw Dr Robert Owen ym 1925. Un

arall o englynion mynwent Macpela.

169. Ceir yr englyn hwn ar fedd bachgen ifanc, 16 oed, a fu farw ym 1876, ym mynwent Eglwys Dewi Sant, Blaenau Ffestiniog.

172. Ceir fersiwn arall o'r cyrch, sef 'tynnai ef/ At anifail beunydd'.

173. Lluniodd T. Gwynn Jones bedwar englyn er cof am y bardd gwlad Tom Owen, Hafod Elwy. Y cyntaf ohonynt yw hwn. Wele'r tri a'i dilynodd:

Hoyw ei droed a dewr ei wedd, – fynyddwr
    O fonheddig osgedd,
Od yw yn fud yn ei fedd,
Bydd ei awen heb ddiwedd.

Mwyn gâr sydd yma'n gorwedd, – mwy yn fud,
    Cymen feistr cynghanedd;
Er ei fwyn a'i wâr fonedd,
Haul a fo'n anwylo'i fedd.

Na, Tom, nid wyt ti yma, – dihengaist,
    Nid angau a'th rwyma;
I bridd na dŵr bardd nid â –
Cawn hwyl ac awn i hela.

Yr oedd Tom Owen yn gefnder i'r bardd Thomas Jones, Cerrigellgwm.

176. Ni chynhwyswyd yr englyn hwn yn *Cerddi'r Gaeaf*, er bod gan R. Williams Parry gerdd goffa iddo yn y gyfrol, 'Yr Hen Gantor'. Yr oedd Gwallter Llyfnwy, sef Walter S. Jones, yn eisteddfodwr pybyr. Bu farw ym 1932, a cheir yr englyn hwn ar ei garreg fedd ym mynwent Gorffwysfa, Llanllyfni.

178. Ceir hwn dan y teitl 'Hen Gyfaill' yn *Cerddi'r Gaeaf*, ynghyd â'r nodyn: 'Bu ymadawiad y diweddar John Evan Thomas am Benmachno yn golled fawr i dlodion Pen-y-groes'.

179. Ceir hwn dan y teitl 'Hen Gymydog' yn *Cerddi'r Gaeaf*, ynghyd â'r nodyn: 'Rai blynyddoedd yn ôl bu farw ei unig fab, un o'r bechgyn addfwynaf a fu'.

180. Gweinidog gyda'r Methodistiaid Calfinaidd oedd John Phillips (1810-1876), ac ef oedd prifathro cyntaf y Coleg Normal, Bangor. Er bod yr englyn hwn yn englyn adnabyddus iawn, ni chysylltid ef â Thudno. Fel arfer, y teitl a roddwyd uwch ei ben mewn gwahanol gyhoeddiadau oedd 'Y Pregethwr Delfrydol', a'i briodoli i awdur anhysbys.

182. Gweinidog gyda'r Methodistiaid oedd yr enwog John Elias (1790-1856). Yr oedd yn un o bregethwyr mwyaf grymus ei ddydd, gyda'i lais nerthol a'i huodledd. Gweinidog gyda'r Annibynwyr oedd Caledfryn (William Williams; 1801-1869), bardd a beirniad pwysig yn y bedwaredd ganrif ar bymtheg.

183. Un o bregethwyr amlycaf a grymusaf y bedwaredd ganrif ar bymtheg oedd John Jones Tal-y-sarn (1796-1857). Addysgwyd ef gan Ieuan Glan Geirionydd. Ym 1823 aeth i weithio i chwarel Tal-y-sarn yn Llanllyfni. Rhwng 1850 a 1852, prynodd, gydag eraill, chwarel Dorothea yn ardal Tal-y-sarn. Bu'n un o'r pregethwyr mwyaf dylanwadol ar ei gyfnod. Bardd a fu farw'n ifanc oedd Dewi Arfon (David Jones; 1833-1869); galwodd Tudno ef yn 'Angel-luniwr englynion'.

190. Lluniwyd yr englyn hwn yn Ymryson yr Ifanc yn Eisteddfod Genedlaethol Wrecsam a'r Cylch ym 1977. Bu farw'r digrifwr a'r diddanwr Ryan Davies rai misoedd ynghynt, ar Ebrill 22, 1977, yn Efrog Newydd, America.

205. Un arall o englynion disberod R. Williams Parry. Bu farw John Owen Thomas, Bodelwy, Llandudno Junction, ar Ionawr 1, 1935, ac fe'i claddwyd ym mynwent Macpela, Pen-y-groes.

222. Bu Robyn Ddu o Feirion (Robert Edwards; 1775-1805) ei hun farw'n ifanc iawn. Bardd o Drawsfynydd ydoedd; englyn poblogaidd ar gerrig beddau.

223. Ceir yr englyn enwog hwn ar fedd Siân Jones, gwraig Richard Jones, o Ben-y-graig, Llansilin, ym mynwent Eglwys Llansilin, ger Croesoswallt. Englyn poblogaidd arall ar gerrig beddau. Nodir yn *Gwaith Huw Morus* (Cyfres y Fil) mai englyn 'Ar garreg fedd Siân Jones … Llansilin' yw hwn. Ceir fersiynau eraill o'r englyn.

224. Priodolir yr englyn hwn i Forys Dwyfach yn ogystal, ond yn ôl Tegwyn Jones ('Edward Urien a Gruffudd Hafren', *Llên Cymru*, Cyf. IX, Rhif 3 a 4, Ionawr-Gorffennaf 1967), Gruffudd Hafren, a flodeuodd tua 1600, yw'r awdur. Yr oedd Morys Dwyfach, Morus Dwyfech neu Morus ap Dafydd ab Ifan ab Einion (a flodeuodd tua 1523-1590) yn gyfoeswr iddo. Yn ôl *Y Gelfyddyd Gwta*, er enghraifft, Morys Dwyfach yw'r awdur.

iangwr: gŵr cyffredin, bilain, carl, taeog

225. Priodolwyd yr englyn hwn i Bedr Fardd (Peter Jones) yn *Y Flodeugerdd Englynion* wreiddiol, a hynny ar gorn sylw gan Gwilym R. Jones yn ei 'Sylwadau' yn *Y Faner*, Rhagfyr 30, 1977. Yn ôl Gwilym R. Jones, wedi i J. Elwyn Hughes, Dyffryn Ogwen, roi'r wybodaeth iddo, y mae'r englyn hwn yn 'Englyn i un a fu farw yn 31 mlwydd oed gan Pedr Fardd. Fe'i ceir ar garreg fedd ym mynwent Glanogwen, Bethesda'. Bardd ac emynydd oedd Pedr Fardd (Peter Jones; 1775-1845), o Frynengan ym mhlwy Dolbenmaen, ac fe geir yr englyn, yn ôl *Englynion Beddau Dyffryn Ogwen*, J. Elwyn Hughes (1979), t. 113, ar fedd Thomas, mab Hugh ac Ellenor Hughes, Bethesda, a fu farw ar Ebrill 27, 1867, yn 31 oed. Ond mae'r englyn i'w gael hefyd ar garreg fedd David Howells, a fu farw ym 1853, wyth mlynedd cyn marwolaeth Thomas Hughes, ym mynwent Llanerfyl ym Maldwyn, heb enw wrtho. Yn ôl *Gwaith Dewi Wnion* (diddyddiad), t. 48, Dewi Wnion (David Thomas; 1800-1884), yw'r awdur, a cheir paladr gwahanol yn y gyfrol, 'Cryf a gwan, pob oedran, pydrant, – pob enaid,/Pawb yna ddisgynnant'. Gw. *Mynwenta*, Gomer M. Roberts, t. 12.

226. Cymerwyd yr englyn hwn, yn ogystal â rhifau 228 a 229, allan o COLLECTANEA; *neu Gasgliadau o Flodeuog-waith yr Awduron Brytanaidd* (y llyfr cyntaf, Caerfyrddin, 1820), a gasglwyd ynghyd gan Morgan Williams. Nid yw'r casglydd yn enwi'r awduron, ond y mae lle i gredu mai Dafydd Ddu Eryri yw awdur yr englyn hwn. Y mae'r llinell gyntaf i'w chael yn ei awdl 'Ystyriaeth ar Oes Dyn', sef testun Eisteddfod Cymdeithas y Gwyneddigion yn Y Bala ym 1789. Dyma'r englyn sy'n cynnwys y llinell:

Ddyn gwamal, cynnal mewn co' – a ddylai
    Neu ddilys fyfyrio
    Fod hynt groes ei einioes o
    Yn niwlen wyw anolo.

227. Ceir yr englyn hwn yn yr adran 'Ysgrifen-feddau' yng nghyfrol David Davis, *Telyn Dewi* (1824). 'Na haera cei di hiroes' yw'r drydedd linell yn *Telyn Dewi*.

230. *cyngyd*: arfaeth, amcan

231. Allan o'i awdl 'Ceiriog', awdl fuddugol Eisteddfod Genedlaethol Llangollen, 1908.

233. Claddwyd y Parch. Owen Thomas, a fu farw ym mis Mehefin 1889, ym mynwent Biwla, Ceredigion.

234. Ceir yr englyn hwn ar garreg fedd William Jones, Croesnewydd, a fu farw yn Aberdâr ym 1899, eto ym mynwent Biwla, er cof am ei fab Lewis, a fu farw yn y Rhyfel Mawr, yn Salonica, ar Fedi 18, 1918.

236. Englyn hynod o boblogaidd ar gerrig beddau. Yn ôl *Gwaith Huw Morus* (Cyfres y Fil), ceir yr englyn 'Ar Garreg Fedd yn Llan Gadwaladr'.

240. Ceir nifer o amrywiadau ar yr englyn hwn, fersiynau gwallus gan amlaf, oherwydd ei lygru ar lafar gwlad. Dyma'r ffurf wreiddiol. Claddwyd Owain Aran (Owain A. Roberts; 1836-1863) yn Nolgellau.

245. Clochydd Llannefydd yn Sir Ddinbych oedd Huw Llifon (bl. 1570-1607).

246. Bardd o Fachymbyd yn Sir Ddinbych oedd Raff ap Robert (bl. tua 1550). Canodd gywydd marwnad i Dudur Aled.

cled: benywaidd clyd.

248. Yn ôl *Y Gelfyddyd Gwta* (1929), T. Gwynn Jones, 'priodolir yr englyn cyntaf uchod i Raff ap Robert hefyd'. Bardd o ddyffryn Tyfeidiog, yn Sir Faesyfed, oedd Hywel ap Syr Mattau neu Mathew, a bu farw ym 1581.

249. Anwybyddir y gytsain 'f' yn y llinell gyntaf, ac nid yw'r drydedd linell yn gywir.

253. Ceir yr englyn hwn yn awdl Cynddelw (Robert Ellis; 1812-1875), 'Distawrwydd'.

254. Meddai Alun Llywelyn-Williams yn *Crwydro Brycheiniog* (1964), wrth gofnodi ymweliad â Llanddeti, Aberhonddu, yn ardal Mynydd Llangynidr, Powys: 'Pan fûm i yno, rywdro'n ystod y rhyfel diwethaf, a hynny ar gefn beic o Aberhonddu, yr oedd yn brynhawn crasboeth o haf, ac y mae gennyf gof am lôn fer, dywyll, a choed tewfrig o'i hamgylch yn amddiffynfa dderbyniol iawn rhag y gwres, yn arwain at borth y fynwent, hithau'n ddu gan goed yw. A'r hyn a'm trawodd fwyaf ar y pryd oedd gweld englyn gan ryw fardd gwlad anhysbys ar un o'r hen gerrig beddau …' Hwn oedd yr englyn a ddyfynnwyd ganddo.

Cynhwyswyd yr englyn yn *Blodeuglwm o Englynion* W. J. Gruffydd ac yn *Englynion a Chywyddau*, Aneirin Talfan Davies, a'r ddau yn ei briodoli i Glasfryn.

255. Ceir yr englyn hwn yn awdl Ieuan Glan Geirionydd 'Ar Farwolaeth Syr Thomas Picton'.

256. Herwr enwog yn ei ddydd oedd Dafydd ap Siancyn (bl. tua 1450), ac iddo ef y canodd Tudur Penllyn ei gywydd enwog. Yr oedd yn fardd hefyd, er nad oes llawer o'i waith ar gael. Bu'n trigo am rai blynyddoedd yng Nghoed Carreg y Gwalch, ger Llanrwst.

257. Clochydd Llanfair Talhaearn yn Sir Ddinbych oedd Robert Tomos neu Thomas (bu farw ym 1774). Yr oedd Siôn Powel, Dafydd Siôn Prys ac Evan Evans (Ieuan Brydydd Hir) yn gyfeillion iddo. Fe'i claddwyd yn Llanfair Talhaearn ar Ragfyr 18, 1774.

258. Ceir yr englyn hwn ar fedd William Elias, a fu farw ym 1787, ym mynwent Llanfwrog ym Môn.

261. 1922 oedd 'yr hen flwyddyn', pan fu farw Eifionydd (John Thomas; 1848-1922) ar Dachwedd 19 o'r flwyddyn honno, sef y gŵr a olygodd, rhwng 1881 a 1882, y ddau gasgliad enwog o englynion, *Pigion Englynion fy Ngwlad*, a Thegfelyn, sef y Parch. Edward Lloyd (1846-1922), prydydd a phregethwr, ar Hydref 13. Ceir yr englyn coffa hwn iddo yn *Y Geninen*, Cyf. xl, Rhif 4, Hydref 1922, t. 224, gan Hywel Cefni:

Aeddfedu gadd ei fywyd gwyn, – anwyl
        Genad heb un gelyn:
    Ni hun ei glod yn y glyn,
    Atgof hawlia Tegfelyn.

Bu farw Eifion Wyn (Eliseus Williams; 1867-1926) bedair blynedd yn ddiweddarach, ond cafodd bwl o waeledd difrifol ym 1922.

263. *rhydid*: rhyddid.

264. Yr englyn olaf yn ei awdl 'Y Diwygiwr'. Bu farw Ben Bowen yn ifanc iawn, ym 1903, yn 25 oed.

265. Ceir yr englyn hwn ar garreg fedd Ellis D. Jones, 'Sarnau a Glyndyfrdwy, Mawrth 1887–Gorff. 1955', ym mynwent Cefnddwysarn ym Meirionnydd. Bu'n brifathro Ysgol y Sarnau ac Ysgol Glyndyfrdwy, ac yn aelod blaenllaw o Blaid Cymru yn y sir.

266. Holwyd am awduriaeth yr englyn hwn yn rhifyn mis Ebrill 1985 o *Barddas* dan y pennawd 'Pwy Biau'r Englyn'? Yn y rhifyn dilynol cyhoeddwyd dau lythyr dan y penawdau 'Nodi pwy oedd yr awdur' ac 'Englyn Rhys Jones Eto'.

'Rhys Jones yw enw awdur yr englyn, a bu farw tuag wyth mlynedd yn ôl. Brawd hynaf fy mam a fagodd Rhys, mab Tŷ'n Celyn Bach, Glyndyfrdwy. Bachgen talentog a hawddgar iawn oedd Rhys,' meddai Llinos Hughes, Llanrhaeadr, ger Dinbych, yn 'Nodi pwy oedd yr awdur', gan ychwanegu: 'Bu'n garcharor adeg y Rhyfel ac wedi iddo gael ei ryddhau ar ôl y Rhyfel manteisiodd ar gyfle a gynigiwyd iddo i fynd i Goleg, a bu'n athro yng nghyffiniau Birmingham. Bregus fu ei iechyd ar ôl bod yn garcharor ac nid oedd ond tua thrigain oed pan fu farw.'

Cafwyd mwy o wybodaeth am yr englynwr a'i englyn yn llythyr Eirlys Hughes, gynt o Garrog. Roedd yr 'englyn ardderchog', meddai 'ar garreg fedd ym mynwent Eglwys Sant Thomas, Glyndyfrdwy, ym mhlwy Edeyrnion'. Ar y garreg ceir y geiriau:

David Jones, 5, Sun Terrace
Bu farw Mehefin 2 1961 yn 63 oed
Hefyd ei briod Blodwen
Bu farw Mawrth 10 1970 yn 73 oed

ac yna'r englyn.

Bu Eirlys Hughes yn sgwrsio â chwaer David Jones am yr awdur. Yn ôl y chwaer, a oedd yn byw yng Nglyndyfrdwy, chwarelwr yn chwarel lechi Moelfferna oedd ei brawd. Yn ystod tridegau'r ganrif ddiwethaf roedd bywyd y chwarelwr yn galed iawn pan oedd ei bedwar plentyn yn fach. Roedd Rhys, a oedd yn llysfab i David Jones, yn blentyn galluog yn yr ysgol. Ac meddai Eirlys Hughes, gan grybwyll Ellis D. Jones, gwrthrych yr englyn blaenorol: 'Mae gennyf innau gof bychan amdano yn yr ysgol yng Nglyndyfrdwy – Ysgol y Cyngor y pryd hwnnw – lle buom yn ddisgyblion. Y prifathro oedd Mr Ellis D. Jones, a fu farw ym 1955, ac os oedd gogwydd at farddoni yn unrhyw un o'i ddisgyblion, byddai Mr Jones yn gofalu am feithrin y dalent honno orau y gallai'.

Ai Rhys Jones, tybed, yw awdur englyn Rhif 265, ac iddo'i lunio i goffáu ei hen athro?

270. Ceir hwn ar garreg fedd y Parch. Thomas John Williams (Myddfai), a fu farw ym mis Mawrth, 1854, yn 36 oed, ym mynwent Llangynwyd, Morgannwg.

271. Ceir nodyn yn *Mynwenta*, Gomer M. Roberts, t. 17, ar yr englyn hwn: 'Ar garreg fedd Ifan Griffith (Ifan yr Hwper), tafarnwr a llifwr, a fu farw ym mis Tachwedd 1843; ym mynwent yr Allt-wen, Pontardawe, Morgannwg. Gwelais ef hefyd ar faen ym mynwent Llangyfelach yn yr un sir. Yn ôl Thomas Levi (*Y Traethodydd*, 1869, t. 36), Ifan Griffith ei hun a'i piau (gw. hefyd *Lloffion*, t. 25). Ond ni ellir bod yn sicr, oblegid dywed Mr Bedwyr Lewis Jones y'i ceir ar fedd Griffith Owen, Meinigwynion, m. 1796, ym mynwent hen eglwys Llanidan ym Môn (gw. *Yr Haul a'r Gangell*, Haf 1972, t. 32)'.

272. Ceir yr englyn hwn ar garreg fedd Ann Ellis, a fu farw ym 1863, ym mynwent Llangywer ym Meirionnydd.

273. Ceir hwn ar garreg fedd Catherine Rees o'r Bala, a fu farw ym 1809, ym mynwent Llanfor ym Meirionnydd.

274. Cymharer y llinell gyntaf â llinell gyntaf englyn Rhif 2. Ceir hwn ar garreg fedd Margaret, ail wraig rheithor y plwy, a fu farw ym 1793, ym mynwent Llaniestyn yn Llŷn. Gw. *Mynwenta*, t. 28, am ragor o wybodaeth.

275. Ar garreg fedd David Williams, a fu farw ym 1908, ym mynwent Llandeilo'r-fân, Brycheiniog.

276. Enid Wyn Jones oedd priod Dr Emyr Wyn Jones, Emyr Feddyg, un o brif garedigion yr Eisteddfod Genedlaethol yn ei ddydd. Bu farw yn ei chwsg ar awyren wrth iddi hi a'i gŵr ddychwelyd o Awstralia, ar ôl mynychu cynhadledd YWCA yno, ym 1967. Cyhoeddodd ei gŵr gyfrol goffa iddi, *Cyfaredd Cof* (1970). Gweler yn ogystal englyn Rhif 22.

277. Yn ôl *Gemau Gwyrfai: sef Gweithiau Barddonol a Rhyddiaethol y Diweddar Owen Williams o'r Waenfawr (Owain Gwyrfai)*, a olygwyd gan Thomas Williams (Ap Gwyrfai), 1904, ceir yr englyn hwn 'Ar fedd Thomas Evan Lloyd, o Gilgerain, a laddwyd drwy godwm o ugain llath yn chwarel Braich y Cafn, Mai 9, 1843, yn 38 mlwydd oed' ym mynwent Llandygái. Un o dri englyn yw hwn yn *Gemau Gwyrfai*. Ceir dau arall yn ei ddilyn:

Chwarel y Cae, och! oer le y Cwm – man
    A fu i mi'n orthrwm;
    A'm bri gwedi'r mawr godwm
    Yw mantell oer mewn tŷ llwm.

Ddoe dygwyd bardd o'i degwch – ddoe'n ieithydd,
    Weithion mewn tawelwch;
    Ddoe mewn nerth a phrydferthwch,
    Ddoe'n llanc, ac heddyw'n y llwch.

Cynhwyswyd yr englyn yn *Englynion Beddau Dyffryn Ogwen* (1979), J. Elwyn Hughes (gyda 'dwfnfedd' yn lle 'dyfnfedd'), gyda'r nodyn canlynol:

Ym Mynwent Llanllechid, ar fedd Morris Williams, Skerries Inn, Bangor, 'a gymerwyd ymaith trwy ddamwain, Mehefin 10, 1875, yn 57 oed.' (Dyfynnir yr englyn … yn *Pigion Englynion Fy Ngwlad* Eifionydd, (Lerpwl 1881), ond gair cyntaf y llinell gyntaf yw 'Rhodiai' ac ar ddechrau'r ail linell, ceir 'Enhuddwyd'. Uwch ben yr englyn, mae'r teitl 'Beddargraff Tad ap Morus' a chynigir 'Gwyllt Walia (?)', fel awdur posibl.)

Yn rhyfedd iawn, yn ôl *Englynion Beddau Dyffryn Ogwen* eto, nid yw'r englyn wedi ei dorri o gwbl ar garreg fedd Thomas Evan Lloyd. Nodir fod y ddau englyn arall, a ddyfynnwyd uchod, ar y garreg fedd, ond nid yr englyn 'Rhodiais ddoe mewn anrhydedd'. Yn hytrach, ceir englyn arall, cwbl wahanol, yn ei le. Dyma'r nodyn a geir gan J. Elwyn Hughes am y tri englyn:

Ym Mynwent Llandygái, ar fedd Thomas Evan Lloyd, 'o Gilgerain, bu farw drwy godwm yn Chwarel y Cae, (Chwarel y Penrhyn), Mai 9, 1843, yn 38 oed'. ('Syrthio gyda shaft' yw'r unig fanylion am y ddamwain yn un o'r llawysgrifau sydd gen i am y rhai a laddwyd yn y chwarel ond mewn llawysgrif arall yn fy meddiant, yn cynnwys rhestr gyffelyb, ceir 'syrthio gyda rhaff'. Mai 8 yw dyddiad y ddamwain yn y ddwy lawysgrif.)

Mae'n anodd deall sut y cododd y dryswch hwn gyda'r englyn, ond mae'n amlwg mai Owain Gwyrfai yw'r awdur.

278. Ceir hwn ym Mynwent Coetmor, Bethesda, ar garreg fedd Wil Parry, Gerlan, a fu farw ar Ebrill 1, 1971, arweinydd Côr Plant Dyffryn Ogwen a'r Cylch am flynyddoedd lawer.

279. Ar garreg fedd Elinor Jones ym mynwent Llanllechid y ceir yr englyn hwn. Bu farw ar Ionawr 9, 1842. Ceir yr un englyn ar feddau eraill yng Nghymru, er enghraifft, ar garreg fedd John Roberts, Cricieth, a laddwyd yng nglofa Cymer, Cwm Rhondda, ym mis Medi 1890, ym mynwent Eglwys Llanystumdwy.

Ceir hefyd englyn tebyg iddo, gyda'r un llinell glo, ar gerrig beddau, sef yr englyn canlynol, y ceir yr enghraifft gynharaf ohono, hyd y gwn i, ym 1838:

I huno cyn gweled henoes – deuthum
   Heb deithio canoloes;
  Fuaned aeth fy einioes!
  Marw fûm ym more f'oes.

280. Ceir yr englyn ar fedd Isfoel (David Jones; 1881-1968) ym mynwent Capel y Wig, Blaencelyn, Llangrannog.

289. Rhydderch Jones (1935-1987), y dramodydd a'r cynhyrchydd teledu.

292. E. Gwyndaf Evans (1913-1986), bardd, Archdderwydd a Chofiadur Gorsedd y Beirdd.

296. Ar garreg fedd Kate Thomas, Tal-y-sarn, a fu farw ym 1971, ym mynwent Macpela, Pen-y-groes.

305. Englyn a geir ar garreg fedd Evan Roberts, diacon yn eglwys Beulah, Nant yr Eira, ym mynwent y plwy, Llanerfyl. Bu farw ym 1888. Ceir ysgrif ar James Roberts (Derwenog) yn *Sylfeini* (1938), Iorwerth C. Peate.

307. Ceir yr englyn hwn ym mynwent Y Garn, Pen-y-garn, Ceredigion. Bu farw William Owen ym 1919.

309. Bu farw Elinor Mason ym 1877, a cheir yr englyn hwn ar ei beddfaen ym mynwent Capel Madog, Ceredigion.

314. Bardd ac emynydd oedd W. Rhys Nicholas (1914-1996), a'i emyn enwocaf yw 'Tydi a wnaeth y wyrth, O! Grist, Fab Duw'.

318. Cerddor, cyfieithydd a llenor oedd John Stoddart (1924-2001). Gallai siarad Gaeleg yr Alban yn rhugl ac yn fedrus, a chyfieithodd gerddi a straeon o'r Aeleg i'r Gymraeg. Ymhlith ei gyhoeddiadau y mae *Cerddi*

Gaeleg Cyfoes: Detholiad o Farddoniaeth Aeleg a Gyfansoddwyd yn Ystod y Cyfnod 1937-1982 (1986), *Awen y Gael: Blodeugerdd o Farddoniaeth Aeleg o'r Bymthegfed Ganrif hyd at Drothwy'r Rhyfel Byd Cyntaf* (1987), ac *Y Meudwy a Storïau Gaeleg Eraill* (2000). Mae'r englyn yn cyfeirio at yr hen ddefod Geltaidd o wthio corff pennaeth marw ar gwch i'r môr, er mwyn iddo gael ei gludo gan y tonnau i Annwfn neu i Ynys Afallon.

321. Ym mynwent Bwlch-y-groes, Ffostrasol.

328-334. Bu farw Anwen Tydu yn greulon o ifanc, ar Orffennaf 14, 2008. Lluniwyd yr englynion hyn er cof amdani gan ei thad.

339. Ronnie Williams oedd hanner arall yr act ddwbwl Ryan a Ronnie; comedïwr ac actor a fu farw trwy hunanladdiad ym 1997. Gweler englyn Rhif 190.

340. Englyn er cof am John Williams (1908-1992), ewythr i'r englynwr. Bardd gwlad a weithiai i Gyngor Sir Môn oedd John Williams, ac mae'r ffaith mai gweithio ar ffyrdd yr ynys a wnâi yn hanfodol o safbwynt ymateb yn llawn i'r englyn. Cyhoeddwyd cyfrol o'i waith, *Cerddi J W*, dan olygyddiaeth Derec Llwyd Morgan ym 1983.

343. Lluniwyd yr englyn hwn er cof am Graham Prosser, a laddwyd mewn damwain car yn Ne America; brodor o Lanilltud Fawr, Bro Morgannwg, a gladdwyd ym mynwent Trebefered ym Mro Morgannwg.

345. Fel hyn y ceir yr englyn ar garreg fedd Maggie, merch Thomas a Jenat Jones, Llanystumdwy, a fu farw ar Chwefror 17, 1896, yn 18 oed, ym mynwent Eglwys Llanystumdwy:

Y wyryf deg arafa di – a gwêl
   Y golofn wna'i nodi
  Nad henaint a'm clodd tani –
  Un ddeunaw oed oeddwn i.

347. Llofruddiwyd James Bulger, bachgen dwy oed o Kirkby, Lloegr, gan ddau fachgen deg oed ym 1993.

349-355. Englynion er cof am Jennie Eirian Davies (1926-1982), aelod pybyr o Blaid Cymru, Llywydd Cenedlaethol Merched y Wawr a golygydd *Y Faner* o 1979 hyd at ei marwolaeth. Ei gŵr oedd J. Eirian Davies (1918-1995), y ceir englynion ganddo yn y casgliad hwn.

358-363. Englynion er cof am Tydfor Jones (1934-1983), aelod o deulu'r Cilie. Bu farw'n annhymig mewn damwain gyda'r tractor. Cyhoeddwyd ei waith, *Rhamant a Hiwmor Tydfor*, dan olygyddiaeth ei weddw, Ann Tydfor, ym 1993.

364. Englyn er cof am bum llanc lleol a laddwyd mewn damwain fodurol ym Mlaenannerch, Ceredigion, ym mis Rhagfyr 1990.

365. Comedïwr a diddanwr poblogaidd a fu farw yn 44 oed ym mis Gorffennaf 1990 oedd Gari Williams.

366. Englyn er cof am Trebor E. Roberts (1913-1985), awdur englyn Rhif 1514 a Rhif 1850.

370-372. Cymeriad lliwgar, bohemaidd oedd Peter Davies, Goginan, a fu farw yn annhymig ym 1999.

AMRYWIOL

378. Brodor o Rostryfan oedd W. Gilbert Williams (1874-1966), ysgolfeistr wrth ei alwedigaeth. Ceir nifer o englynion o'i waith yn y flodeugerdd hon. Yn ogystal â bod yn fardd, yr oedd hefyd yn hanesydd lleol penigamp. Ceir englyn gan William Morris ar ei garreg fedd ym mynwent Cefnfaes, Rhos

Isaf, yn ymyl Rhostryfan:

Blaenor, prif lenor ei lan, – ni bu neb
　　Yn uwch yn Rhostryfan;
　Heliai i'w rwyd, hael ei ran,
　Hanes ei henfro'i hunan.

379. Englyn buddugol Eisteddfod Genedlaethol Pwllheli, 1955.

381. Ceir paladr arall, cynharach i'r englyn hwn:

Yn gynnar y bu'n gweini – i'r hen nain,
　　Rhoi'n wiw ei goleuni
　Mewn cyfnod pan oedd tlodi
　A'i lom wedd yn ei fflam hi.

382. Ceir trydedd linell arall, sef 'Syllu darn einioes allan'. Bardd o Benllyn oedd David Williams (1898-1955). Ef yw awdur yr englyn i'r 'Chwalwr Tail' y clywir ei adrodd yn fynych ar lafar gwlad yng nghylchoedd Penllyn ac Uwchaled:

Ar ôl lodio'r drol lydan – lluchia dail
　　Yn llwch du i bobman;
　Ni cheir Twm yn ei gwman
　Na'i dir mwy yn dyrrau mân.

387. Un o englynion P 313.

388. Ceir o leiaf ddau fersiwn arall o'r englyn hwn Fel hyn y'i ceir yn *Caniadau Gwili 1* (1934):

Y llong fach, gollyngaf hi – ar fynwes
　　Yr afonig Gwili;
　Mor hoyw ei llam ar y lli
　A dawns y don sy dani.

A cheir y dyddiad 1896 o dan yr englyn. Mae'r fersiwn arall, o bosibl, yn gynharach fyth:

Y llong fach ollyngaf fi – i fynwes
    Y Fenai uchelfri.
    O mor llon mae ar y lli,
    A dawns y don sy dani.

Mae'r llinell olaf yn gynghanedd bendrom.

390. Englyn buddugol Eisteddfod Genedlaethol
    Bangor a'r Cylch, 1971.

398. Englyn buddugol Eisteddfod Genedlaethol
    Aberpennar, 1905. Dylid cymharu'r englyn
    hwn ag englyn Iestyn i'r 'Allwedd':

Y swynwr yn nrws annedd – dry galon
    Dirgelwch yw'r allwedd,
    Ond dwed tir yr hir orwedd
    Na threisia byth ddrws y bedd.

399. Englyn buddugol Eisteddfod Genedlaethol
    Treorci, 1928.

402. Englyn delweddol, a'r englyn gorau, efallai,
    a luniodd Ceiriog erioed. Y mae'n fwy o
    gyfanwaith na'i englyn enwocaf, sef englyn
    Rhif 41, lle mae'r llinell olaf yn ddisgynneb
    lwyr ac anffodus, 'englyn a fuasai'n em
    ddisgleiriaf onibai amdani hi', meddai R.
    Williams Parry wrth feirniadu cystadleuaeth
    yr englyn beddargraff i Hywel Tudur yn
    Eisteddfod Genedlaethol Pwllheli ym 1925,
    gan gyfeirio at linell olaf englyn beddargraff
    Ceiriog iddo'i hun. Ac am yr englyn hwn, 'Y
    Delyn', meddai R. Williams Parry eto: 'Ar
    ddamwain y trawai'r hoel yn y mesurau
    caethion. A'i ddamwain hapusaf oedd ei
    englyn i'r delyn'. Gw. ymhellach, 'Ceiriog –
    Bardd heb ei debyg', *Rhyddiaith R. Williams
    Parry*, Golygydd: Bedwyr Lewis Jones(1974), tt.
    112-3. Gw. hefyd y nodyn ar englyn Rhif 1788.

405. Englyn buddugol Eisteddfod Genedlaethol
    Pont-y-pŵl, 1924.

406. Englyn buddugol Eisteddfod Genedlaethol
    Castell-nedd, 1918.

407. Lluniwyd yr englyn hwn, a'r englyn
    dilynol, yn rownd derfynol Ymryson y
    Beirdd Eisteddfod Wrecsam a'r Cylch ym
    1977. Dyfarnwyd y ddau'n gyd-fuddugol gan y
    beirniad, O. M. Lloyd.

419. Enillodd yr englyn campus hwn yng
    nghystadleuaeth fisol colofn farddol *Y Cymro*
    ym mis Rhagfyr, 1975, gyda'r englyn sydd yn
    ei ddilyn yn ail iddo.

426. Englyn yn cynnwys odlau Trwm ac
    Ysgafn.

440. Cymharer yr englyn hwn ag englyn Twm
    o'r Nant (Thomas Edwards; 1739-1810) i
    Gastell Cricieth. Fel hyn yr ymddengys yn
    Gardd o Gerddi (1790):

Uchelgaer uwch y weilgi, – mŷg amlwg
    A morgymlawdd dani
    Pan fu llef y cantrefi,
    Och waeddi hallt, iach oedd hi.

456. Englyn buddugol Eisteddfod Genedlaethol
    Dyffryn Conwy, 1989.

459. Englyn buddugol Eisteddfod Genedlaethol
    Llanbedr Pont Steffan, 1984.

487. Y milwr o Gymro, aelod o'r Gwarchodlu
    Cymreig, a glwyfwyd yn ddifrifol pan
    fomiwyd y llong *Sir Galahad* ar Fehefin 8,
    1982, adeg Rhyfel y Malvinas.

489. Englyn buddugol Eisteddfod Genedlaethol
    Ceredigion, 1992.

BRO, CARTREF A CHYNEFIN

490. Dyfynnir fersiwn arall o'r paladr gan
    D. Emrys Evans yn ei ysgrif 'Yr Epigram a'r
    Englyn' yn *Y Llenor*, Cyf. 1, Rhif 3, Hydref
    1922, tt. 174-5. 'Dyma hen englyn,' meddai, 'a
    edrydd yn syml swynion cyffredin bywyd,'
    gan ddyfynnu:

Ar ôl pob man, llan, a lle, – a chwrw,
    A charu merchede;
    'Nôl blino'n treiglo pob tre,
    Teg edrych tuag adre.

Ac meddai ymhellach: 'Diod a serch, crwydro a dychwelyd adre – nid oes yn yr englyn ddim aruchel, nac ychwaith ryw saernïaeth ofalus iawn; ac eto pa beth a wnâi ei swyn cartrefol ond cilio'n llwyr pan roddwyd iddo baladr newydd sy'n baldorddi am ryw leisiad (difrad) yn dychwelyd o'i ddichwain i'w addef?' Ceir troednodyn ar waelod y dudalen gan olygydd *Y Llenor*, W. J. Gruffydd, yn datgan fod 'lle i dybio bellach mai ffug diweddar ydyw'r englyn hwn a briodolir i Lawdden'. Fodd bynnag, dyma'r fersiwn mwyaf adnabyddus o'r englyn, a dyma fersiwn *Blodeugerdd Rhydychen* hefyd.

dichwain: damwain, ffawd, digwyddiad

491. Dyfarnwyd yr englyn hwn, yn ogystal ag englyn 497, yn gyd-fuddugol yn Eisteddfod Genedlaethol Abertawe, 1926.

492. *oeryn*: trist, truan

llyna: dyna

494. Un arall o Phylipiaid Ardudwy oedd Rhisiart Phylip, a fu farw ym 1641. Yr oedd yn byw yn Llanuwchllyn erbyn diwedd ei oes, ac yno, fe ddywedir, y claddwyd ef.

m'fi: myfi

499. Englyn buddugol Eisteddfod Genedlaethol Bangor, 1943.

501. Dyfarnwyd yr englyn hwn yn ail i englyn 502 yn Eisteddfod Genedlaethol Aberteifi ym 1942.

517. Agorwyd Neuadd Goffa Mynytho yn Llŷn ar Dachwedd 30, 1935. Roedd dosbarth nos ar lenyddiaeth Gymraeg gan R. Williams Parry yno. Darllenodd yr englyn enwog hwn yn y cyfarfod agoriadol.

519. Noddwr Dafydd ap Gwilym oedd Ifor Hael; canodd Dafydd lawer o gerddi iddo, yn awdlau a chywyddau. Ceir disgrifiad o'r llys adfeiliedig gan Iolo Morganwg yn ei lythyr at Owain Myfyr, Awst 8, 1784:

Yr wyf yn awr yn ysgrifennu attad o fann ag yr wyf yn ei ystyried yn fath o dir cysegredig. hwnn yw'r tir a droediwyd arno gan Ddafydd ap Gwilym, Morfydd, Ifor Hael a Nest wiwgoeth, wenddoeth, wynddaint, ar hyd lann afon Ebwy, sef afon Maeshaleg, Dolau Pant cwcwll, neu yn ag ym min y coedydd ceinwedd a ddringant y mân frynniau o gylch y wlad yma. y prydawdd y melus Eosfardd lawer iawn o'i gywyddau pereiddfwyn. Gwern y Cleppau yw un o'r tai a breswyliai Ifor yn ei amser: y mae yn awr yn garnedd, ambell ddarn o'r muriau yn lled-sefyll ag eiddew yn eu mantellu ag ynddo dyllau'r dylluanod a'r ystlymynod ag ymmhith y Carneddau isod y mieri'n tyfu a'r Llwynogod yn daeru …

521. Ceir gwall amlwg yn yr englyn hwn eto, sef defnyddio'r un brifodl ddwywaith; ceir hefyd y darlleniad hwn:

Mwy echrys fod ei lys lân
Yn lleoedd i'r dylluan.

523-528. Darlleniad Thomas Parry o'r englynion a geir yma, sef darlleniad *Blodeugerdd Rhydychen*, hwnnw yn seiliedig ar ddarlleniad *Telyn Dewi*, casgliad o gerddi'r bardd a'r ysgolfeistr David Davis (1745-1827), a gyhoeddwyd ym 1824.

529-532. Un arall o Phylipiaid Ardudwy oedd Wiliam Phylip (1579/80?-1669/70), a'i gartref oedd Hendre Fechan, ym mhlwy Llanddwywe, Meirion.

549. Englyn buddugol Eisteddfod Genedlaethol Dinbych, 1939.

556–562. Enillodd y gadwyn hon yn Eisteddfod Genedlaethol Caergybi, 1927, gyda'r Athro J. Lloyd Jones a'r Athro John Morris-Jones yn beirniadu.

571. Englyn buddugol Eisteddfod Genedlaethol Caernarfon, 1935.

573. Ceir hefyd, rhwng y cyrch a'r ail linell, yr amrywiad 'yn gyfan/O gyfoeth symlrwydd'.

583. Lluniwyd yr englyn hwn mewn ymryson arbennig a gynhaliwyd adeg Gŵyl yr Urdd, 1954, yn Nhregaron, gyda T. H. Parry-Williams yn beirniadu.

585. Cefais nodyn diddorol ynglŷn â'r englyn hwn gan Gwilym Parri Huws, Bae Colwyn. Dywedodd fod ganddo gopi o'r englyn yn llawysgrif Ioan Machreth ei hunan, ac yn ôl y copi hwn, 'Yw bro annwyl y bryniau' a geir fel llinell glo.

∽

BYWYD

594. Ceir yr englyn hwn yn awdl Gwilym Eryri (William Roberts; 1844–95?), 'Ieuenctid'.

598. Brodor o Landdeiniolen, Gwynedd, oedd Dewi Dinorwig (David Price; 1804–1874), gweinidog gyda'r Annibynwyr a llenor. Ymfudodd i America ym 1857, a bu farw yno. Mae'r englyn enwog hwn yn rhan o gyfres o englynion sy'n adrodd ei brofiad ac yn mynegi ei hiraeth ar derfyn ei oes yn America. Rhagflaenir yr englyn hwn gan y tri a ganlyn:

Rwyf yn sâl a digalon – o achos
    Afiechyd fy nwyfron;
Troes yn sur fy nghysuron
O ddŵr hallt y ddaear hon.

Yn ddi-nag, byth yn rhagor – ni welaf
    Hen Walia, iach oror;
Nid doeth i mi deithio môr,
Na, llechaf o'r naill ochor.

Mae fy nhaith a'm gwaith i gyd – yn dawel,
    A diwedd fy mywyd
Bron ar ben, dyma'r ennyd
Af innau o boenau byd.

Dywedodd D. Emrys Evans hyn am yr englyn yn ei ysgrif 'Yr Epigram a'r Englyn', gan gyfeirio yn y frawddeg agoriadol at *Blodeuglwm o Englynion*, W. J. Gruffydd:

Y mae gwagedd bywyd yn yr englynion hefyd; a chyfansoddodd Dewi Dinorwig englyn a haeddai le yn unrhyw ddetholiad. Rhed anesmwythyd blin clefyd y *taedium vitae* drwy ei linellau diamynedd, ac yna daw'r cyfuniad disglair yn nymuniad y llinell olaf, fel fflach a deifl ei olau'n ôl dros yr holl bennill.

599. Ceir anghysondeb yn y defnydd a wneir o'r gair 'marw', a gyfrifir yn unsill a deusill, yn yr englyn rhagorol hwn.

613. Mae'r llinell gyntaf yn rhy hir o sillaf, a cheir yr un brifodl yma ddwywaith, sef 'cyfoeth' yn y llinell gyntaf a'r drydedd.

615. Ceir odl amherffaith yn y llinell gyntaf.

622. *diadwedd*: annychwel, heb obaith dychwelyd

625. *anardd*: an+hardd: hagr, hyll

627. Priodolir hwn i Raff ap Robert yn *Y Gelfyddyd Gwta*, a dyna'r fersiwn a gynhwysir yma; fe'i priodolir i Wiliam Llŷn yn *Englynion a Chywyddau* Aneirin Talfan Davies (1958), lle ceir peth amrywiad, sef 'Dyna beth a welir' yn yr ail linell.

628. *madws*: amser cyfaddas, llawn bryd

640. Cymharer y drydedd linell â llinell olaf englyn Rhif 1706.

641. Bardd ac uchelwr o Rigos yng ngogledd Morgannwg oedd Tomas Llywelyn neu

Tomas ap Llywelyn ap Dafydd ap Hywel (bl. tua 1580-1610).

642. Un o englynion P 313 yw'r englyn rhagorol hwn.

643. Dewi Emrys biau'r drydedd linell. Y llinell wreiddiol oedd 'Pethau gwadd yn lladd eu llyw', ond newidiodd Dewi Emrys hi yn Y Babell Awen, *Y Cymro*, Chwefror 23, 1945.

644. Dywedodd R. Williams Parry hyn am Syr John Morris-Jones yn *Y Brython*, 2 Mai, 1929: 'Am ei farddoniaeth, i'm tyb i ni phlethwyd erioed berffeithiach englyn na'i englyn ef i 'Henaint'.'

646. Roedd Guto'r Glyn yn ddall ac yn fyddar erbyn diwedd ei oes.

ni wŷl: ni wêl

647. Yn ôl erthygl Enid P. Roberts, 'Siôn Tudur', yn *Llên Cymru*, Cyf. 11, Rhif 2, Gorffennaf 1952, Siôn Tudur yw awdur yr englyn hwn, a dyfynnir y fersiwn a ganlyn ganddi, sef darlleniad NLW 11, 993 A:

Aeth Henaint â'm braint a'm brig – a lwydodd,
　　Fy 'lodau sy' ysig;
　Yr wyf fel pren gwyrennig
　Ar fryn wedi gwyro'i frig.

Yn ôl *The Poetical Works of Dafydd Nanmor*, Golygyddion: Thomas Roberts ac Ifor Williams (1923), Dafydd Nanmor yw'r awdur, a dyma'r englyn fel y'i ceir yn y gyfrol, sef darlleniad CC 250, sydd yn ddarlleniad lled-wallus:

Henaint aeth â'm braint, a'm brig – a lwydodd,
　　A'm aelodau s'ystig.
　Diffaith iw pren gwyredig
　Yn ei fôn, pan grino ei frig.

Erys peth amheuaeth ynghylch ei awduriaeth.

gwyrennig: ir, ffrwythlon

649. P 313 eto.

652. Rhan o gyfres gyffesol yn dwyn y teitl 'Addef ac Ymbil' yw'r englyn hwn. Bardd o Flaenau Ffestiniog oedd Elfyn (Robert Owen Hughes; 1858-1919).

662. Un o englynion P 313.

gantho: ganddo

663. T. Gwynn Jones biau'r llinell gyntaf.

669-680. Cadwyn agoriadol awdl 'Y Gaeaf', awdl fuddugol Eisteddfod Genedlaethol Rhydaman, 1922.

671. *glesin*: tywarchen

685. Englyn buddugol Eisteddfod Genedlaethol Meirion a'r Cyffiniau, 2009.

◠

CYFEDDACH A CHYFEILLACH

709. Un o englynion NLW 356 B.

telyn rawn: gwneid tannau gyda rhawn ceffyl hyd at y bedwaredd ganrif ar ddeg. Yn y bedwaredd ganrif ar ddeg digwyddodd newid pwysig yn hanes y delyn yng Nghymru, fel y dywed Richard Llwyd yn ei *The Poetical Works of Richard Llwyd, The Bard of Snowdon, comprising Beaumaris Bay … with a Portrait and a Memoir of the Author* (1837):

In the time of this bard [Dafydd ap Gwilym] a great revolution happened in British music: the twisted horse-hair string … was discarded for the more sonorous cat-gut …

712. Yn ôl CM 14, lluniwyd yr englyn hwn ym 1726. Bardd, ysgolhaig a noddwr llên oedd Lewis Morris neu 'Lewelyn Ddu o Fôn' (1701-1765).

713. Englyn buddugol Eisteddfod Genedlaethol Aberafan, 1932.

715. Un o englynion P 313.

wtresa: wtresu: gwledda, cyfeddach, afradloni, caru'n wyllt

716. Un o englynion P 313. Y mae'r llinell gyntaf sillaf yn rhy hir fel ag y mae, ond o gywasgu 'yr ydwyf yn 'rydwyf' gellid cael cywirdeb. Ceir odl dwyllodrus ynddo hefyd, sef 'id' ac 'ig'.

dilid: dilyn

718. P 313 eto. Y mae'r llinell gyntaf sillaf yn rhy hir.

germain: gweiddi, nadu, cadw sŵn

719-725. Rhan gyntaf awdl Dafydd Nanmor (bl. 1450-90) i Rys ap Maredudd o'r Tywyn yng Ngheredigion yw'r englynion hyn.

722. *i mewn*: o fewn, mewn

725. *paement*: tâl, S. *payment*

∽

DOETHINEB, GWARINEB, GWIRIONEDD

730. Aralleiriad yw'r englyn hwn o linellau gan Shakespeare, o *King John*, sef y llinellau a ganlyn:

To gild refined gold, to paint the lily,
To throw a perfume on the violet,
To smooth the ice, or add another hue
Unto the rainbow, or with taper-light
To seek the beauteous eye of heaven to garnish,
Is wasteful and ridiculous excess.

731. Dynwarediad yw'r englyn hwn o linell gan John Milton yn *Paradise Lost*, sef 'Better to reign in Hell than serve in Heaven', ond bod

Gwenallt yn gwrth-ddweud llinell Milton.

732. *'mogelwch*: gochelwch rhag

734. 'Magiad grechweniad gwreichionen, – llesg yw' a geir ym Mlodeuglwm W. J. Gruffydd, ond y mae'r gynghanedd yn yfflon fel yna. Fel hyn, wedyn, y ceir yr englyn yn *Ceinion Llenyddiaeth Gymreig*, Golygydd: Owen Jones, Hanner Cyflyfr II (1875):

Magiad, cychwyniad gwreichionen – 'wyllysgar
　A all losgi'r nen-bren;
Achos bach, â chas o'i ben,
Ganwaith yw mam y gynnen.

Ac fe'i priodolir i Ruffudd Leiaf, bardd o'r bymthegfed ganrif, brodor o Sir Ddinbych.

736. Bardd, englynwr ac emynydd o Lanbryn-mair oedd Gwilym Cyfeiliog (William Williams; 1801-1876). Ef yw awdur yr emyn adnabyddus 'Caed trefn i faddau pechod yn yr Iawn'.

740. Cymharer y llinell olaf â llinell olaf englyn Rhif 747.

gordderchu: caru, cydgaru; llithio, hudo; puteinio, godinebu, anlladu

742. Priodolir yr englyn hwn mewn rhai llawysgrifau i Owain Gwynedd, bardd a flodeuodd tua 1545-1601, ac a raddiodd yn Bencerdd yn Eisteddfod Caerwys, 1568.

743. Englyn ac ynddo wall, sef defnyddio'r un gair fel prifodl ddwywaith.

prudd: doeth

744. Priodolir yr englyn hwn i Dudur Aled yn *Y Gelfyddyd Gwta*, ac fel hyn y'i ceir yno:

O'r swyddau, diau, lle deuir – i'r byd,
    Gorau bod yn gywir;
    Ni freinia nef yr anwir,
    Ni fyn Duw gwyn ond y gwir.

745. *ysmoneth*: hwsmonaeth

746. Yr oedd dau fardd yn dwyn yr enw Ieuan Tew, sef Ieuan Tew Hynaf neu Hen (bl. 1400-1440), ac Ieuan Tew Ieuaf neu Ieuanc (bl. 1560-1608). Mae'n anodd gwahaniaethu rhwng y naill a'r llall yn aml.

cerlyn: taeog, carl, gŵr sarrug

751-754. Ceir Englynion y Trioedd yn P 313.

752. Cymharer â'r llinellau a ganlyn o gywydd Siôn Cent 'Y Saith Bechod Marwol':

Tri gelyn i ddyn a ddaw
I roi dull ar ei dwyllaw:
Yr anysbryd, a'r byd bas,
Y cnawd, swyddog cnwd Suddas.

Ceir 'r' wreiddgoll yn y llinell olaf.

754. *disio*: chwarae dis

755. P 313 eto.

760. Anwybyddir y gytsain 'f' yn y llinell gyntaf.

766. *goganu*: dychanu, gwawdio, gwatwar, difrïo

❧
ENGLYNION CREFYDDOL

792. Un o englynion P 313. Cymharer y llinell olaf â llinell gyntaf yr englyn blaenorol.

801. Dylid sylwi ar y cyd-drawiad a geir yn llinell gyntaf yr englyn hwn a llinell gyntaf yr englyn canlynol, o waith Twynog (T. Twynog Jeffreys; 1844-1911):

'Y GAIR A WNAETHPWYD YN GNAWD'

Duw mewn cnawd yn dlawd ei lun, – ac o Iôr
    Yn gywiraf ddarlun;
    A gwarth eneidiau gwrthun
    Yn rhoi ei nod arno'i hun.

802. Ceir hwn yn ei 'Awdl i'r Grog', a geir yn llawysgrif Gwyneddon 3, a gopïwyd ac a olygwyd gan Ifor Williams (1931). Bardd ac uchelwr a oedd yn byw yn Llannerch, Llewenni Fechan, ger Llanelwy, oedd Gruffudd ab Ieuan ap Llywelyn Fychan (c. 1485-1553).

a gad: amhers. gorff. y ferf cael

819. Allan o 'Awdl i'r Grog' unwaith eto.

murn: trosedd, niwed

827. *Balthasar*: yr enw a roddodd traddodiad ar un o'r Doethion

828. *Ystwyll*: adeg ymweliad y Doethion â'r baban Iesu, y deuddegfed dydd wedi'r Nadolig; *Epiphany*

hydr: cryf, cadarn; dewr; buddugoliaethus

Iesus: Iesu

Iaspart: un o'r Doethion

829. *Melchior*: un o'r Doethion

eurior: aur+iôr: arglwydd urddasol

gofeg: meddwl, synnwyr; bwriad, amcan, ewyllys

Ioseb: Joseff

tus: thus

dawn teg: 'dawn' yn yr ystyr o rodd; gwrywaidd yn y Canol Oesoedd

830. *durbar*: pâr dur: steel lance

dewrbor: arglwydd dewr

eurwart: gwarchodwr cadarn, amddiffynnydd, noddwr hael

831. *doeth*: daeth

841. Ceir y gwall o ddefnyddio'r un gair fel prifodl ddwywaith yn yr englyn dwys, hyfryd hwn. Un o englynion P 313.

842. *Siesus*: Iesu

gwryd: yr hyd o un llaw i'r llall pan fo'r breichiau ar led

pymoes: pumoes. Rhennid oed y byd yn bum cyfnod cyn dyfodiad Crist, sef, a chymryd un rhaniad: (1) O'r Creu hyd Noa; (2) O Noa hyd Abraham; (3) O Abraham hyd Foses; (4) O Foses hyd Ddafydd; (5) O Ddafydd hyd Grist. Ceir hefyd 'chwe oes byd' yn yr hen ganu, a'r chweched oes yw'r cyfnod ar ôl dyfodiad Crist.

843. Y mae'r drydedd linell yn wythsill o hyd.

845. Ceir trydedd linell wahanol yn *Golud yr Oes*, Cyf. 1, Ionawr, 1863, t. 145, sef 'Gem purach, tecach wyt ti'. Fersiwn *Pigion Englynion fy Ngwlad* a geir yma.

848. Ceir Twyll Gynghanedd yn y llinell olaf, a chyrch anghyflawn ei gyfatebiaeth, yn ôl ein rheolau ni heddiw.

llysu: rhoi o'r neilltu, gwarafun, atal

857. Ceir yr englyn hwn yn awdl Rolant Jones, 'Y Porthladdoedd Prydferth'.

887. Alpha neu Alffa yw'r llythyren gyntaf yn yr wyddor Roeg, ac Omega yw'r olaf: cynrychiolant felly y cyntaf a'r olaf, y dechrau a'r diwedd. Cf. Dat. 22:13: 'Myfi yw Alffa ac Omega, y dechrau a'r diwedd, y cyntaf a'r

diweddaf'. Cf. englyn Rhif 895.

Marïa: Mair

888. *ni'm cair*: ni'm ceir

891. *grasus*: graslon. Cf. 'I Iesu Grist', Dafydd ap Gwilym:

Eisoes, er y groes, grasus – fu'r diwedd,
　Dy ddianc o'r bedd, medd Mathëus.

893. *a gredasam*: a gredasom. Hen derfyniad y person cyntaf, lluosog, gorff. yn y modd mynegol.

Noe: Noa

899. *pum gweli*: archollion Crist ar y croesbren

gloywlythr: llythrennau gloyw, disglair: cyfeirio at yr Efengyl, Y Gair

901. *euryn*: tlws aur

cylchlyn: yn llythrennol, diod a rennid rhwng cwmni mewn gwledd

ynn: inni

910. Nid yw'r llinell gyntaf yn gwbl dderbyniol o safbwynt cynghanedd. Dylid ateb y cyfuniad b+b gyda'r gytsain 'p'.

918. *erglyw*: gwrandawa

919. Lluniwyd yr englyn enwog hwn ym mis Rhagfyr 1941. Enillodd y wobr gyntaf yn 'Steddfod y Llawr Dyrnu, Y Sarnau, nos Galan, 1942, gydag Ifan Rowlands, y Gistfaen (awdur englyn Rhif 506), yn beirniadu, ond bu ychydig dolli ar y wobr gan nad oedd y buddugwr yn bresennol! Daeth yn boblogaidd wedi iddo ymddangos yn *Yr Athro*, ac fe'i defnyddiwyd ef yn y ffilm *The Last Days of Dolwyn*, a wnaethpwyd yn Rhydymain, nid nepell o Ddolgellau, gan Emlyn Williams.

922. Mae'r llinell gyntaf yn rhy hir. Un o englynion P 313.

923. Roedd awdur yr englyn hwn, Bob Roberts Tai'r Felin (1870-1951), yn fwy enwog fel baledwr.

926-934. Seiliwyd yr englynion hyn ar emyn Lladin a gyfansoddwyd, fe dybir, yn hanner cyntaf y bedwaredd ganrif ar ddeg. Gw. ymhellach *Gwaith Dafydd ap Gwilym*, Golygydd: Thomas Parry, tt. 433-4.

928. Dylid cysylltu 'rhag yn drist' â 'Fy neol a'm colli'.

deol: alltudio

929. *dilwfr*: dewr

gweli: clwyf

cynhelwi: amddiffyn, arddel

cyllawl: yn ôl Thomas Parry: 'Tebyg mai tarddair o cwll ydyw', sef 'bron', 'mynwes'.

932. Nid oes cynghanedd yn y cyrch.

mwndi: y byd

tawl: pall, prinder

941. Lluniodd Robert ap Gwilym Ddu ddau englyn i'r perwyl o roi un uwchben Capel Bethesda, Rhos-lan. Mewn llythyr at Siôn Lleyn, a ddyfynnir yn *Golud yr Oes*, Cyf. II, 1864, t. 118, mae'n dyfynnu'r englyn arall, 'a wnaethym,' meddai, 'ar ddymuniad y seiri, i'w osod ar lech, i'w roddi uwchben drws capel Rhoslan, a elwir Bethesda …' Dyma'r englyn:

Bethesda, yma hir amod – aros
    Yn dirion breswylfod
    I enw Naf, egluraf glod,
    Drwy oesoedd daear isod.

953. Yn ôl *Huw Morus (Eos Ceiriog) Ei Fywyd a'i Waith*, Golygydd T. R. Roberts (Asaph), a gyhoeddwyd ym 1910, englyn 'I Ŵr Anffoddlonus' (*sic*) yw hwn, ac fe'i priodolir i Eos Ceiriog, ac yn y gyfrol honno, 'Odid un a'i dymunodd' yw'r drydedd linell.

954. *cyweth*: cyfoeth

956. Gŵr diwyd ryfedcol oedd Llew Llwyfo (Lewis William Lewis; 1831-1901), bardd, nofelydd a newyddiadurwr a aned ym mhentref Pen-sarn, Llanwenllwyfo, Môn.

963. *arail*: gofalu am, gwarchod

964. *detry*: 3ydd unigol, pres., modd mynegol datroi, datro: troi'n ôl, dychwelyd, peri dychwelyd, newid, dymchwelyd. Cf. Diar 15:1: 'Ateb arafaidd a ddetry lid'.

967. Ceir yr englyn hwn yn awdl Tafolog (Richard Davies; 1830-1904), 'Nid Duw ond dim: nid dim ond Duw', a luniwyd ym 1859.

968. Englyn a welir yn aml iawn ar gerrig beddau. Ceir hefyd 'ac anadl' yn lle 'cu anadl' yn y cyrch, ac er bod hynny'n gywirach o safbwynt cynghanedd, mae'n sicr mai 'cu anadl' a geir yn yr englyn gwreiddiol. Enw iawn Gwilym Callestr oedd William Edwards (1790-1855).

978. *Siob*: Job

979. *euro llaw*: llwgrwobrwyo

984. *trŵn*: yn llythrennol, ystyr trŵn yw marchnadfa, marchnad neu orsedd. Mae'n debyg mai nefoedd yw ei ystyr yma, sef gorsedd Duw, cf. Lewys Môn:

a'r haul yn y trŵn a'r heli'n y traeth

    Ac eto:

Ys da ffydd, – nis diffoddwn –
ynot a roed, oen y trŵn.

986. *diddos*: cysgod, clydwch

989. Nid englyn unodl union mo hwn ond
englyn proest cyfnewidiog. Bu raid ei gynnwys
gan ei fod yn cloi'r gyfres hon mor gryno
berffaith.

990. *difant*: diddymiant, difodiad, diflaniad

991. *orn*: cabl, bai, braw

994. *Awstin*: Awstin Sant (354-430 OC), yr
enwocaf o'r Tadau Lladinaidd. Ysgrifennodd
Awstin yn helaeth ar natur Duw a'r Drindod
yn ei *De Trinitate*. Cyfeiria Beirdd yr
Uchelwyr yn fynych ato.

995. Cymharer y llinell olaf â llinell olaf englyn
Edward Harker, 'Yr Iesu':

Yr Iesu yw fy nhrysor – i'm noddi,
     Mae'n addas ei gyngor;
Ei air i mi ar y môr
A'i Efengyl yw f'angor.

997. Llinell enwog iawn yw'r llinell olaf. Bardd
o Benllyn oedd Robert Williams o'r Pandy
(1744-1815).

ENGLYNION SERCH

1007. Y mae'r llinell olaf sillaf yn rhy hir.

1009. *dyn*: gallai 'dyn' olygu merch yn ogystal
yn y Canol Oesoedd

1010. *Gwen*: Enw traddodiadol ar ferch
ym marddoniaeth y Cywyddwyr ac yn
englynion yr unfed ganrif ar bymtheg. Gellir
cymryd 'gwen' yn englynion yr unfed ganrif
ar bymtheg un ai fel ansoddair neu enw
personol.

1011. *cryfdwr*: cryfder

helynt: taith, hynt, rhawd

1012. *dygwyl Ieuan*: dygwyl Ieuan Efengylwr,
un ai ar Fai 6 neu Ragfyr 27. Cf. Dafydd ab
Edmwnd:

Doe gwelais ddyn lednais, lân,
Deg o liw, Dygwyl Ieuan.

tyrs: ffaglau. Cf. 'Y Seren', Dafydd ap Gwilym:

Na dwyn o'm blaen danllestri,
Na thyrs cwyr, pan fo hwyr hi.

1013. Bardd o'r hen sir Ddinbych y mae'n debyg
oedd Rosier neu Roger Cyffin (bl. 1587-1609).

gwers: pennill; tro, gwaith

1017. *cofus*: cofiadwy

cyfoed: o'r un oedran â'r bardd efallai

1018. *iad*: copa, corun, pen

1020. *dieneidiaw*: llwyr ddigalonni

1023. Nid yw'r llinell olaf yn gywir. Cymerwyd
yr 'r' a'r 'n' yn wreiddgoll.

1024. Bardd o Lanystumdwy, Gwynedd, oedd
Owen Gruffydd (c. 1643-1730). Ef oedd un o
brif gynheiliaid y Traddodiad Barddol yng
Ngwynedd yn yr ail ganrif ar bymtheg a'r
ddeunawfed ganrif. Sylwer ar y modd y mae'r
un gair yn gweithredu fel prifodl yn y llinell
gyntaf a'r olaf.

1025. Cynghanedd Groes gyflawn a chywir a
geir yn y llinell olaf, o anwybyddu'r gytsain
'f', yn hytrach na chynghanedd wreiddgoll.

1027. *rhifo*: cyfrif, synio am

1029. *Olwen*: merch Ysbaddaden Bencawr yn chwedl Culhwch ac Olwen; cyfystyr â thegwch delfrydol.

1030. *iwch*: ichwi

1031. *lledrad*: lladrad

goddau: amcan, bwriad

1033. Mae'r drydedd linell yn rhy hir o sillaf, a cheir yr un gair yn gweithredu fel prifodl yn y llinell gyntaf a'r olaf.

1035. *dioesi*: amddifadu o fywyd, dwyn bywyd

1037. *plâd*: o'r S. *plate*

1038. Nid oedd yr hen feirdd yn ateb y cytseiniaid cyntaf yn y cyrch bob tro; felly yma.

ymannerch â mi: fy nghyfarch, fy nghroesawu

1039. Mae'r llinell gyntaf yn rhy hir o sillaf.

1040. Mae'r gytsain 'm' yn wreiddgoll yn y drydedd linell.

1043. Un o englynion P 313. Mae'r llinell olaf i'w chael yng nghanu Lewys Môn hefyd, yn ei gywydd 'Ymryson Ynghylch Merch':

Dof yngod – nid wyf angall – er hyn, gwen – mae rhai yn gall …

1045. Un o englynion P 313 eto.

1046. *dirwy*: cosb, penyd; ergyd

1047. Mae'r llinell gyntaf yn rhy hir o sillaf.

1048. Ceir yr un gair yn gweithredu fel prifodl yn y llinell olaf a'r ail linell.

neithwyr: neithiwr

1049. Ceir proest i'r odl yn y llinell gyntaf. Sangiad yw 'gwiwsyth ged', sydd yn ymylu ar fod yn ymadrodd llanw.

1050. Mae'r llafariaid ar ddiwedd y brifodl ac ar ddechrau'r cyrch yn ymdoddi i'w gilydd, felly decsill yw hyd y llinell gyntaf.

1053. *cul*: awgrym fod y bardd yn nychu ac yn edwino o achos ei gariadferch

Celi: Duw, Arglwydd

1054. *sor*: digofaint, llid, dicter

1056. Defnyddir yr un gair fel prifodl ddwywaith yn yr englyn hwn eto.

1057. *Seiriol*: sant y cyfeirir ato'n fynych yng nghanu Beirdd yr Uchelwyr. Enwir Ynys Seiriol ar gwr Môn ar ei ôl ef. Sylwer unwaith eto ar gyfatebiaeth y cyrch.

1058. *dieithrawl*: dieithrol, dieithriol, sef dieithr, anghynefin, anghyfarwydd

1059. Un o englynion M 131, sef casgliad o englynion yn llaw John Jones, Gellilyfdy. Cymharer yr englyn â chwpled olaf 'Merch yn Ymbincio', Dafydd ap Gwilym:

Gwell wyd mewn pais wenllwyd wiw Nog iarlles mewn gwisg eurlliw.

Cymharer hefyd â chwpled agoriadol y cywydd 'Mis Mai' gan Robin Ddu (?):

Y fun well ei llun a'i lliw No'r iarlles ŵn o'r eurlliw.

Sylwer ar gyfatebiaeth y cyrch.

Non: mam Dewi Sant

1061. Priodolir yr englyn hwn i Siôn Tudur yn NLW 356 B. Ceir cynghanedd Sain odl ddwbl ymhob llinell.

1065. Y mae'r gytsain gyntaf yn y cyrch yn ddigyfatebiaeth unwaith eto. Un o englynion P 313.

Cred: y byd Cristnogol

1066. Yn ôl W. J. Gruffydd: 'Efelychiad yw'r englyn hwn o ran o gerdd Catullus *Vivamus, mea Lesbia, atque amemus*'.

1067. Awgrym y sangiad 'mewn braint a bri' yw mai teulu o dras uchelwrol yw ceraint y ferch.

1068-1070. Ffynhonnell yr englynion hyn yw M 131. Yn y llawysgrif, 'pereiddfin' a geir. Gan dybio mai gwall a achoswyd gan ail elfen y gair cyfansawdd 'deufin' oedd hyn, newidiais y gair i 'pereiddwin', i lunio cynghanedd fwy boddhaol a chywirach. Ond mae dau air cyfansawdd gyda 'min' yn ail elfen iddynt yn taro'n chwithig braidd, ac mae 'pereiddwin' yn gyson â'r ddelweddaeth a geir yma.

1068. *gwyndal*: talcen gwyn, arlais wen

iesin: prydferth

1069. Y mae'r drydedd linell yn anghywir ei chynghanedd. Ceir cyfatebiaeth gyflawn rhwng 'bun' ac 'ymhob ynys', ond mae'r cytseiniaid yn 'glana' ' heb eu hateb.

1070. Nid yw'r gynghanedd rhwng y cyrch a'r ail linell yn gwbl gywir, oherwydd bod 'n' yn ateb 'm'. Ceir cyfatebiaeth anfoddhaol yn y drydedd linell yn ogystal.

pynciau: nodau cerddorol

1074. Yn ôl M 131, 'Kynrig Hanmer pan oedd yn Ffraingk yn ryfela'.

Twrne: Tournai yn Ffrainc

ffairwych: harddwych

Terwyn: Therouanne

1079. Cymharer yr esgyll ag esgyll englyn Rhif 1015. O lawysgrif P 313 y cafwyd yr englynion hyn i 'Lowri'. Tynnais englyn 1015 allan o *Y Gelfyddyd Gwta*. Nodir y ffynhonnell yno.

1080. Un arall o englynion M 131.

ymwasg: torf, mintai, byddin

1089. Y mae'r gytsain 's' heb ei hateb yn y cyrch.

1093. *sud*: sut, modd, ymarweddiad

1094. *cocatresys*: o'r S. *cockatrice*. Anifail chwedlonol a chanddo ben ac adenydd a thraed ceiliog a chynffon sarff oedd y cocatris. Byddai cael cip ar wyneb yr anghenfil hwn un waith yn unig yn ddigon i achosi marwolaeth yn syth. Cf. y Ficer Prichard:

Ac fel Coccatris gwenwynllyd
Yn ddi-sôn yn dwyn eu bywyd.

Yn ôl y bardd, mae edrych ar wyneb Catrin Rhys yn beryclach nag edrych ar 'gocatreysys'.

1095. *Parys*: Paris, mab Priam, brenin Caer Droea, yn ôl chwedloniaeth Roegaidd

Tröylys: Troelus, un arall o feibion Priam

Tro: Caer Droea, *Troy*

Ffynhonnell yr englynion yw NLW 356 B.

1098. *y baud*: y bait

1099. *o genedl fonheddig*: o dras uchelwrol

1100. *fel rhyw garreg*: fel rhyw faen gwerthfawr

NLW 356 B yw ffynhonnell yr englynion hyn eto.

1101. *botmon*: cychwr

1103. *Ffynnon Wenfrewy*: Ffynnon Gwenfrewi

    Dŵr Donwy: 'dŵr danwy' a geir yn y llawysgrif, sef NLW 356 B, ond o gofio am gwpled Guto'r Glyn yn ei gywydd 'Moliant i Siân Gwraig Syr Siôn Bwrch', sef y cwpled hwn –

Dŵr Donwy Gwenfrewy fro,
Da yw rhinwedd dŵr honno …

    mae'n amlwg mai 'Dŵr Donwy' sydd gywir.

1105. *Anna*: mam y Forwyn Fair, yn ôl traddodiad. Cf.:

I Anna, merch a aned,
A honno yw Mair, crair Cred.

    Mae'n fwy na phosibl mai Gruffudd ab Ieuan ap Llywelyn Fychan, y bardd o Lewenni Fechan, yn ymyl Llanelwy, yw'r Gruffudd ab Ifan hwn.

1106. *Caer Lleon Gawr*: Caer, Chester

Cwyntri: Coventry

Windsawr: Windsor

Maelawr: Maelor

    demaens: o'r S. *demesne*, a'r Saesneg yn tarddu o'r Hen Ffrangeg, *demeine*, ac o'r Lladin, *dominium*, sef ystâd, tir, tir y maenordy

1108. *ymbwyo*: ymdaro

    Gwan Tuchanfryw: yr hyn y mae'r bardd yn ei alw'i hun, mae'n debyg, yn ei nych a'i ddigalondid o fethu ag ennill serch Blaens

1109. *Luned*: llawforwyn Iarlles y Ffynnon yn y chwedl oedd Luned. Cf. 'Y Llw', Dafydd ap Gwilym:

Eleni, bun ail Luned,
Oroen crair; oeryn a'i cred.

breg: twyll, rhwyg

Teigr: llysenw'r bardd ar dad y ferch

1110. *Urien*: Urien Rheged, y canodd Taliesin iddo.

1112. Ceir camosodiad yn y llinell olaf.

1113. Mae'r llinell gyntaf yn rhy hir o sillaf.

1115. Cymerir 'Teigr' yn ddeusill yma, yn ogystal â 'hagr' yn yr ail linell.

1116. *Eigr*: merch Amlawdd Wledig, a gwraig Gorlois, Iarll Cernyw; yn ôl *Brut* Sieffre o Fynwy, ac yn ôl traddodiad, hi oedd mam Arthur. Cyfeirir yn fynych ati yng nghanu Beirdd yr Uchelwyr, cf., er enghraifft, 'Amau ar Gam', Dafydd ap Gwilym:

Yr hwn, a wn o'i eni,
Nith Eigr deg, ni'th ddigar di.

1117. Ceir chwarae hyfryd ar eiriau yn yr englyn hwn: 'yn fynych'/'tra fynnych'.

1118. Nid yw'r llinell gyntaf yn gwbl foddhaol o safbwynt cynghanedd: dylid ateb y ddwy 'd' yn 'fynd drosti' gyda'r gytsain 't' neu galediad cyffelyb.

1119. Mae'r llinell gyntaf yn rhy hir o sillaf.

❧

EIN HIAITH, EIN CENEDL, EIN HIL

1139-1141. Ceir yr englynion hyn yn awdl Brynfab (Thomas Williams; 1848-1927), 'Gwlad y Bryniau', un o awdlau anfuddugol Eisteddfod Genedlaethol Llundain, 1909.

1142. Bardd ac eisteddfodwr pybyr oedd Taliesin o Eifion (Thomas Jones; 1820-1876). Anfonodd awdl i Eisteddfod Wrecsam ym 1876, a dyfarnwyd ei awdl yn fuddugol, ond bu farw cyn yr eisteddfod. Dyna pam y gelwir Taliesin o Hiraethog yn 'Fardd y Gadair Ddu', oherwydd, fel yn achos Hedd Wyn a Chadair Ddu Birkenhead, 1917, fe orchuddiwyd y gadair mewn du.

1177. Gwenllian, y Dywysoges alltud, merch Llywelyn ap Gruffudd, ein Llyw Olaf.

1277. Mewn cystadleuaeth fyrfyfyr arbennig a gynhaliwyd yn Eisteddfod Pontrhyd-fendigaid ym 1966 y lluniwyd yr englyn hwn. Nid yr englyn hwn a enillodd y gystadleuaeth, ond dyma'r gorau yn fy marn i.

1300. *Aneurin*: sef Aneurin Jones, yr arlunydd.

❧

FFRAETHINEB, GWAWD A DYCHAN

1301. Diddorol sylwi ar yr hyn a ddywedodd Saunders Lewis am yr englyn hwn wrth adolygu *Y Cynganeddion Cymreig* David Thomas yn *Y Llenor*, Cyf. III, Rhif 1, Gwanwyn 1924, t. 66:

Mewn englyn y mae'n berigl i gam bwyslais ddinistrio'r mynegiant, oblegid bod yr englyn yn rhy fyr i gam bwyslais fynd yn hawdd yn rhan o'r pwyslais ac ymsuddo yn elfen o'r drefn … Yr englynion y mae cam bwyslais yn gweddu oreu iddynt yw englynion digrif, lle y mae'r anghydgord yn rhan o'r sbri, megis yn nhrydedd linell englyn Alafon i'r gwely.

1306. Nid oes cynghanedd yn y llinell gyntaf. Bardd a oedd yn ei flodau rywbryd rhwng 1575 a 1613 oedd Siôn Mawddwy neu Mowddwy.

1312. *breferod*: brefu

1314. *anwr*: dihiryn, adyn, dyn drwg

1315. Ceir englyn tebyg iawn i hwn, a godwyd o *Y Gelfyddyd Gwta*, yn *Golud yr Oes*, Cyf. I, 1863, t. 91:

Fe baid anifeiliaid pan fo'n – diofal,
    Nid yfant ond digon;
    Ond rhyfedd, briw agwedd bron,
    Ffud anhawdd na phaid dynion.

    Ac fe'i priodolir i Risiart Phylip; englyn arall tebyg yw'r hen englyn a ganlyn:

Anifail, o gail, a gaid – yn dofi,
    Ond yfed ei gyfraid;
    Ond dyn ffôl, cyndyn, ni phaid,
    Myn lanw mwy na'i lonaid.

1317. Defnyddir yr un gair yn brifodl ddwywaith eto.

1318. Priodolir hwn i Guto'r Glyn yn *Y Gelfyddyd Gwta*.

cidwm: blaidd, cnaf

1321. Gwelais briodoli hwn i Wilym Cynwal yn ogystal.

1342. *cachiad*: llwfrgi, adyn

1343. *gwnaethoedd*: 3ydd unigol gorberffaith gwneuthur

borau: bore, enghraifft o anghywirdeb y ffurf

heblaw: gerllaw

Alltygwinau: ger Drws-y-nant, ym mlaen Dyffryn Wnion, Meirion

1346. *wtláu*: herwa

cat: cath

❧
HEN GWLWM EIN GWEHELYTH

1357. *Doeder*: dyweder

1358. Modryb i'r bardd oedd y 'fam dda' hon, sef Mrs Jane Davies, Pen y Gogarth, Llandudno.

1368. Ceir yr englyn hwn ar fedd rhieni Sarnicol, Mary Thomas (a fu farw ym 1919), a David Thomas (a fu farw ym 1922), ym mynwent Bwlch-y-groes, Ffostrasol.

1385. Englyn buddugol Eisteddfod Genedlaethol Wrecsam a'r Cylch, 1977.

1387-1389. Allan o awdl 'Y Gwanwyn', awdl fuddugol Eisteddfod Genedlaethol Aberteifi a'r Cylch, 1976.

❧
HIRAETH

1401. Englyn buddugol Eisteddfod Genedlaethol Abergwaun, 1936.

1403. Treuliodd John Tydu (1883-1947) y rhan helaethaf o'i oes yng Nghanada.

1405. Ceir yr englyn hwn ar garreg fedd Ellen Price, mam y bardd, ym mynwent Tyddyngarreg, Dolgellau.

1407. Un o englynion M 131. Priodolir yr englyn i 'Brydyddes Ddienw o Sir Ddinbych' yn *Y Gelfyddyd Gwta.*

dibwyllo: amddifadu o bwyll neu synnwyr, drysu

afles: anap, anhwylder, diffyg lles

1408. *meddyliaid*: meddwl (berfenw)

1409. *lle'dd wyf*: lle'r wyf

1410. Y mae'r llinell olaf yn rhy hir o sillaf.

1429. Nid yw'r gynghanedd Sain yn y llinell gyntaf yn gwbl foddhaol o safbwynt odl. Byddai 'Hiraeth, dos ymaith orig' yn gywirach o safbwynt cynghanedd.

1443. Y mae'r llinell olaf yn gynghanedd bendrom.

❧
HWSMONAETH, AMAETH A THIR

1462. Bu fersiwn arall o'r englyn hwn yng nghystadleuaeth yr englyn yn Eisteddfod Genedlaethol Glynebwy ym 1958. Y testun oedd 'Torth', a dyma englyn *Tir Iarll*, a ddaeth i'r dosbarth cyntaf:

Mae hud yr hau a'r medi, – a miragl
  Y tymhorau ynddi:
O'r gwleddoedd mae arglwyddi
Yn troi'n ôl at ei rhin hi.

Diddorol nodi hefyd mai T. Llew Jones a enillodd y Gadair yn Eisteddfod Genedlaethol Glynebwy.

1466. Epigram o englyn a adroddir yn fynych ar lafar gwlad. Englyn buddugol Eisteddfod Powys ar ei hymweliad â Charno ym 1930, gyda Fred Jones yn beirniadu.

1467. *impio*: clytio, grafftio, cydasio

1479-1488. Cadwyn agoriadol 'Awdl Foliant i Amaethwr' a enillodd Gadair Eisteddfod Genedlaethol Aberpennar ym 1946.

1481. *cefndres*: cadwyn ôl ar geffyl

1482. *tinbren*: pren a ddefnyddir pan geir dau geffyl yn gweithio ochr yn ochr â'i gilydd

1500. Fel hyn yr ymddangosodd yr englyn hwn yn *Y Faner*, Ionawr 16, 1964:

Tywysog ei gymdogaeth, – gŵr uniawn
Graenus ei hwsmonaeth.
Hen ddur y mynydd a aeth
I'w esgyrn yn gynhysgaeth.

NATUR A'R CREAD

1553. Ceir paladr arall yn *Y Faner*, Ionawr 28, 1960, sef:

Dwysáu ar goesau gosod – wna Robin
A rhwbio am gardod.

1560. Ceir amrywiad ar y drydedd linell yn *Y Faner*, Gorffennaf 21, 1966, sef 'Ei fraich ni wnâi iddo'n frig'.

1577-1582. Cyfeirir yma at y creaduriaid a geir yn chwedl Culhwch ac Olwen.

1590. Ceir esgyll gwahanol yn *Y Faner*, Awst 7, 1946:

Un arswydol herw sydyn,
Arlliw gwaed ar y lli gwyn.

1596. Englyn buddugol Eisteddfod Genedlaethol Pen-y-bont ar Ogwr, 1948.

1615. Englyn buddugol Eisteddfod Genedlaethol Y Rhyl, 1953.

1617. *can' nwsing*: can dwsin

1623. Englyn buddugol Eisteddfod Genedlaethol Caernarfon, 1906.

1625. Englyn enwocaf Pedrog (John Owen Williams; 1853-1932), a'i orau hefyd. Ceid yr englyn yn wreiddiol yn ei awdl 'Gwlad y Bryniau', un o awdlau anfuddugol cystadleuaeth y Gadair yn Eisteddfod Genedlaethol Llundain, 1909.

1650. Englyn buddugol Eisteddfod Genedlaethol Lerpwl, 1929.

1652. Englyn buddugol Eisteddfod Genedlaethol Hen Golwyn, 1941.

1653. Englyn buddugol Eisteddfod Genedlaethol Aberystwyth, 1916.

1655. Englyn buddugol Eisteddfod Genedlaethol Caerdydd, 1938.

1677. Allan o'r awdl 'Afon', awdl fuddugol Eisteddfod Genedlaethol Bro Dwyfor, 1975.

1678. Englyn buddugol Eisteddfod Genedlaethol 1940, sef yr Eisteddfod Radio, dan y teitl 'Llwydrew'.

1680. Un o feirdd gwlad Hafod Elwy, ar Fynydd Hiraethog, oedd Dafydd Jones (1859-1936). Dyma epigram rhagorol o englyn.

1681. Mae'r llinell olaf yn rhy hir o sillaf.

1682-1683. Ychydig iawn a wyddys am Werfyl neu Werful Mechain (bl. 1462-1500), ar wahân i'r ffaith ei bod yn ferch i Hywel Fychan o Fechain ym Mhowys, sef gŵr y canodd Tudur Aled un o'i gywyddau gorau iddo.

1682. *mwthlan*: gorfeddal, mwythus

methlu: maglu, atal, rhwystro

1690. Galwodd Waldo Williams hwn yn 'englyn godidog gan yr ymorol synhwyrus sy drwyddo'.

1693. Englyn buddugol Eisteddfod Genedlaethol Dolgellau, 1949.

1707. Allan o'r awdl 'Afon' eto.

1755. Ceir yr englyn enwog hwn yn awdl Gwallter Mechain (Walter Davies; 1761-1849), 'Cwymp Llywelyn', awdl a enillodd i'r bardd y cwpan arian yn Eisteddfod Caernarfon yn y flwyddyn 1821, ar un o'r testunau a roddwyd i ganu arno gan Gymdeithas y Gwyneddigion.

1756. *y Pwnc*: pegwn y Gogledd

1757. Fel hyn y ceir y paladr mewn casgliadau eraill:

Gerddi crogedig harddwych – o flodau
    Fel adar yr entrych;

Dyfynnir yma ddarlleniad llawysgrif Celynog 36 562 B.

1759. Englyn cyd-fuddugol Eisteddfod Genedlaethol Y Rhyl, 1904.

1765. Englyn cyd-fuddugol Eisteddfod Genedlaethol Caernarfon, 1921,

1772. Allan o'r awdl 'Mabinogi'.

1781. Englyn buddugol Eisteddfod Genedlaethol Bae Colwyn, 1947.

❦

'O'R UN WAED Â'R AWEN WIR'

1786. Englyn buddugol Eisteddfod Genedlaethol Caergybi, 1927.

1788. Enillodd yr englyn hwn yng nghystadleuaeth yr englyn yn Eisteddfod Dyffryn Ogwen ym 1946, gydag R. Williams Parry yn beirniadu. Dyma sylwadau nodweddiadol ffraeth R. Williams Parry ar yr englyn buddugol: 'Anodd iawn fuasai i neb ragori ar yr englyn hwn i Englyn o waith "Sarnau". Gwobrwyer ef. Nid yw yn eich cyffroi fel y gwna englyn Ceiriog i'r Delyn, bid siŵr. Englyn synhwyrus yw englyn Ceiriog: englyn synhwyrol yw hwn. Ac y mae eisiau'r ddau fath'.
    O ran diddordeb, dyma'r englyn a ddyfarnwyd yn ail yn y gystadleuaeth:

Cryno wir, cywrain ei waith – yng ngheinwisg
    Cynghanedd ddilediaith.
Byr eiriog ei bêr araith,
Englyn yw angel ein hiaith.

1794. Lluniwyd yr esgyll gan Meuryn a'r paladr gan O. M. Lloyd. Gofynnwyd i O. M. Lloyd lunio'r paladr fel aelod o dîm Sir Feirionnydd yn un o ymrysonau BBC, a gynhaliwyd ym mis Mehefin, 1961. Gan fod yr englyn cywaith hwn yn gyfanwaith mor dwt, rhaid oedd ei gynnwys.

1797. Lluniwyd hwn i ddathlu sefydlu Cymdeithas Barddas, y Gymdeithas Gerdd Dafod, ym 1976.

1798. Dylid cymharu'r englyn hwn â'r llinellau canlynol, sef llinellau agoriadol y gerdd adnabyddus 'Ode' gan Arthur O'Shaughnessy:

We are the music-makers,
And we are the dreamers of dreams,
Wandering by lone sea-breakers,
And sitting by desolate streams …

1800. Cyfeirir yn yr englyn hwn at y llinellau canlynol gan Islwyn (William Thomas; 1832-1878), o'i gerdd hir, 'Y Storm':

Barddoniaeth, O Farddoniaeth! Pwy a roddes
I neb awdurdod ar y fath angyles
I bennu dy derfynau? Ymaith, Reol!
Ffowch, ddeddfau dynol! Rhowch i hon
    dragwyddol heol.

Teitl yr englyn yn wreiddiol oedd 'Yr Ystorm':

1807. Darlleniad P 313 a geir yma. Yn ôl *Gwaith Tudur Aled*, Cyf. II (1926), Golygydd: T. Gwynn Jones, Owain ap Gruffudd ap Dafydd Fychan yw'r awdur, a dyma'r englyn fel y'i dyfynnir gan T. Gwynn Jones, sef darlleniad P 77:

Pan ddarfu am Dudur, poen ni dderfydd, – a'i waith,
    Pwy weithian yn brydydd?
Pawb â'i garol, ffôl yw'r ffydd,
Nid oes un dwys awenydd.

1813. Englyn i Ruth Evans, morwyn Ann
Griffiths. Adroddai Ann ei hemynau wrthi,
cadwodd hithau hwy ar gof, ac wedi iddi hi
briodi John Hughes, ysgrifennodd ei gŵr yr
emynau hyn mewn dau goflyfr, ac fel hyn
y trosglwyddwyd emynau Ann Griffiths i'r
oesoedd a ddêl. Lluniodd Ronald Griffith
yr englyn hwn yn ymryson Eisteddfod
Genedlaethol Aberteifi a'r Cylch ym 1976.
Er mai testun yr englyn cywaith yn yr
ymryson oedd 'Ruth', Ronald Griffith ei hun
a'i lluniodd, a hynny yn ei ymryson olaf yn
yr Eisteddfod Genedlaethol. Bu farw rai
misoedd yn ddiweddarach.

1818. Englyn i'r bardd a'r nofelydd T. Rowland
Hughes (1903-1949) a ddioddefodd gystudd
hir oddi wrth afiechyd creulon. Mae'r llinell
gyntaf yn adleisio llinell o waith Gruffudd
Gryg, sef llinell agoriadol 'Cywydd i Ddduw'.
Dyma gwpled cyntaf y cywydd hwnnw:

Pwy yw'r gŵr piau'r goron,
Duw wyn, a'i frath dan ei fron …

Mae'r llinell olaf i'w chael yn englyn Ioan
Madog (John Williams; 1812-1878) i Ddewi
Wyn o Eifion hefyd, sef yr englyn hwn:

Gwêl ac wyla o galon – ar dŷ oer
    Dewi Wyn o Eifion,
Y dewraf o awduron
Gyrhaeddai deg wraidd y dôn.

1825. Lluniodd yr awdur yr englyn hwn yn
ymryson Eisteddfod Genedlaethol Aberteifi
a'r Cylch ym 1976.

Y NATUR DDYNOL

1840. Ceir hefyd yr ail linell 'Carai ffoi o'r
cyhoedd', ond gwell gennyf y fersiwn sydd
yma.

1841. Sylwer ar y tebygrwydd rhwng yr englyn
a'r pennill a ganlyn:

Here lie I, Martin Elginbrodde:
Hae mercy o' my soul, Lord God;
As I wad do, were I Lord God,
And ye were Martin Elginbrodde.

Ceir y pennill yn nofel George MacDonald,
David Elginbrod (1863). Ceir hefyd fersiwn
Cymraeg ohono:

Yma y gorwedd Dai Morgan Puw,
Trugarha wrtho, O Arglwydd Dduw,
Fel pe bai yntau yn Arglwydd Dduw
A thithau, O Arglwydd, yn Dai Morgan Puw.

1851. Un o englynion P 313.

ni chymyd: nid yw'n cymdeithasu, nid yw'n
cyfeillachu (heb wg)

1853. Allan o'i awdl, 'Y Galilead', awdl
fuddugol Eisteddfod Genedlaethol Llanelli,
1930.

CREFFT YR ENGLYN

Yr Englyn goreu yw yr un sydd yn cadw oreu UN drychfeddwl o'r dechrau i'r diwedd. Prif fai llawer o'r englynion Eisteddfodol yw ymgais i ddihysbyddu'r testun. Nid mewn englyn y dylid dweyd pobpeth am unpeth. Dweyd un peth, a hwnnw'r peth mwyaf nodweddiadol o'r testun, wrth oleuni barddoniaeth – dyna swyddogaeth Englyn.

H. Elfed Lewis, 'Nodion ar Fesur ac Odl', *Y Geninen*, Cyf. vi, Rhif 2, Ebrill 1888

O'r Pedwar Mesur ar Hugain diau mai'r Englyn yw'r rhyddaf oddi wrth eiriau na bo'u heisiau i fynegi'r meddwl. Y rheswm am hynny yw na ellir bod yn anghryno iawn mewn deg sillaf ar hugain.

T. Gwynn Jones, *Y Gelfyddyd Gwta*, 1929

Llawer tro y dywedwyd yng Nghymru y dylai englyn ddiweddu'n gryf ac yn dda. Fe ddylai, yn ddiamau. Na thybier mai ystyr hynny yw y gellir esgeuluso popeth ond y diwedd … Nid cryfhau at ei ddiwedd a ddylai englyn yn gymaint â pheidio â gwanychu.

T. Gwynn Jones, 'Englyna', *Beirniadaeth a Myfyrdod*, 1935

Wrth wneuthur englyn, ynteu, boed y meddwl yn glir a chryno, ac ystyrier pob gair a phob sillaf o'r pennill yn ofalus ac yn fanwl. Am ffurfiau geiriau, na fodloner ar beth a awgrymo cynghanedd neu odl. Bydd yn llawer diogelach dilyn yr iaith fel y lleferir hi hyd heddiw gan bobl gyffredin,

ddirodres, na chanlyn y peth a ystyrid yn ddull "llenyddol" yn y ganrif ddiwethaf.

ibid.

… grymuster pob englynwr da yw dawn y telynegwr.

Dewi Emrys, Y Babell Awen, *Y Cymro*, Chwefror 23, 1945

Efallai nad yw telyneg lawer gwaeth o fethu ei chofio, ond nid englyn ond a gofier.

R. Williams Parry, Beirniadaeth yr Englyn, Eisteddfod Genedlaethol Pont-y-pŵl, 1924

… nid yw'r ymgeiswyr wedi sylweddoli mai'r geiriau goreu yn unig a ddylai gael mynediad i mewn i ofod mor fychan a mesur mor fyr â'r englyn, ac nid yw'r geiriau goreu hynny byth yn dyfod yn syth o'r geiriadur, ond yn syth o'r galon.

ibid.

Gorchest anodd yw saernïo englyn celfydd. Camp englyn yw dehongli'r testun fel ag i argyhoeddi'r darllenydd, nid yn unig na chanwyd cystal arno erioed o'r blaen, ond na chenir byth yn well: hynny yw, dylai'r englynwr greu i feddwl neu syniad gorff a fyddo'n deml dragwyddol iddo. Rhaid i'r deml hon wrth waith gonest a defnyddiau gonest i fedru gwrthsefyll traul amser a chyfnewidiad. Arwyddion sicraf gwaith sâl ar englyn yw geiriau llanw, ymadroddion geiriadurol, termau diafael, ac ansoddeiriau di-waed. Godidowgrwydd englyn yw ei undod, ei symlrwydd, a'i ergyd.

R. Williams Parry, Beirniadaeth yr Englyn, Eisteddfod Goronog Bethesda, Ionawr, 1921

Methaf weld mai gogoniant englyn yw dywedyd cymaint ag a ellir mewn cyn lleied o le ag sydd bosibl. Nid map a ddylai englyn fod, ond *snapshot*.

ibid.

Fe ddisgwylir i englyn gyffwrdd y darllenydd, y fan leiaf; ei oglais, os bydd modd, ei bigo, ei grafu, ei synnu, ei ysgwyd, ei godi oddi ar ei orwedd ar ei eistedd, ac oddi ar ei eistedd ar ei draed, megis: peri i'w lygaid leithio, i'w wefusau wenu, i'w enaid ddeffro o'i syrthni meddwl. Nid yw'n debyg y pair gosodiadau moelion a diffiniadau sychion i neb swrth symud o'i unfan esmwyth. Ni all neb aros yn ddifater yn wyneb prydferthwch ymadrodd, ar y llaw arall, nac yn ddigynnwrf wedi ei ddal a'i gaethiwo gan syniad dewisol.

R. Williams Parry, Beirniadaeth yr Englyn, Eisteddfod Gadeiriol Môn, 1926

Mesur trwyadl Gymreig ydyw'r englyn, am mai rhywbeth trwyadl Gymreig ydyw'r gynghanedd. Nid oes gan y neb ni ŵyr reolau'r gynghanedd siawns o gwbl gyda'r mesur bychan hwn. Ar y naill law y mae'r meddwl, y syniad, neu synnwyr: ar y llaw arall y mae caethiwed a charchar y gynghanedd; a'r gamp ydyw rhoddi'r carcharor dan glo gyda chyn lleied o ymdrech a helynt ag sydd bosibl. Gellir cyffelybu un yn cyfansoddi englyn i ffarmwr yn myned allan i'r maes lle mae'r march, ac wedi ei ddal yn ei dywys i'r ystabl ac yn cloi'r drws arno. Y maes yw meddwl neu brofiad y bardd; pedair gwal yr ystabl yw pedair llinell yr englyn; a'r clo ar y drws yw'r gynghanedd. Pan ddelir y march purion peth yw ei roddi dan glo; a phan ddelir y syniad, gwych o beth yw medru

ei gaethiwo yntau. Ond ysywaeth, y mae ambell un wedi methu yn lân â dal y march, yn ceisio twyllo'r anghyfarwydd drwy fyned at y drws a rhoddi'r fath glep arno, a'r fath glec ar y clo, nes ei lwyr argyhoeddi fod carcharor oddi mewn. Ond nid ar chwarae bach y twyllir y cyfarwydd, fodd bynnag. Gŵyr ef mai diogelu ystafell wag yn unig a wnaethpwyd.

R. Williams Parry, Beirniadaeth yr Englyn, Eisteddfod y Ddraig Goch, Lerpwl, 1925

Gofyn pennill a gais ddarlunio mewn pedair llinell fer ddarn o natur, neu olygfa neu dymor neu fodd neilltuol, ofal manwl a llaw ddeheuig. Rhaid ei dorri'n lân, fel tlws cerfiedig; ni oddefir pylni a dyryswch, ac ni ddylid ei orlwytho â manylion.

D. Emrys Evans, 'Yr Epigram a'r Englyn', *Y Llenor*, Cyf. 1, Rhif 3, Hydref 1922

Teimlir fod ambell englyn yn wan am nad oes ynddo ddim arall ond ergyd ar ei ddiwedd. Rhaid cael braich ac ysgwydd gyhyrog y tu ôl i ergyd rymus; ni cheir yn y rhain ond croen ac esgyrn geiriau llanw.

ibid.

Er mai lleiaf yw yn y teulu barddonol, hawlia'r englyn yr un parch â'i geraint mwy. Y mae'n fwy agored i amarch am ei fod mor fychan; ni all pennill pedair llinell ddisgwyl dianc rhag dwylo bwngleraidd. Ni wn am un gangen o farddoniaeth a all ddisgyn mor isel ag englyn gwael, a hynny am nad oes gennym ddim sy'n fwy rhagorol nag englyn da.

ibid.

Y Carlwm (Alan Llwyd), 1593
Y Ceffyl Blaen (Anhysbys), 1849
Y Cei yn Aberteifi (Ceri Wyn Jones), 1775
Y Ceiliog (Anhysbys), 1551
Y Ceiliog (Edward Morris), 1549-50
Y Ceiliog (R. J. Rowlands), 1552
Y Cerddor Meirion Williams (Geraint Bowen), 288
Y Ci Defaid (Gruffydd Jones), 1595
Y Ci Defaid (Thomas Richards), 1596
Y Cof (Ap Tudur), 400
Y Cranc (Owain Lleyn), 1779
Y Crefftwr (D. J. Roberts), 425
Y Creyr Glas (Gerallt Lloyd Owen), 1523
Y Creyr Glas (James Nicholas), 1524
Y Creyr Glas ger Llyn Tegid (Alan Llwyd), 1517-22
Y Crist (Gruffudd ab Ieuan), 802
Y Cristion Tawel (Meurig Ebrill), 939
Y Crowlwm (O. Tudor Jones), 431
Y Crwydryn (Dewi Emrys), 660-1
Y Cwpwrdd Cornel (Tom Bowen Jones), 1419
Y Cymry Cymraeg (Alan Llwyd), 1193
Y Cymun (Alun Jones), 911
Y Cymun (Bryfdir), 910
Y Cymun (Ioan Glan Menai), 908
Y Cymun (W. Rawson Williams), 907
Y Chwedleuwraig (Anhysbys), 1333
Y Chwyrnwr (R. E. Jones), 1319
Y Daeargi (Gruffydd Griffiths), 1608
Y Dauwynebog (Siôn Tudur), 1845
Y Delyn (Ceiriog), 402
Y Delyn (Einion Evans), 403
Y Delyn (T. Arfon Williams), 404
Y Deunaw (Gerallt Lloyd Owen), 1170-5
Y Diafol (Owen Parry Owen), 1339
Y Diogyn (Dewi Glan Dulas), 1336
Y Diogyn yn yr Atgyfodiad (Gwilym Hiraethog), 1335
Y Diwinydd Mawr (D. Miall Edwards), 1322
Y Doethion (Gruffudd ap Maredudd ap Dafydd), 827-31
Y Doethion (Gwilym Herber Williams), 825
Y Doethion (R. J. Rowlands), 824
Y Doethion (Ronald Griffith), 826
Y Draffordd (T. Arfon Williams), 488
Y Drws (Bob Edwards), 500
Y Dryw (Evie Wyn Jones), 1506
Y Dryw (Ithel Rowlands), 1505

Y Dryw (W. Eilir Evans), 1507
Y Duw Sy'n Rhoi (Anhysbys), 948
Y Dwyreinwynt (Eifion Wyn), 1759
Y Dwyreinwynt (Robert Jones), 1758
Y Dydd Byrraf (R. H. Watkins), 1744
Y Dyfrgi (John Evans), 1590
Y Dylluan (Alan Llwyd), 1577-82
Y Ddawns Flodau (Idris Reynolds), 1281
Y Dderwen (Donald Evans), 1667
Y Dderwen (Tomi Evans), 1665
Y Ddraenen (Berllanydd), 1669
Y Ddraig Goch (Idris Reynolds), 1188
Y Fanhadlen (Thomas Davies), 1658
Y Ferch Ddi-Hid (Anhysbys), 1060
Y Ferch Finber (Anhysbys), 1068-70
Y Ferch Oleubryd (Anhysbys), 1056
Y Ferch Ysgafndroed (Anhysbys), 1017
Y Fesen (Geufronnydd), 1662
Y Fi Fawr (Sarnicol), 1353
Y Frân Wen (Tom Bowen Jones), 383
Y Fro Gymraeg (Alan Llwyd), 1184
Y Fro Gymraeg (John Glyn Jones), 1186
Y Fynwent (Owain Aran), 240
Y Fynwent (Taliesin Hiraethog), 221
Y Ffermwr (Tîm Ymryson y Beirdd Maldwyn), 1499
Y Gaeaf (Gerallt Lloyd Owen), 1677
Y Gaeaf (J. Lloyd Jones), 669-80
Y Gair (Bodfan), 999
Y Gair yn Gnawd (T. Arfon Williams), 806
Y Galon (Evie Wyn Jones), 439
Y Galon Doredig (Anhysbys), 1021
Y Galilead (Dewi Emrys), 860
Y Ganllwyd (Ioan Glan Menai), 586
Y Gannwyll (Robert Thomas Rowlands), 381
Y Garreg Ateb (W. Gilbert Williams), 378
Y Geiniog (R. Môn Jones), 391
Y Geni (Alan Llwyd), 783
Y Geni (Alan Llwyd), 810
Y Geni (T. Arfon Williams), 785
Y Geni Gwyrthiol (James Nicholas), 791
Y Gnocell Frith Fwyaf (Alan Llwyd), 1544-7
Y Goeden Nadolig (Dic Jones), 419
Y Goeden Nadolig (T. Arfon Williams), 420
Y Gofaint (W. Roger Hughes), 1428
Y Gog (Ellis Owen), 1540
Y Gog (John Penry Jones), 1539

Y Gog (Roger Jones), 1538
Y Golud (Ieuan Wyn), 797-9
Y Gorlan (Tom Bowen Jones), 1470
Y Goron Ddrain (Watcyn Wyn), 867
Y Gorwel (Dewi Emrys), 1781
Y Graig (Dewi Emrys), 1783
Y Gragen (Dewi Morgan), 1778
Y Groes (R. Glyn Jones), 863
Y Grog (Rhys Cain), 865
Y Groglith (G. Gerallt Davies), 874
Y Grwgnachwr (Ehedydd Iâl), 1847
Y Gwair (Eurig Salisbury), 1494-8
Y Gwaredwr (Elfyn), 859
Y Gwaredwr (Tryfanwy), 872
Y Gwely (Alafon), 1301
Y Gŵr Distaw (Anhysbys), 1840
Y Gŵr Di-waith (David Williams), 382
Y Gŵr Moel (Anhysbys), 1330
Y Gŵr Tlawd (Anhysbys), 1038
Y Gwrol ei Gariad (Anhysbys), 1053
Y Gwydriad Cyntaf (Morys Kyffin), 764
Y Gwylanod (Twm Morys), 1122
Y Gwynt (John Evans, Pencloddiau), 1766
Y Gwynt (Roger Jones), 1760
Y Gwynt (Thomas Jones), 1761
Y Gynghanedd (Alan Llwyd), 1793
Y Gynghanedd (Ceri Wyn Jones), 1791
Y Gynghanedd (Robin Llwyd ab Owain), 1792
Y Gymraeg (Clwydfardd), 1124
Y Gymraeg (Ieuan Glan Geirionydd), 1128
Y Gymraeg yng Ngwynedd (Gerallt Lloyd Owen), 1136
Y Lili Wen Fach (R. Goodman Jones), 1635
Y Llo Aur (Tîm Ymryson y Beirdd Sir Feirionnydd), 397
Y Llong (Glan Llyfnwy), 1784
Y Llong Fach (Gwili), 388
Y Llwybr Troed (J. T. Jones), 499
Y Llwydrew (Dafydd Jones), 1680
Y Llwydrew (Dewi Emrys), 1686
Y Llwynog (Ithel Rowlands), 1609
Y Llynnau (Gwilym Cowlyd), 1751
Y Mab (Ithel Rowlands), 776
Y Mab Alltud (T. Arfon Williams), 1855
Y Mab Bychan (Evan G. Hughes), 788
Y Machlud (Derwyn Jones), 1748
Y Machlud (Dewi Emrys), 1746

Y Machlud (Llewelyn Boyer), 1745
Y Meddwyn (Anhysbys), 1316
Y Môr (Alan Llwyd), 1772
Y Môr (Tom Parri Jones), 1771
Y Morwr Colledig (Cerngoch), 13
Y Murddun (Gerallt Lloyd Owen), 540
Y Murddun (Robert Richard Thomas), 537
Y Nadolig (Alan Llwyd), 690
Y Nadolig (D. Gwyn Evans), 416
Y Nadolig (Gerallt Lloyd Owen), 836
Y Nadolig (Rolant Jones), 789
Y Nadolig (Tudur Dylan Jones), 774
Y Nadolig Unig (Meirion MacIntyre Huws), 689
Y Nos (Gwallter Mechain), 1755
Y Nyth (Evan R. Davies), 1587
Y Nyth (Moses Glyn Jones), 1586
Y Nyth (Roger Jones), 1585
Y Nyth (R. Glyn Jones), 1588
Y Pabi (William Morris), 1637
Y Pabi Coch (Ithel Rowlands), 1638
Y Paffiwr (Tîm Ymryson y Beirdd Sir Aberteifi), 384
Y Parch. D. D. Jones, Y Garreg, Harlech (O. M. Lloyd), 336
Y Parch. D. R. Thomas (R. Glyn Jones), 187
Y Parchedig Trebor E. Roberts (Gerallt Lloyd Owen), 366
Y Paun (Isnant), 1566
Y Pedwar Bardd yn y Gwres (Gwilym Cowlyd), 1350
Y Pethe (Ieuan Wyn), 1125
Y Piwritan (Mafonwy), 1325
Y Pren Afalau (D. J. Davies), 1651
Y Pren Afalau (Myfyr Môn), 1652
Y Pren Criafol (Eifion Wyn), 1653
Y Pren Crin (Cledlyn Davies), 1659
Y Pren Daear (Gwilym R. Jones), 133-5
Y Preseb (Ronald Griffith), 795
Y Preselau (Tomi Evans), 575
Y Pry Cop (Gerallt Lloyd Owen), 1610
Y Pry Cop (J. H. Griffiths), 1611
Y Pry Cop (Aled Jones), 1612
Y Pum Llanc (Dic Jones), 364
Y Pysgotwr (Dewi Emrys), 386
Y Pysgotwr (Ieuan Wyn), 291
Y Pharisead (Dewi Emrys), 1853
Y Robin Goch (Alan Llwyd), 1554-8

Englynion o ddewis perchennog y llyfr